KB069377

욕망하는 힘,
스피노자
인문학

처음 만나는
에티카의 감정 수업

욕망하는 힘,
스피노자
인문학

심강현 지음

을유문화사

처음 만나는
에티카의 감정 수업
욕망하는 힘,
스피노자 인문학

발행일
2016년 3월 20일 초판 1쇄
2023년 3월 25일 초판 6쇄

지은이 | 심강현
펴낸이 | 정무영, 정상준
펴낸곳 | (주)을유문화사

창립일 | 1945년 12월 1일
주   소 | 서울시 마포구 서교동 469-48
전   화 | 02-733-8153
팩   스 | 02-732-9154
홈페이지 | www.eulyoo.co.kr

ISBN 978-89-324-7332-1 03100

나의 친구 니체와 스피노자

그리고 당신께

들어가기 전에

★

　나뭇가지 위에서 바스락거리는 새들의 종종거리는 발소리를 들어 보신 적이 있나요. 꼭 울창한 숲이 아니더라도, 이른 아침이면 아파트 정원의 작은 나무 아래서 귀여운 그들의 소리를 들을 수 있습니다. 녀석들은 해가 뜨자마자 벌레를 잡기 위해 아침 사냥에 나섭니다. 그날의 사냥 성적을 예상할 수는 없지만 둥지에서 자신을 기다리는 귀여운 새끼들을 위해, 혹은 알을 품은 사랑하는 짝을 위해 온 힘을 다해 먹이를 구하는 작지만 당찬 모습.

　녀석들은 아파트 옥상을 훌쩍 뛰어넘어 높은 하늘 위로 한순간 솟구쳐 오르다가, 어느 순간 갑자기 몸을 비틀어 급강하하며 지면 위로 미끄러지듯 아찔한 곡예비행을 선보입니다. 아침놀이 채 가시기도 전에 이미 시작된 그런 멋진 비행을 통해, 각각의 높이에서 모든 세계를 바라볼 수 있는 고귀한 시선의 자유가 그들에게 허락됩니다. 가장 높은 곳의 고결한 공기를 마시며 가장 낮은 곳의 번잡한 생명의 세계를 천진한 눈으로 굽어봅니다. 그들에게 창공은 자부심이며 지상은 먹잇감이 살아 숨 쉬는 삶의 터전입니다.

광장에서 누군가 흘린 빵 부스러기를 우연히 발견한 비둘기의 초라한 기쁨은 이들 자유로운 새에겐 모욕입니다. 빵 부스러기의 기억에 다시 광장을 찾는 비둘기의 회귀 본능을 이들은 경멸합니다. 누군가 먹이를 던져 주면 한없이 기뻐하고, 그런 사람이 없는 날은 깊은 슬픔에 빠져 버리는 비둘기들은 그들에게 같은 종족이 아닙니다.

자유로운 새들은 스스로 먹이를 사냥합니다. 먹잇감이 부족한 날이면 잡아온 먹이를 남김없이 토해 내 모두 새끼들을 먹이고, 자신은 굶을망정 자신의 배를 채우기 위해 비천한 아양과 구걸만은 하지 않습니다. 그들은 자신에게 주어진 삶의 운명을 담담히 받아들이며 그 운명을 향해 자신의 전부를 던집니다. 그래서 비둘기와는 달리 먹이가 없는 날에도 그들은 그토록 당당할 수 있습니다. 이것이 제가 아침 나뭇가지의 새들을 좋아하는 이유입니다. 그들은 제가 가지지 못한 것을 가졌기에 그 새들이 참 좋습니다. 자신의 하루에 의연히 주인이 되는 그들의 당당함과 자유로움 말입니다.

지금 저를 포함해 우리 모두는 아마도 광장의 비둘기가 아닌가 싶습니다. 스스로 기쁨을 만들어 내지 못하고, 외부에서 던져 준 빵 한 조각에 단지 열렬히 반응하며 그것의 양에 따라 기뻐하고 슬퍼하는 애처로운 비둘기들 말입니다. 혹시나 내일이 오면 누군가 큰 빵이라도 던져 주지 않을까 하는 헛된 기대에 비둘기들은 오늘도 광장을 떠날 수 없습니다. 그러나 그 내일은 늘 똑같은 오늘이 되고 맙니다.

하지만 비둘기들의 상상 속 내일은 오늘의 그들을 이렇게 광장에 붙잡아둡니다.

무언가에 의존하면 할수록 우리는 그것에 끌려다닐 수밖에 없습니다. 더 끌려다니면 다닐수록 우리를 구속하는 그 무언가의 힘은 더욱 강해집니다. 이렇게 그것은 우리의 의존을 먹고삽니다. 따라서 더 강력해진 그 무언가의 앞에서 우리는 오늘 하루도 싫든 좋든 힘겨운 감정의 마스크를 뒤집어써야만 합니다.

당당하지 못한 우리 삶은 어쩌면 우리가 겪어 온 모진 상처의 역사歷史입니다. 따라서 삶의 모든 시간을 통해 우리가 겪어 온 무수한 상처의 흔적이야말로 어쩌면 우리 자신인지도 모릅니다. 이 중에서 큰 상처는 우리에게 절망스러운 슬픔을 안겨 주고, 작은 상처는 그나마 안도감을 느끼게 하며, 상처 사이에 난 작고 평온한 틈바구니는 달콤하지만 극히 짧은 기쁨을 선사해 주기도 합니다. 비둘기들의 초라한 기쁨 한 조각 말입니다.

늘 상처와 감정에 힘겨워하는 우리를 향해 철학자 스피노자는 조용히 말을 건넵니다. 따뜻한 음성은 그의 가슴속에 간직된 포근한 온기마저 느끼게 합니다. 스피노자는 우리에게 이렇게 말합니다.

당신은 당신 감정의 주인이 되십시오. 비록 힘겨울지라도 제가 당신께 보여 드릴 하나의 길은 이미 마련되어 있습니다. 그러나 이것이 꼭 정답일 수는 없을 겁니다. 왜냐면 모두가 가야 할 단 하나의 길이란 없으니까요. 이제부터라도 그 길을 함께 찾아보면 어떨까요. 누군가 미리 정해 둔 정답이 아닌 당신이 찾아낼 당신만의 삶의 해답 말입니다. 다시 말해 당신 감정의 주인, 더 나아가 당신 삶의 주인이 되는 길 말입니다.

자신만의 길을 이미 찾아낸 스피노자는 아직도 길을 잃고 방황하는 우리를 한없이 가련한 눈으로 처연히 바라봅니다. 허락된 길을 바로 옆에 두고도 다른 길로 들어서는 우리의 모습에 안타까워하며, 그는 자신의 모든 사유를 담아 펜을 들었습니다. 몇백 년 시간의 장벽을 훌쩍 뛰어넘어 우리에게 선사한 진심어린 선물은 그가 가장 사랑하던 자신의 책『에티카Ethica』였습니다.

『에티카』는 따뜻한 그의 마음이 담뿍 담긴 하나의 걸작임에 틀림없습니다. 그러나 마치 자신을 방어하기 위해 고슴도치의 가시를 지닌 밤송이처럼『에티카』원전은 두꺼운 보호막 아래 놓여 있습니다. 보호막을 찢고 그 속에 간직된 사유의 꿀을 맛보기에는 그 보호막이 너무도 단단합니다.『에티카』는 기하학적 증명이라는 온갖 난해한 정리와 공리의 성채에 둘러싸여 섣부른 우리의 접근을 허용하지 않기 때문입니다. 스피노자를 이해하기 위한 첫걸음이『에티카』라는 사실은 맞지만 그 보호막을 깨기란 이렇게 쉽지만은 않습니다.

그래서 스피노자 사후『에티카』에 대한 온갖 해설서들이 등장하게 됩니다. 그런데 여기서 더 놀라운 것은 그 많은 해설서들 역시 더욱 난해한 철학 용어들로 뒤덮이면서 정작 우리가 그것을 읽고 이해하기란 더 쉽지 않게 되었다는 아이러니한 사실입니다.

저는 실은 철학을 전공하지도 않았고 또 스피노자 전문가도 아닙니다. 단지 철학에 관심을 두고 스스로 공부한다는 마음으로『에티카』를 항상 옆에 두고 반복해서 읽어 왔습니다. 또 스피노자에 관한 다른 여러 책들도 즐겨 읽어 왔습니다. 엄밀함을 요구하는 철학 전공자들에 비해 저 같은 아마추어 철학 애호가가 가질 수 있는 단 하나의 장점이라면, 아마도 스피노자를 처음 접하는 분들이 좀 더 친숙하게 다가갈 수 있는 단어와 접근법을 선택했다는 차이 정도일 겁니다.

그러나 이런 어눌함이 비록 그에 대한 오해일 수는 있지만 오히려 그의 사유에 대한 깊은 관심을 불러일으키는 하나의 촉매가 될 수 있지 않을까 생각해 봅니다. 여러 해설서를 접해 보았지만 그 어디서도 볼 수 없었던 독특한 저만의 해석이 이 책에 포함되어 있음을 수줍게 고백해 봅니다. 그리고 저 스스로는 이것이 스피노자가 진정 말하고 싶었던 진실의 한 조각이 아니었을까 조심스럽게 생각합니다. 늘 우리가 품고 있던 슬픔으로부터 드디어 잉태시킬 지극히 능동적인 기쁨의 환희 말입니다.

흔히 스피노자를 일러 '감정의 철학자'라고 부릅니다. 그 누구보다 섬세한 감정의 소유자였기에, 또 세상으로부터 그 누구보다 더 모진 냉대와 박해를 받은 철학자였기에, 고통스러운 살갗으로부터 배어 나온 그의 통찰은 우리 피부 속 깊숙한 곳까지 파고듭니다. 어찌 보면 감정은 우리의 피부처럼 우리 자신과 외부의 경계선상에 놓여 있습니다. 그래서 외부가 끝나고 우리가 시작되는 부분에 자리 잡고 있습니다. 그만큼 감정은 우리 내부를 표현해 내는 최전선에

선 첨병입니다.

　당신 스스로 이런 소중한 감정의 주인이 될 수 있다면, 스피노자의 말마따나 당신은 당신 욕망의 주인이 될 수 있을 겁니다. 왜냐면 감정이란 욕망이 성취되는 정도를 나타내는 눈금이니까요. 다시 말해 당신이 느끼는 모든 기쁨과 슬픔이란 다름 아닌 당신이 바라는 바가 얼마나 성취되었는지를 나타내는 감정의 진폭이니까요. 이렇게 감정이 피부와 같다면 욕망은 그 피부 아래 놓인 당신의 내부, 그러니까 당신 자체인지도 모릅니다.

　전염력이 극히 강한 타인의 욕망에 무비판적으로 끌려가지 않고, 진정 원하는 것이 무엇인지 피부로 느끼며, 끝내 그 아래 간직된 당신의 욕망에 충실할 수만 있다면, 삶 앞에 가장 당당한 모습으로 설 수 있을 겁니다. 감정과 욕망의 주인이자 자기 삶의 의연한 주인으로서 말입니다. 마치 예속된 광장을 탈출하여 자신만의 자유로운 욕망의 숲으로 날아가는 비둘기처럼, 혹은 이른 아침 나뭇가지 위에서 바스락거리며 자부심에 넘치는 욕망의 깃털을 고르는 새들처럼 말입니다.

　우리가 『에티카』를 읽어야 하는 이유는 바로 여기에 있지 않나 싶습니다. 그런 의미에서 이 책이 언젠가 당신이 『에티카』 원전을 읽게 될 미래의 그 순간으로 연결시키는 보잘것없지만 작은 징검다리가 되었으면 하는 바람을 가져 봅니다.

　끝으로 이 책이 나오기까지 제게 큰 힘이 되어 준 분들이 있습니다. 먼저 헝클어진 머리카락처럼 난삽했던 원고를 세심한 빗질로 한

권의 책으로 엮어 주신 을유문화사와 여러 고마운 편집자분들에게 감사의 마음을 전합니다.

또 가족을 향한 일념 하나로 모진 바다와 싸우며 젊은 나날을 희생하신 아버지, 그와 똑같은 시간을 혼자만의 힘으로 자식들을 꿋꿋이 키워 내신 고맙고 자혜로운 어머니, 그리고 글쓰기를 위한 지혜로운 모든 조언과 함께 영감의 실타래를 건네준 사랑하는 아내 유림에게, 끝으로 이 책의 첫 독자였으며 제 삶의 소중한 희망이기도 한 두 딸 소강과 소현에게도 감사의 마음을 전합니다. 마지막으로 이 글을 읽으시는 모든 독자 여러분들께 마음 깊이 감사를 담아 고마움을 전합니다. 다시 한 번 감사드립니다.

차례

1부

★

욕망, 껍질 속의
진정한 당신

1

당신을 과거에 잡아 두는 쇠사슬, 후회

과거를 돌아보는 슬픈 자화상

지난날을 돌이켜 가장 후회스러운 일을 한번 떠올려 보세요. 어떤 순간이라도 좋습니다. 인생의 중요한 결정을 내리던 고비의 순간도 좋습니다. 사랑하는 연인 앞에서 끝내 못다 한 말이 입가에 맴돌던 순간도 좋고, 모멸감을 느꼈지만 제대로 반항도 못 해 본 비굴한 순간도 좋으며, 또 어린 시절 철없던 하루라도 좋습니다. 아무튼 지금 돌이켜 볼 때, 정말 바보스러운 결정을 내려 버린 순간을 한번 떠올려 보세요. 물론 마음이 많이 아프실 겁니다. 그러나 이 순간 용기를 내어 보세요.

가장 후회스러운 순간이라면 기억은 너무도 선명해서, 아마도 그때 당신을 둘러싸고 있던 주위의 배경까지 고스란히 기억 속에 떠오를지도 모릅니다. 눈을 어디에 둬야 할지 몰라 어쩔 수 없이 응시하던 글썽이던 탁자는 물론이고, 주위에 있던 사람들의 얼굴과 표정까지도. 그리고 당신의 심장을 멎게 만들었던 분노와 두려움과 슬픔까지도. 후회가 깊을수록 기억은 더 또렷할 수밖에 없으니까요. 그리고 기억 속에 우두커니 서 있는 당신이 보일 겁니다. 지금 당신 앞에 나타난 기억은 작은 무대고, 그 무대 중앙엔 어깨를 축 늘어뜨린 당신이 힘없이 서 있습니다. 이미 돌이킬 수 없는 결정을 내려 버린 무력한 모습으로…….

우리는 그런 기억에 스스로 고통받습니다. 그래서 잘못된 과거를 정정해 보고자 괴로운 기억을 재차 불러냅니다. 그러나 그때마다 기억과 후회와 고통은 연쇄 반응을 일으킵니다. 지우고 수정할 수도 없으면서, 또 그런 사실을 잘 알면서도, 미련은 아픈 기억을 저 깊은 곳에 묻어 두려 하지 않습니다. 미련은 늘 무덤에서 기억을 파내어 매번 후회의 새 수의를 입힙니다. 자신의 잘못을 다시 하나하나 점검하며 재현하듯이. 마치 우울한 자신만의 종교 의식이라도 행하듯이. 희생 제물이 되어 버린 자신의 잘못을 그 모든 과정을 되짚으며 애써 찾아내려 하듯이…….

후회스러운 기억이 다시 떠오를 때면 고통은 점점 심해집니다. 고통은 못난 자신을 채찍질합니다. 박차에 얻어맞은 망아지처럼 고통은 비명을 지르며 우리의 생각을 헛된 상상의 지평으로 내달리게 만듭니다. 후회는 자신이 내린 결정에 따라 일어난 이후의 모든 사건들을 끝없이 자신의 잘못과 연결시킵니다. 연결된 사건들은 무거운 사슬이 되어 우리의 목을 짓누릅니다.

우리를 질식시키는 압력은 죄책감입니다. 바로 후회의 다른 이름입니다. 그래서 늘 죄책감 뒤에는 쇠사슬 끄는 소리가 납니다. 죄인이 스스로 자신의 발에 채운 쇠사슬……. 후회 속에서 우리는 스스로 고통스러운 기억의 감옥 속에 자신을 들여보낸 간수이자 죄수입니다. 고통스러워하는 우리에게 철학자 스피노자는 이렇게 말을 건넵니다.

그냥……. 내려놓으세요. 당신 어깨의 짐을. 그것으로 이제 되었습니다. 당신은 이미 충분히 힘들어했습니다. 그리고 더는 후회하지 마세요. 그때 당신은 당신이 할 수 있는 최선의 선택을 한 것일 뿐이니까요.

스피노자의 이 따뜻한 한마디는 우리에게 큰 위안을 줍니다. 단순한 위로에 그치는 것이 아니라, 앞으로 남은 우리 삶을 바꿀 수 있는 무한히 깊은 함의를 지닌 말이기도 합니다.

이제부터 저는 스피노자에 기대어 그의 말과 생각을 찬찬히 당신께 들려 드리고자 합니다. 물론 제 역량은 많이 부족합니다. 또 너무 단순화하는 오류를 범할 수도 있습니다. 그러나 다만 이 순간 당신께 따뜻한 그의 가슴속 체온을 느끼게 해 드리고 싶습니다. 왜냐면

생각은 머릿속의 치밀함도 중요하지만 그보다 소중한 것은 생각을
잉태한 가슴의 따뜻함이니까요. 표현보다 중요한 것은 늘 진심이니
까요.

어쩔 수 없었음에 대한 단상

스피노자의 저 말은 우리에게 '어쩔 수 없었음'을 이야기해 줍니
다. 스피노자의 생각을 따라가는 첫 길에서 우리는 이 작은 단어의
의미를 먼저 곱씹어 보고자 합니다. 그렇다면 '어쩔 수 없었음'이란
과연 무엇일까요? 찬찬히 이야기해 보겠습니다.

후회란 대개 당시 선택할 수도 있었던 좋은 것을 선택하지 않고
지금 와서 보니 좋지 않은 다른 것을 선택해 버린 자신의 어리석은
과거에 대한 연민이자 안타까움입니다. 이렇게 우리는 언제든 여러
가지 선택지 중에서 어느 하나를 자유롭게 선택할 수 있다고 믿어
왔습니다. 그런데 놀랍게도 스피노자는 이런 우리의 믿음이 잘못되
었다고 지적해 줍니다. 자유롭게 선택한 것이 아니라 어쩔 수 없는
유일한 선택이었다는 이야기입니다.

누구나 어떤 시기마다 무언가를 할 수 있는 능력과 역량은 차이
가 납니다. 다른 사람과 비교해 보아도 서로의 역량에는 분명 차이
가 있음을 쉽게 알 수 있습니다. 그뿐만 아니라 자기 자신에만 주목
해 봐도 시기에 따라 '할 수 있는 일'과 '할 수 없는 일'은 분명히 구

분됩니다. 그러니까 한 사람의 역량은 시간의 흐름 속에서 성장하든 감소하든 차이가 날 수밖에 없다는 이야기가 되겠지요. 어린 시절엔 꿈도 못 꾸던 일을 지금에 와선 가볍게 척척 해 내는 경우가 얼마나 허다한가요. 스피노자는 이 점에 주목한 것입니다.

예를 들어 아직 이유식도 떼지 못한 아기를 먹음직스러운 음식들이 즐비한 뷔페식당에 데려갔다고 해 보면 어떨까요. 맛있는 고기, 신선한 해산물, 맛깔나는 면 요리를 한 접시 가득 담아 아기 앞에 내려놓은들 아기는 아무것도 먹을 수 없습니다. 하지만 진수성찬을 다 제쳐두고 묽은 죽 같이 맛없어 보이는 이유식을 맛있게 먹는 아기를 보고 어리석다고 말하는 어른은 아마 없을 겁니다. 아기의 소화 능력은 이미 오랜 세월을 성장한 어른들의 그것과는 비교가 되지 않으니까요.

마찬가지로 우리는 늘 변해 가는 역량을 지닌 채 살아갑니다. 아기의 부족한 소화 능력처럼 어느 땐가 우리의 역량은 매우 보잘것없었습니다. 특히 지금 후회하고 있는 과거의 그 순간에는 더더욱 그랬을 겁니다. 그 당시 우리 앞엔 상다리가 휘어질 정도로 가득 차려진 다양한 선택지가 놓여 있었는지도 모릅니다. 그러나 그때 우리는 이유식 외에는 아무것도 소화해 낼 수 없는 아기였습니다. 언제나 아기의 선택은 지금 우리가 봐서는 맛없는, 그러나 아기에게는 가장 맛있는 이유식뿐입니다. 아기 앞에 놓인 선택지가 제아무리 많더라도 그것은 무의미하며 아기로선 자기 역량에 맞는 것만을 선택할 수밖에 없습니다. 이렇듯 모든 것이 자유로운 선택이었다는 우리의 일반적인 생각과는 달리, 실은 모든 선택은 그 당시 역량이 허락하는 유일한 결정이었는지 모릅니다.

예를 하나 들어 볼까 합니다. 주인공이 누구인지 여기서 밝힐 수는 없지만 잠시 한 소년의 이야기를 해 보려고 합니다. 어린 시절 그 소년은 심한 감기에 걸린 동생의 약을 사 오라는 심부름을 받았습니다. 그런데 어머니가 주신 돈을 보자 평소에 늘 먹고 싶던 땅콩 과자가 갑자기 떠올랐습니다. 동생에 대한 생각은 까맣게 잊어버리고, 혹은 의식적으로 그 생각을 회피하면서 가게로 곧장 달려가 아무 망설임도 없이 과자를 사 먹었습니다. 그리곤 야단맞을 게 두려워 집에 연락도 않고 친구 집으로 향했습니다.

한참을 지나도 소년이 돌아오지 않자 어머니는 유괴라도 당한 게 아닌가 하는 걱정이 덜컥 들었습니다. 황급히 아이를 찾아 온 동네 구석구석을 반나절이나 돌아다녀야 했습니다. 그 바람에 정작 간호가 필요했던 동생은 증상이 더 심해졌고, 결국 다음 날 새벽 폐렴에 걸려 입원하는 고생을 겪어야 했습니다. 게다가 심한 열병 탓에 내이(內耳)로 침범하는 세균을 막을 수 없었던 동생은 청력을 절반 이상 잃고 말았습니다. 물론 일상적인 의사소통은 가능했지만 그 후 동생은 오랜 시간 꿈꿔 온 피아니스트의 꿈을 접어야만 했습니다.

물론 반나절 더 빨리 약을 먹었다고 해서 폐렴을 피하고 청력을 잃지 않았을 것이라고 보장할 수는 없습니다. 그러나 그날, 한 명은 신나게 놀았고, 한 명은 철없는 자식을 걱정하며 보람 없는 고생을 해야만 했으며, 나머지 한 명은 많이 아팠을 뿐 아니라 스스로 평생

안고 가야 할 심한 난청과 함께 자신의 꿈을 포기해야만 했습니다. 그 후 피아노를 바라보는 시선은 동생과 그 소년 둘 모두에게 늘 아픈 상처로 남았습니다.

당시 돈을 쥐어 받은 어린 소년에게는 두 가지 선택이 있었을 겁니다. 과자를 먹고 싶지만 꾹 참고 동생의 약을 사 오는 것, 또 소년이 했던 행동대로 아무 생각 없이 과자를 사 먹어 버리는 것. 당신은 아마도 이 두 가지 선택 모두 가능했고, 둘 중 하나를 소년이 자유롭게 선택한 것이라 생각하실 겁니다. 그런데 스피노자의 생각은 좀 다릅니다. 스피노자가 이 상황을 본다면 아마도 이렇게 말할 것 같습니다.

지금에 와서 돌이켜 보면 어리석은 행동이라 자책할지 모릅니다. 그러나 설령 당신이 그 어린 시절로 다시 돌아간다고 해도, 분명 당신은 똑같은 행동을 반복할 겁니다.

왜냐면 그 당시 당신의 역량은 너무도 미약했으니까요. 그때의 나약한 역량은, 지금 당신이 과거의 행동에서 잘못을 쉽게 찾아낼 정도로 몰라보게 성장한 현재의 역량에는 전혀 미치지 못했으니까요.

언제나 선택은 그 순간 당신이 가진 역량 전부일 뿐입니다. 그때의 역량이 그때의 행동을 결정한 것입니다. 따라서 당신은 그렇게 할 수밖에 없었습니다.

아메데오 모딜리아니, 「소년」(1918년경)

———

그냥……, 내려놓으세요. 당신 어깨의 짐을. 그것으로 이제 되었습니다. 당신은 이미 충분히 힘들어했습니다. 그리고 더는 후회하지 마세요. 그때 당신은 당신이 할수 있는 최선의 선택을 한 것일 뿐이니까요.

욕망, 당신이 진정 원하는 것

지금껏 스피노자의 이야기를 잘 따라오셨다면, 이 순간 이런 궁금증이 드실지도 모르겠습니다.

그렇다면 그 중요하다는 역량이란 게 과연 뭘까? 우리의 역량을 결정하는 것이 있다면 그건 대체 뭡니까?

이런 당연한 호기심에 스피노자는 역량이란 '우리가 원하는 것을 할 수 있는 힘'이라고 대답해 줍니다. 소박하게 말하자면, 우리가 무언가를 원하는 것이 곧 욕망입니다. 그리고 그런 욕망을 실현시킬 수 있는 능력과 힘이 바로 '역량'입니다. 다시 말해 욕망이 '하고 싶음'이라면, 역량은 '할 수 있음'입니다.

욕망과 역량은 서로 마주 보는 두 얼굴 같습니다. 시기하지 않고 다만 서로를 바라보며 닮아 가려는 두 얼굴 말입니다. 욕망이 크면 역량이 그것을 따라가려 하고, 역량이 커지면 욕망은 그것에 도달하기 위해 더 큰 욕망으로 자라나려 합니다.

우리는 가끔 우리를 괴롭히는 욕망에 힘들어하기도 합니다. 그래서 욕망을 부질없다 생각하며 자신의 욕망 모두를 없애 버리고 싶을 때도 있습니다. 그렇게만 한다면 훨씬 자유로워질 거라 생각하면서 말입니다. 그러나 이것은 하늘을 나는 비둘기가 공기만 없다면 아무런 저항 없이 더 높이 날 수 있을 거라 착각하는 것과 같습니다. 욕망과 삶은 동전의 양면과도 같기 때문입니다.

스피노자는 인간의 모든 행동은 욕망에 의해서만 생겨날 수 있다고 단언합니다. 그렇게 보자면, 욕망은 몸이라는 기계를 움직이는 연료와 같습니다. 제아무리 사려 깊은 사람이라고 해도 그에게 아무 욕망도 없다면 아예 어떤 행동도 할 수 없게 됩니다. 단지 숨만 쉬고 자극에 단순히 반응만 하는 관상용 식물처럼 무기력한 존재가 되어 버릴 테니까요. 어쩌면 단 하루도 못 버틸지도 모릅니다. 배고픔과 갈증에 뭔가를 먹고 마시는 가장 기본적인 행동조차도 욕망이 만들어 낸 결과니까요. 고차원적 사유를 필요로 하는 아주 복잡한 일부터, 본능에 가까운 가장 원초적인 행동에 이르기까지, 우리의 모든 행동은 욕망이 말하는 명령에 따른 움직임에 불과합니다. 욕망이 없다면 우리는 연료가 다 떨어져 고속도로에 멈춰 선 자동차가 됩니다.

우리가 의식하든 의식하지 못하든 지금 그건 그리 중요치 않습니다. 어떻든 매 순간마다 우리는 뭔가를 원하고 있고, 원하는 대상도 참 많고 다양합니다. 어떤 땐 이것도 하고 싶고, 어떤 땐 저것도 하고 싶습니다. 이렇듯 다양하고 무수한 욕망들이 우리 속에 숨어 있습니다. 그뿐만 아니라 각 욕망들은 저마다 다른 크기의 힘을 가지고 있습니다. 그리고 욕망들끼리 서로 힘을 겨루다가, 어느 순간 더 큰 힘을 가진 욕망이 다른 욕망들을 모두 제치고 최종적으로 주도적인 역량이 되어 우리 자신을 움직이게 합니다. 우리는 의식적으로 자유롭게 선택했다고 생각하지만, 실은 무의식적인 욕망이 우리를 움직이고 있는 겁니다.

간절히 땅콩 과자를 먹고 싶은 것도 하나의 욕망입니다. 또 의연히 동생에게 약을 사다 주고 싶은 것도 또 다른 욕망입니다. 그런데 당시 미약했던 소년의 역량은 두 가지 중 더 큰 욕망, 그러니까 과자를 먹고 싶은 욕망이 가장 큰 힘을 발휘했고, 결국 그 욕망이 그런 불행한 행동을 하도록 소년을 움직인 겁니다. 이것은 선택이 아니라 가장 큰 욕망이 말하는 대로 움직인 결과일 뿐입니다. 그가 의식하지도 못한 선택이었습니다.

여기서 잠시 한 가지 짚고 넘어갈 것이 있습니다. 일반적으로 욕망이라는 단어가 저급한 의미로 사용되는 경우가 종종 있어서 부정적인 뉘앙스가 느껴질 수도 있습니다. 그러나 앞서 말했듯 욕망은 매우 긍정적이며 우리에게 반드시 필요한 우리 영혼의 소중한 일부입니다. 욕망 없는 신체는 단지 기계입니다. 고귀한 생명이 아니라 수동적인 기계.

자유 의지라는 허상

어찌 보면, 우리의 모든 행동은 욕망이라는 방아쇠에 의해 당겨져 발사되는 탄환과 같습니다. 주지하듯 욕망이 없다면 행동은 시작될 수도 없으니까요. 게다가 우리는 방아쇠의 움직임을 막을 수도 없습니다. 단지 우리는 방아쇠가 당겨지는 즉시 발사될 뿐입니다. 욕망은 원인이며, 행동은 그 결과입니다. 또 욕망은 우리가 의식하지도 못한 채, 우리 영혼의 저 깊은 무의식에서 이미 결정을 내립니다.

이렇게 의식과 무관하게 욕망에 실리는 순간, 행동의 탄환은 정확히 발사됩니다. 그렇다고 우리가 의식적으로 자유롭게 총을 선택할 수도 없습니다. 단지 무의식적인 욕망이 이미 우리의 총을 선택하고 거리낌 없이 방아쇠를 당기는 것이며 우리는 거기에 따라 행동할 따름입니다. 따라서 자유로운 의지에 의한 선택이란 아예 없으며, 다만 무의식적인 욕망의 선택만이 있을 뿐입니다. 우리의 의식 속에서 피어나는 자유로운 의지, 즉 자유 의지는 환상일 뿐이라고 스피노자는 이야기합니다. 덧붙여 스피노자는 이렇게 강조합니다.

젖먹이는 자유 의지로 젖을 욕구한다고 믿으며, 성난 소년은 자유 의지에 따라 복수를 원한다고 믿고, 겁쟁이는 자유 의지로 도망친다고 믿고 있습니다.[1]

이렇게 우리가 자유로운 의지에 따라 선택했다고 여기는 것은, 단지 욕망이 이미 결정했다는 사실을 우리가 알지 못하는 데서 오는 오해일 뿐입니다.

다시 말해 배고픔을 해결하려는 욕망, 감정에 휘말린 공격적 욕망, 자신의 안전에 대한 욕망이 이런 행동들을 이미 결정하고 행동하게 만드는데도, 우리는 그것을 우리 스스로 의지에 따라 선택했다고 여기는 것입니다. 그러나 우리의 모든 행동은 우리의 의식이 아니라 무의식적인 욕망에 의해 시작되고 또 끝납니다. 정신적 결단이란 결국 욕망의 명령에 뒤늦게 따라 하는 메아리에 불과합니다.

예를 들어 당신에게도 가끔은 회사를 때려치우고 싶은 날이 있을 겁니다. 그렇지만 그런 유혹을 이겨 내고 출근하기로 결정한 당신은 아마 이렇게 생각할지도 모릅니다. '나는 회사를 관두고 싶은 내 욕망을 억누르고, 내 자유 의지에 따라 출근하기로 결정했어.' 그러나 실은 당신의 마음속에는 일을 그만두고 싶은 욕망과 더불어, 직장을 잃게 되면 수입이 끊겨 생활이 더 힘들어질 것이니 최선은 아니지만 당분간만이라도 월급을 받으며 생활하고픈 욕망도 같이 있었던 겁니다. 그리고 이 두 욕망이 서로 겨루다가 더 큰 욕망, 그러니까 최소한의 경제적인 수입은 얻고 싶다는 욕망이 자신도 모르는 사이에 당신의 행동을 결정한 것입니다.

즉 의식적인 자유 의지에 따라 행동한 것이 아니라 무의식적인 욕망이 당신을 움직인 것입니다. 다만 이런 무의식적인 욕망이 결정해 버린 것을 의식적인 자유 의지가 선택했다고 오인하는 것이겠지요. 우리는 다만 그 상황에서 일어나는 가장 큰 욕망을 따를 뿐입니다. 이렇게 보자면 자유 의지란 착각에 지나지 않습니다. 마치 달리는 말馬 등에 올라탄 한 마리의 벼룩이 말을 몰고 있다고 착각하는 것처럼 말입니다. 여기서 말은 우리의 욕망이며, 벼룩은 자유 의지라는 허상이 되겠지요.

물론 오늘날 첨단 뇌 과학 영역에서도 자유 의지가 존재하는지의 여부는 아직 완전한 결론에 도달하지 못했습니다. 그런데

최근 뇌 신경생리학 분야의 많은 연구 결과들은 자유 의지가 환
상일 가능성이 매우 높다는 증거들을 지속적으로 보고하고 있습
니다. 예를 들어 기능성 MRI 검사 등 최첨단 검사를 통해, 스스로
내린 결정을 우리가 의식하기 전에 이미 무의식 영역에서 그 결
정을 담당하는 특정 뇌 부위가 활성화되고, 그 결정에 고유한 특
정 신경전달물질이 다량 분비된다는 사실도 확인되고 있습니다.
따라서 이런 현대적 실험에 앞서 그런 사실을 간파한 스피노자
의 통찰은 참으로 놀라울 수밖에 없습니다.[2]

이성에 의해 잉태된 기쁜 욕망

그런데 이 대목에서 갑자기 허무함이 밀려오지 않으시나요? 지금
당신은 이런 생각이 드실지도 모르겠습니다.

모든 행동이 우리의 의식에서 결정되는 게 아니라 무의식적인 욕망
에 의해 결정된다니! 그렇다면 우리는 너무 무력한 존재들이 아닌
가. 우리는 무의식이 하자는 대로 따라만 가는 무의식의 허수아비들
인가! 스피노자 선생님, 당신의 말에 따르면 인간이란 너무도 가련
한 존재가 아닌가요.

그러나 아직 실망할 필요가 없는 것이 스피노자는 여기에 대해서

도 변화의 여지를 남겨 두었습니다. 그러니까 이런 우울한 상황은 역량의 성장과 함께 충분히 변해 갈 수 있습니다. 마치 아기의 소화 능력이 커 가면서 점점 성장하여 이유식뿐만 아니라 다양한 음식을 먹을 수 있게 되듯이 말입니다. 마찬가지로 어린 시절 아주 미약했던 역량도 커 가면서 조금씩 성장하게 되고, 어느덧 이전과는 완연히 다른 모습으로 몰라보게 자라날 수 있습니다. 다만 사람마다 역량의 크기와 성장 속도는 다를 수 있습니다. 흔히 그것을 그 사람의 그릇이라고 말합니다.

당시 그 소년은 과자를 사 먹는 작은 행동이 원인이 되어 이후에 닥치게 될 큰 결과들을 감히 예상할 수 없었습니다. 욕망이 행동의 원인이 되듯이, 욕망의 결과로서 나타난 하나의 행동은 다시 다른 사건들의 원인이 됩니다. 쉽게 도식화하자면 아마 아래와 같을 겁니다.

욕망 → 행동 → 다른 사건 → 또 다른 사건

여기서 앞에 놓인 것은 다음에 놓인 것의 원인이 됩니다. 그리고 원인은 다른 결과를 계속해서 낳고, 이런 인과 관계의 흐름은 끝없이 펼쳐집니다.

그런데 만약 우리 내부의 역량이 성장하면서 원인과 결과에 따른 사건의 전체적인 흐름을 어느 정도 파악할 수 있게 된다면, 우리에 겐 전혀 새로운 욕망이 생겨날 수 있습니다. 즉 사소하게 보이는 감기가 심각한 폐렴으로 발전할 수도 있고, 더 심한 경우 사랑하는 동생의 소중한 청력과 생명마저 앗아 갈 수도 있다는 사실을 어렴풋이나마 미리 알았더라면, 소년의 마음속에서는 '동생이 아파해서는 안 돼. 동생을 끝까지 보살피고 지켜 주고 싶어'와 같은 강한 울림(새로운 욕망)이 생겨났을지 모릅니다. 만약 그랬더라면 소년은 맛있는 과자를 사 먹는 순간적인 기쁨보다, 자신이 사 온 약을 통해 차차 회복되어 가는 동생을 지켜보는 기쁨이 얼마나 더 크고 소중한지 알게 되었을지도 모릅니다.

이렇게 새로운 욕망이 생겨날 수 있는 것은 바로 인과 관계에 대한 파악이 가능하기 때문입니다. 지금의 행동이 원인이 되어 벌어질 앞으로의 결과들 말입니다.

이런 원인과 결과에 대한 인식은 우리 영혼의 또 다른 중요한 부분인 '이성'에 의해 실현될 수 있습니다. 이렇게 보자면 스피노자가 말한 이성의 힘이란 필연적인 인과 관계를 이해하는 능력이라 볼 수 있습니다. 이런 이해를 통해 더 큰 역량을 가지게 될수록, 우리는 더 새롭고 더 바람직하며 더 강한 욕망들을 늘 가슴속에 간직한 채 살아갈 수 있을 겁니다.

이렇게 새로이 준비된 욕망들은 우리가 어떤 새로운 상황에 처하게 될 때, 굳이 의식적인 선택의 망설임이 없더라도 우리를 보다 현명한 길로 자신도 모르는 사이에 자연스럽게 인도해 주는 우리 내부의 큰 힘이 될 겁니다.

그렇다면 여기서 당신은 이렇게 반문할지도 모릅니다.

아까 분명히 역량이란 욕망을 실현시키는 힘이라고 하지 않았나요? 그런데 이번엔 역량을 말씀하시면서 이성의 중요성을 말씀하시니 조금 헷갈립니다. 어떻게 된 건가요?

맞습니다. 매우 정확한 지적입니다. 스피노자에게 역량이란 이미 알고 계신 대로 욕망, 즉 '하고 싶은 것'을 '할 수 있는 능력'입니다. 이제 여기에 새로운 의미 하나가 더 추가됩니다. 그것이 바로 '이성에 의한 인식'입니다. 다시 말해 우리의 역량이란 욕망을 실현할 수 있는 능력과 이성에 의한 인식 능력 모두를 말하는 것이겠지요.

그런데 여기서 한 가지 주목할 점이 있습니다. 보통 이성과 욕망을 이야기할 때면 우리는 흔히 이성이 욕망을 무조건 억눌러 억제시킨다고만 생각하게 됩니다. 그러니까 이성과 욕망을 대립되는 개념으로 여기는 거지요. 그런데 실은 이성은 오히려 욕망을 만들어 줍니다. 새로운 욕망을 계속 샘솟게 해 주니까요. 즉 우리의 일반적인 생각과는 달리 이성은 욕망의 새로운 싹을 키워 내면서 욕망을 더 풍요롭게 만들어 줍니다.

욕망과 이성, 우리에게도 친숙한 이 두 단어는 스피노자 사상을 설명하는 핵심 키워드입니다. 또 그가 끝까지 버릴 수 없었던 고귀한 사유의 재료이자, 우리 영혼의 근원적 요소입니다.

마음속의 쇠사슬, 죄책감

자, 지금까지 잘 경청해 주셨습니다. 그럼 이제 우리가 처음 이야기를 시작한 '후회'에 대해 몇 마디만 덧붙이고자 합니다. 제가 하고 싶었던 말은 실은 이제부터입니다. 또 지금까지 내용의 정리이기도 합니다.

앞서 후회란, 과거의 잘못된 선택에 대해 스스로 느끼는 연민과 안타까움이라고 했습니다. 대개 우리는 과거의 그 순간 더 나은 선택을 할 수 있었을 거라 굳게 믿고 있습니다. 그러나 주지하듯 그것은 단지 불가능한 환상에 지나지 않습니다. 몰라보게 성장한 지금 당신의 역량은 과거의 당신이 갖지 못했던 것입니다. 단지 그때의 상황이 당신의 미약한 역량과 맞물려 그런 식으로 인과 관계를 형성했고, 거기서 어쩔 수 없이 생겨난 필연적 과정이 당신의 행동을 결정했던 겁니다.

필연은 아무도 막아 낼 수 없습니다. 다만 장대한 인과 법칙에 따라 도도히 흘러갈 뿐. 당신은 자유롭게 선택한 것이 아니라 차라리 필연에 의해 떠밀리듯 그런 결정으로 내몰렸다고 보는 게 더 타당할지 모릅니다. 따라서 당시엔 가지고 있지도 않던 지금 역량의 잣대로 더 이상 과거의 자신을 스스로 심판하지 말아야 합니다. 이것은 마치 왕성한 소화 능력을 가지게 된 어른이 지난날 자신이 아기였을 때 이유식밖에 먹지 못했다는 사실을 자책하는 어리석음이나 마찬가지입니다.

이렇게 보자면 스피노자의 철학적 아들인 니체의 말따나, 미련이란 '정신의 소화불량'이며, 후회란 '정신의 구토'인지도 모릅니다. 과거에 벌어진 일들을 정신적으로 감당하지 못하고, 또 그것을 소화시킬 수 없어 토해 내는 반복적인 과정이 바로 후회니까요. 어쩌면 이것은 자기 학대를 통해 얻는 자기 연민에 불과한지도 모릅니다. 입속에 손가락을 집어넣어 거북한 속을 게워 내고 나면 한결 편안해지듯이, 당신은 힘겨운 후회 과정을 통해 자신을 가련하게 만들어 스스로 위로하고 있는지도 모르니까요. 그러나 이런 자기 연민은 과거의 사건에도, 당신이 희생자라고 생각하는 그에게도, 또 당신 자신에게도 아무런 도움이 되지 못합니다.

　당신이 지금 해야 할 것은 헛된 자기 연민과 후회가 아닙니다. 그때의 역량으로는 꿈도 꿀 수 없었던 과감한 결정을, 이제 오늘 당신이 망설임 없이 할 수 있게 된 당신의 성장에 감사드려야 할 뿐입니다. 후회한다는 사실 자체가 이미 그때는 보지 못한 것을 지금은 볼 수 있게 되었다는 긍정적 차이의 증거니까요. 따라서 당신은 과거에는 가질 수 없었던 좀 더 성숙한 혜안과 용기를 이제 가지기 시작한 겁니다. 이것은 훗날 비슷한 상황에 처하게 될 때 당신에게 보다 현명한 길을 인도하는 소중한 성찰이 될 것입니다.

　마찬가지로 후회의 다른 이름인 죄책감도 애써 간직하려 애쓰지 마십시오. 남을 미워하고 파괴하는 '원한'도 버려야 할 마음의 병이지만, 자신을 미워하는 '죄책감' 역시 오래 쥐고 있어서는 안 될 마음의 짐입니다. 당신의 가슴속 깊이 새겨진 죄책감은 당신을 서서히 파괴할 것이기 때문입니다. 그것은 정신의 죽음입니다. 죽음은 늘 과거에만 머물고 현재가 없는 상태입니다. 죄책감이란 현재를 잊게 하고 당신을 과거에 잡아두는 정신의 쇠사슬입니다. 여기에 대해서도 니체는 비슷한 말을 남겼습니다.

> 우리에게 필요한 건 기억이 아니라 망각이다. 우리의 일반적인 생각 과는 달리, 기억은 병이며, 망각은 치유다.

니체의 저 말은 과거의 모든 기억을 다 잊어버려야 한다는 뜻은 아닐 겁니다. 단지 되돌릴 수도 없는 후회스러운 순간이 만든 죄책 감은 내려놓고, 대신 그 순간을 성찰의 눈으로 담담히 바라보자는 이야기입니다. 과거 어쩔 수 없었던 '선택'에 대한 미련이 후회라면, 과거 당신의 미약했던 '역량'을 관조의 눈으로 바라보는 것이 바로 성찰입니다. 이로써 성찰은 역량의 성장을 위한 작은 밑거름이 될 수 있을 겁니다. 이는 미래의 또 다른 불행을 예방할 수 있는 과거에 대한 현재의 성찰이기도 합니다.

물론 깊었던 원한을 풀어 남을 용서하는 것도 중요합니다. 그러나 더 소중한 것은 죄책감을 없애 자기 자신을 스스로 용서하는 것입니다. 후회와 죄책감이 부정적인 자기 연민이라면, 자신을 용서하는 것은 어쩌면 긍정적인 자기 배려의 첫 시작인지도 모르니까요. 그러니 더 이상 후회하지 마시길 기원합니다.

자연스러운 관용의 탄생과 계보

이제 후회와 죄책감에 대한 이야기도 일단락되어 갑니다. 그런데 이 순간 당신의 마음속에선 이런 의문이 드실지 모르겠습니다.

> 후회와 죄책감이 모두 부정적이라고요? 그걸 다 버리라니! 스피노자 선생님의 이야기는 사려 깊은 조언임에 틀림없습니다. 그런데 예외적인 상황도 분명 있을 것 같습니다.
>
> 예를 들어, 만약 누군가 끔찍한 악행을 저질렀다면, 그 악인의 경우는 어떻습니까? 스피노자 선생님의 말씀대로라면, 그 사람 역시 어쩔 수 없는 자신의 역량에 의해 그런 나쁜 짓을 저지른 것이 아닙니까? 자신의 자유 의지에 의한 선택이 아니라 필연적인 인과 관계에 의해 그런 짓을 저지른 거겠죠.
>
> 그렇다면 우리가 그런 사람을 처벌할 근거 역시 없어지지 않습니까! 어쩔 수 없는 필연에 떠밀려 악행을 범했으니까요. 참 이상하군요.

참 좋은 지적입니다. 그리고 당연한 의문이기도 합니다. 이에 대한 스피노자의 이야기를 한번 들어 봐야 할 것 같습니다.

> 예를 들어 도망갈 곳도 없는데 독사가 물려고 기어 온다면 당신은 그 뱀을 죽여야만 합니다. 독사는 다만 자연이 자신에게 부여한 고유한 본성에 따라서 그런 행위를 한 것인데도 말입니다.

그 뱀과 마찬가지로 악행을 저지른 악인도 자신도 어쩔 수 없는 역량에 의해 그런 못된 짓을 한 겁니다. 그러니 우리는 그들을 너그럽게 용서해야 합니다.

그러나 용서받을 수 있다고 해서 그들이 해롭지 않다는 말은 아닙니다. 따라서 우리는 그들을 측은히 여겨야만 하지만, 처벌은 불가피합니다. 마치 자신의 본능에 충실한 뱀일지라도 공격해 온다면 죽일 수밖에 없듯이 말입니다. 왜냐면 영혼의 용서와 현실적 처벌은 같은 범주의 것이 아니니까요.

이 말은 우리로 하여금 많은 것을 생각게 합니다. 예를 들어 남에게 해악을 끼치면서 즐거움을 찾는 악인들 역시, 어찌 보면 그들 자신을 가만 두지 않는 사악한 욕망에 이끌려 그런 못된 짓을 저지른다고 스피노자는 생각한 것입니다. 애석하게도 그들은 다른 행복의 가치는 전혀 알지 못합니다. 다만 악행이든 뭐든 상관없이 무조건 즐거움을 찾으라고 명령하는 내부의 충동에 맹목적으로 따르는 가련한 추종자에 불과합니다. 따라서 비록 그가 저지른 악행에 대해 처벌할지라도 그의 행동은 그로서도 어쩔 수 없는 필연적 결과라는 사실을 받아들이고, 마음속 깊이 그를 용서할 수 있다는 숭고한 의미를 함축하고 있습니다.

이런 스피노자의 생각은 타인에 대한 관용의 자연스러운 시작이기도 합니다. 어찌 보면 우리 같이 평범한 사람들로서는 감히 범접할 수 없는 고귀한 성자의 마음가짐이기도 합니다. 마치 포기한 자신의 꿈이 자꾸 생각나서가 아니라, 피아노를 볼 때마다 아파할 오빠를 위해 그렇게 좋아하던 피아노를 없애기로 결정한 귀머거리 동생의 속 깊은 마음처럼 말입니다.

대체로 관용을 설명하는 여러 이론들은 관용이 필요한 이유에 대해서만 자세히 언급하고 거기서 그치는 경우가 많습니다. 예를 들어, 우리는 같은 인류이며, 형제애를 가졌고, 언제고 우리 역시 그들의 처지가 될 수 있으니 그들에게 관용적 태도를 보여야 한다는 요지인 듯합니다. 즉 관용의 당위에 대한 설명들입니다. 그런데 스피노자가 들려주는 저 말은 이런 관용의 필요성을 굳이 들추지 않더라도 관용의 자연스러운 도출 과정을 우리에게 일깨워 줍니다. '왜 필요한지'보다 고결한 것은 항상 '자연스러운 탄생의 계보'입니다.

우리는 대개 우리가 이 세상에 필요한 이유보다는 우리가 이 세상에 태어난 과정을 듣게 될 때 더 관심을 기울입니다. 언제나 그렇듯 필요성에 대한 설명은 설교 같이 들리고, 탄생의 비화는 전설 같은 매력을 숨기고 있으니까요. 왜 필요한지 열 마디로 설명하는 것보다 그것이 어떻게 생겨났는지 한 마디로 이해시키는 것이 더 효과적입니다. 그러나 꼭 이런 발생학적 이유가 아니더라도 관용을 바라보는 스피노자의 관점은 그것 자체로서 이미 되새겨 볼 만한 가치가 충분합니다. 왜냐면 스피노자는 자칫 부담스럽게 느껴질 수 있는 관용의 의무를 우리에게 애써 주입하지 않고, 대신 자연스럽게 관용을 지닐 수 있도록 하나의 태도를 제시해 주기 때문입니다.

스피노자의 관용은 '죄는 미워하되 사람은 미워하지 말라'라는 말,

혹은 예수가 십자가를 지고 골고다를 오르던 날 그를 조롱하던 많은 군중들을 향해 되뇌었던 말과 그 맥락에서 많은 부분 일치합니다.

주여, 저들을 용서하소서. 저들은 자신들이 무엇을 하고 있는지 모르고 있나이다.

2

우리는 모두 신의
한 조각

별이 빛나는 밤의 단상

스피노자를 생각할 때면 늘 홀로 밤하늘의 별을 바라보는 맑은 눈을 가진 소년의 이미지가 떠오릅니다. 이렇게 별을 이야기하니 문득 고흐Vincent van Gogh가 생각납니다. 연상의 '꼬리 물기'라고나 할까요.

고흐의 그림 「별이 빛나는 밤」을 보면, 코발트 빛 밤하늘 위로 총총히 박힌 별들이 소용돌이치고 있습니다. 다양한 스펙트럼의 노란색 별들이 한껏 뿜어내는 빛은 마치 롤리팝(막대기 손잡이 위에 동그랗고 큰 사탕) 무늬처럼 아름답게 동심원을 그리며 회전하고 있습니다. 그런데 자세히 보면 고흐의 별들은 글썽이고 있습니다. 그때 고흐는 그림을 그리며 울고 있었는지도 모르겠습니다. 눈물이 가득 고인 눈에 비친 밤하늘과 별은 분명 그렇게 보일 겁니다. 눈물에 투영되어 어떤 별은 과장되게 크게 보이고, 또 어떤 별은 눈물의 흐름을 따라 커다란 동심원을 그리듯이 일렁이며 빛을 산란합니다. 그의 그림에는 하나의 고정된 중심이 없습니다. 모든 별들은 스스로 각기 중심이 되어 수많은 다른 중심의 별들과 공존하고 있습니다.

별을 바라보던 고흐처럼 스피노자에게도 그를 눈물짓게 했을 큰 시련들이 있었습니다. 대체로 많은 천재들은 자신들의 시대로부터 버림받습니다. 그들의 생각과 작품들이 늘 시대를 앞서 있었으니까요. 이렇게 천재들의 음성 앞에 시대는 자주 귀머거리가 됩니다. 고흐가 그랬고, 스피노자가 그랬고, 또 니체도 그랬습니다. 제가 개인적으로 스피노자만큼 좋아하는 독설가 니체는 자신의 뜻을 알아주지 못하는 시대를 향해 이렇게 일갈했습니다.

나는 시대를 너무 빨리 왔다. 오늘의 시대는 나를 이해하지 못한다.
내 사상에 도달할 가장 부지런한 빛은 100년 후에나 비출 것이다.

패기인지, 오기인지는 분간할 수 없지만 엄청난 에너지와 기백과 자신감이 넘치는 말임에는 틀림없습니다. 니체에겐 다행스럽게도 그의 예언은 적중합니다. 그의 사후 정확히 100년 뒤인 21세기 오늘날 니체는 가장 사랑받는 철학자 중 한 명이 되었으니까요.

그런데 스피노자는 니체처럼 포효하는 사자가 아니었습니다. 대신 완벽에 가까운 논리와 수학적 혹은 기하학적 정밀함을 내세워 조곤조곤 조리 있게 자신의 생각을 전해 주는 내성적인 철학자였습니다. 지금 당신이 읽고 계신 이 책은 스피노자의 주저인 『에티카 Ethica(윤리학)』를 제 나름대로 이해하는 한에서 설명해 드리는 스피노자 입문서입니다. 당연히 『에티카』는 니체식의 도발적 언어가 아니라, 방금 말씀드린 대로 엄정한 기하학적 정리와 증명으로 구성되어 있습니다. 그래서 처음 읽는 독자들로 하여금 책을 몇 번씩 던져 버리게 만든다는 악명으로도 유명합니다. 한마디로 그의 책은 만용에 찬 도전자들의 지적 무덤이기도 합니다. 스피노자의 후배인 철학자 칸트Immanuel Kant의 묘비에는 이런 글이 써 있다고 합니다.

내게 가장 경이로운 것이 둘 있으니, 그것은 저 하늘 위에 총총히 반짝이는 별들과 내 마음의 도덕 법칙입니다.

칸트는 가슴속의 도덕 법칙을 이야기했지만, 실은 그의 도덕은 지상의 현실과는 너무도 동떨어져 별보다 더 높은 하늘 위로 올라가 있었습니다. 이에 반해 스피노자의 사상은 도덕이 아닌 윤리학으로서 진정한 그의 가슴속에 새겨져 있었습니다. 일견 차가워 보이는 기하학적 증명의 뒤에는 표현하기 힘든 그 가슴의 따뜻함이 숨어 있습니다. 그런 따뜻함을 느꼈던 프랑스 철학자 베르그송Henri Bergson은 이런 말을 남기기도 했습니다.

빈센트 반 고흐, 「별이 빛나는 밤」(1889년)

━━━

스피노자의 철학은 어떻게 하면 상처받은 이들이 스스로 슬픔을 치유해 내고 끝내 기쁨을 얻을 수 있는지 고심했던 사유의 흔적들입니다. 스피노자 역시 당신과 거의 똑같은 경험을 몸소 체험했고 힘겹게 극복할 수 있었으니까요.

모든 철학자들에게는 두 가지 철학이 있으니, 하나는 자신의 철학이고, 다른 하나는 스피노자의 철학이다.

스피노자의 삶에 그려진 문턱, 파문

여기서 스피노자에 대해 간단히 소개하고 지나가는 것이 좋을 듯합니다. 아까 말씀드린 대로 그에게 닥친 시련도 함께 이야기할 기회도 있을 듯합니다. 이렇게 스승의 지나온 행적을 잠시나마 되짚어 보는 것도 어느새 그의 제자가 된 당신에겐 꽤 의미 있는 일일 겁니다. 물론 이를 통해 그의 삶에 묻어 있던 생각의 작은 파편들을 당신은 발견하게 될지도 모릅니다. 그 편린들은 나중에 당신이 완성할 커다란 퍼즐을 위한 생각의 작은 조각들이 될 것입니다.

스피노자의 가족은 원래 스페인에 살던 유대인 상인 집안이었습니다. 그들은 종교적 박해를 피해 당시로선 관용이 넘치던 네덜란드로 이주하였습니다. 그곳엔 큰 유대인 공동체가 있었고, 새로운 보금자리에서 축복 속에 태어난 스피노자는 어려서부터 돋보이는 영민함으로 공동체 내에서 촉망받는 아이였습니다. 경건한 신의 품에서 자라난 그는 모두가 장차 공동체를 이끌 재목으로 지목하는 아이였습니다.

그런데 언제부터인가 신앙으로 가득했던 스피노자의 가슴속에 이성의 빛이 비치기 시작했습니다. 이후 스피노자의 모든 밤은 신앙과 이성의 전장이 되었습니다. 신은 그에게 영명한 이성을 주셨지만 굳건한 믿음은 주지 않으셨나 봅니다. 결국 스피노자는 이성의 빛에 의해 자신의 종교와 그에게 주어졌던 주위의 많은 기대를 저버릴 수밖에 없었습니다. 왜냐면 그의 신은 이제 대부분의 종교에서 표현하는 그런 인격신이 더 이상 아니었습니다. 그에게 신은 이 대우주, 바로 자연 자체였습니다.

　신앙으로 결속되어 있던 그들의 공동체는 가장 아끼던 어린 신자의 변화를 배신으로 규정지었습니다. 그들은 회유와 협박을 오가며 스피노자를 다시금 자신들의 품으로 돌려 보려고 애썼습니다. 그러나 스피노자의 이성은 이미 신앙의 너머에 있었습니다. 결국 모든 것을 포기한 공동체는 그에게 마지막 저주를 퍼부으며 그와 영원히 결별을 선언했습니다. 그것은 바로 파문이었습니다. 스피노자를 파문하는 선언에는 다음과 같은 잔인한 말들이 쓰여 있었습니다.

> 우리는 스피노자를 파문하고, 추방하고, 저주하고, 비난한다. 율법에 쓰여 있는 모든 징벌로 그를 저주한다. 그는 낮에 저주받을 것이며, 밤에 저주받을 것이다. 그가 누울 때 저주받을 것이며, 일어설 때 저주받을 것이다. 누구라도 그와 교제할 수 없다. 편지도 할 수 없으며, 어떤 친절도 그에게 베풀 수 없으며, 같은 지붕 아래서 그와 함께 머물러서도 아니 된다.[3]

　나중에 다시 이야기하겠지만, 스피노자가 『에티카』에서 감정에 대해 그렇게 많은 부분을 할애한 이유는 이 사건에서 받은 충격 때문이 아니었나 싶습니다.

파문이라는 사건 자체는 어떻게든 이겨 낼 수 있었고, 또 어쩌면 자유를 위해 스피노자 자신이 오히려 더 갈망하던 결과였는지도 모릅니다. 그러나 사랑하던 이와 결별하면서 저런 저주를 퍼부을 수 있다는 사실은 몰이성적인 감정의 무서움을 여실히 보여 줍니다. 이해나 인식과는 거리가 먼 감정의 폭풍에 휩쓸려 정서적으로 혼란한 상태에 빠질 때 과연 어떤 일들이 벌어질 수 있는지 잘 보여 줍니다. 이렇게 파문을 통해 스피노자가 받은 충격은 파문 자체가 아니라 감정이 쏟아 낸 저들의 태도였습니다.

파문 이후 스피노자는 유산도 거부한 채 생계를 위해 안경 렌즈를 갈며 은둔자 생활을 해 나갔습니다. 그리고 그에게 주어진 모든 시간을 마치 사유의 렌즈를 갈듯이 세상을 바라보는 자신만의 광학을 위해 쏟아부었습니다.

스피노자가 그랬듯 우리 역시 삶을 살아가면서 많은 상처를 받습니다. 누구에게나 삶이란 무수한 상처가 굳어진 상흔의 덩어리인지도 모릅니다. 그만큼 우리는 상처받기 쉬운 존재들이니까요. 어쩌면 스피노자의 철학은, 어떻게 하면 상처받은 이들이 스스로 슬픔을 치유해 내고 끝내 기쁨을 얻을 수 있는지 고심했던 사유의 흔적들일 것입니다. 스피노자 역시 당신과 거의 똑같은 경험을 몸소 체험했고 힘겹게 극복할 수 있었으니까요.

하지만 스피노자의 기쁨은 천진난만할지는 몰라도 미숙할 수밖에 없는 아이들의 기쁨과는 다릅니다. 아이들의 철없는 기쁨은 고통과 슬픔이 결핍된 단순한 명랑함에 불과합니다. 그래서 더없이 즐겁던 그들의 기쁨은 작은 고통과 슬픔에도 한순간 힘없이 무너지곤 합니다. 스피노자의 기쁨은 성찰 없는 경박스러운 기쁨이 아니라 보다 원숙한 기쁨입니다. 그런 원숙함은 살아가면서 부딪힌 숱한 저항에 쓰러지면서 우리가 흘린 많은 눈물과 끝내 그것을 삼키며 견뎌 낸 의연함의 보답일 겁니다. 따라서 심연에 슬픔의 경험이 깃들지 않은 기쁨은 한낱 무너지기 쉬운 모래성에 불과합니다. 스스로 견뎌 낼 수 없어 다만 파도가 치지 않기만을 간절히 바라는 무기력한 기쁨 말입니다.

삶을 통해 우리에겐 무수한 시련이 닥쳐올 겁니다. 그리고 끝내 우리는 그 속에서 기쁨을 찾아내야만 합니다. 바로 이 순간, 어쩔 수 없었던 슬픔의 체험들은 우리를 보다 성숙시킬 겁니다. 그리고 더 원숙해진 우리의 눈은 언젠간 슬픔 속에 숨은 작은 기쁨의 한 조각마저도 찾아낼 만큼 밝아져 있을 겁니다.

인간의 얼굴이 아닌 우주의 얼굴을 가진 신

그렇다면 그를 파문에 이르게 했던 스피노자의 신은 과연 어떤 모습이었을까요? 이 이야기를 위해 우리는 처음 이야기를 시작했던 '별 헤는 밤'으로 잠시 돌아가야만 할 것 같습니다.

아마 당신은 밤하늘을 바라보며 그 경이로움에 입을 다물지 못하던 어린 시절 어느 날 밤의 기억이 있을 겁니다. 머리 위를 수놓은 무수한 별들과 그 알 수 없는 배경의 압도적인 깊이는 숭고함마저 느끼게 만듭니다. 수십억 광년 떨어진 별들이 오래전 과거의 모습을 그대로 간직한 채 지금 이 순간 당신의 눈에 비치고 있습니다. 놀랍게도 당신의 눈 속에선 오랜 과거와 현재의 순간이 동시에 공존하고 있으니까요. 그래서 밤하늘은 늘 우리에게 영원을 생각하게 만드는지도 모릅니다.

스피노자 역시 그런 밤하늘을 바라보며 우주의 거대한 힘을 느꼈습니다. 마치 빅뱅의 순간처럼 주체 못할 힘을 발산하는 대우주는 무수한 시간을 들여 자신을 스스로 변화시켜 왔습니다. 한때 원자까지 녹여 버릴 정도로 뜨거웠던 열기가 차차 식어 가면서 다양한 천체들이 무한한 공간을 채워 가기 시작했습니다. 무수한 은하와 그 속에 존재하는 셀 수 없는 별들은 각기 중심이 되어 자신의 행성들을 자식처럼 거느린 채 우주의 운행에 작은 부분 기여하고 있습니다. 거대한 우주는 이 세상 전체이며, 그 속에서 우리가 만나는 모든 만물들과 그것을 낳은 에너지는 한데 어우러져 우주적 질서를 유지하고 있습니다.

스피노자는 이런 대우주를 신이라 여겼습니다. 그는 우리 눈에 보이는 세상의 만물을 일러 '생산되어진 자연', 그러니까 '소산적 자연 natura naturata'이라 불렀습니다. 또 이 모든 것을 만들어 낸 우주의 무한한 힘을 '생산하는 자연', 즉 '능산적 자연 natura naturans'이라 명명했습니다. 이렇게 보자면 능산적 자연이란 우주의 거대한 에너지이며, 그 에너지의 원리가 곧 자연법칙입니다.

대우주는 누군가 미리 정해 둔 목적에 의해 만들어진 것이 아니라, 다만 자연법칙에 의거한 인과 관계 흐름에 따라 스스로 모습을 바꿔 가며 지금도 자신을 생성하고 있습니다. 이것이 바로 스피노자가 생각한 그의 신입니다. 흔히들 스피노자를 '신에 취한 철학자'라고 부릅니다. 그러나 주지하듯 그의 신은 감정과 의지를 가진 인격신이 아닙니다. 어떤 땐 진노하고 어떤 땐 기뻐하며 스스로 감정을 표출하고, 또 세상을 자신의 뜻대로 인도하려는 의지를 가진 인격신이 아니었습니다. 스피노자의 표현을 빌리자면 그의 신은 '신 즉 자연', 다시 말해 대우주, 대자연 그 자체입니다. 인간의 얼굴이 아니라 우주의 얼굴을 가진 신[4] 말입니다.

당신은 그것으로 이미 완전합니다

따라서 세상 모든 것은 신이 스스로 모습을 조금씩 변화시킨 신의 일부입니다. 창밖에 보이는 산과 들도, 또 거대한 바다도, 그 속을 가득 채운 많은 생명체들도, 그리고 그것을 바라보는 당신과 저를 포함해서 말입니다. 소박하게 말하자면, 우리는 모두 대우주가 만들어 낸 소산적 자연의 일부로서 몸을 가지고 있으며, 우주의 거대한 에너지인 능산적 자연의 일부로서 우리의 정신과 힘을 가지고 있습니

다. 물론 대우주의 무한한 영원에는 미치지 못하지만 원류와 기원만
은 대우주에 닿아 있습니다.

이렇게 보자면 세상에 존재하는 것이라면 무엇이든 무가치한 것
은 아무것도 없습니다. 아무리 보잘것없어 보이는 연약한 들풀이라
도 신의 고귀한 일부니까 말입니다. 우리는 모두 우주라는 거대한
퍼즐의 운행에 없어서는 안 될 작지만 중요한 퍼즐 조각들입니다.
신의 한 조각 말입니다. 이렇듯 스피노자의 눈에는 분명 신성은 어
디에나 깃들어 있습니다. 나와 당신 그리고 우리 모두에게도.

무엇이든 존재하기만 한다면 그 '존재 자체'가 바로 그것이 지닌
힘이며, 그것만으로도 이미 완전한 가치를 지닙니다. 스피노자는 이
에 대해 다음과 같이 말해 줍니다.

실재성은 곧 완전성이다.[5]

언뜻 어렵게 들리는 이 말을 소박하게 풀어 보자면 다음과 같은
의미가 됩니다.

실제로 존재하는 것이라면 무엇이든 이미 완전하다.

물론 이 말은 우리가 주위에서 흔히 접하는 자연의 풍광과 모든
사물에 똑같이 적용됩니다. 그러나 스피노자의 핵심은 아무래도 역
시 생명에 초점이 맞춰져 있습니다.

생명이 깃든 모든 것은 각자 삶을 만들어 갑니다. 자연이 허락한 한도 내에서 삶을 창조해 나갑니다. 따라서 모든 삶은 스스로를 '살아가게 만드는 힘'입니다. 생명에게 완전성은 그런 삶의 힘을 말합니다. 그리고 그런 삶이 있다면 그것은 이미 완전하다는 이야기입니다. 얼마 전 인구에 많이 회자되던 "더할 나위 없었다"라는 말은 지금껏 우리가 이야기한 의미와 통하지 않나 싶습니다. 이런 스피노자의 생각은 니체가 이야기한 다음의 말과도 일맥상통하지 않나 싶습니다.

존재하는 것에서 빼 버릴 것은 하나도 없으며, 없어도 되는 것은 없다.[6]

우리는 파괴의 힘에 더 쉽게 끌린다

그런데 우리는 간혹 '삶을 만드는 힘'보다는 그것을 '파괴하는 힘'을 더 신뢰합니다. 하찮아 보일지라도 거미가 며칠 동안 애써 만든 거미줄을 한순간에 파괴하고는 그 무력함을 비웃습니다. 개미를 발로 함부로 짓이기고는 그 무능력함에 실소를 터뜨리기도 합니다. 인간은 무력한 미물들과 자신을 비교하면서 스스로 더 완전한 존재라고 자부하길 즐깁니다.

그러나 실은 거미에게는 거미의 완전성이 따로 있을 뿐이고, 사람에게는 거미와는 다른 사람만의 완전성이 따로 있을 뿐입니다. 마치 권투에 체급이 있듯이 말입니다. 그 누구도 헤비급 선수가 반드시 플라이급 선수보다 뛰어나다고 말할 수는 없을 겁니다. 체중이 많이 나간다는 사실 말고는, 기량이나 지구력 등 여러 능력 면에서 플라이급 선수가 더 좋은 선수일 수도 있습니다. 선수로서의 면모는 체급이 말해 주지 못합니다.

마찬가지로 생명에게는 각자에 맞는 고유한 완전성이 있습니다. 인간은 지구상 모든 동물이 응시한 지적 능력 시험에서 수석을 차지했다고 자부하지만, 먹은 것을 토해 내 밧줄을 만들어 거미처럼 정교한 그물을 짤 수는 없습니다. 이렇게 각 개체가 가진 완전성은 다른 개체와 비교할 수 없습니다. 그들은 체급이 다를 뿐, 자신의 본성에 충실하다면 자신 안에서 이미 완전합니다.

더구나 더 중요한 것은 완전성이란 '삶을 만드는 힘'에 있는 것이지, '파괴하는 힘'에 있지 않다는 사실입니다. 생명을 파괴하면서 얻는 우월감은 삶을 만드는 완전성이 아니라 단지 공격적 본성을 해소하는 파괴일 뿐입니다. 파괴의 힘이 얼마나 크냐가 완전성을 좌우하진 못합니다.

그렇다고 해서 우리 모두 채식주의자가 되자는 이야기는 아닙니다. 즉 모든 생명은 소중하니 그것 모두를 절대 해쳐선 안 되고, 소나 돼지나 닭도 잡아서는 안 되며, 따라서 육식은 절대 금해야 한다는 취지로 말씀드린 것이 아닙니다. 다만 모든 생명이 지닌 고귀한 완전성을 믿고, 그런 관계를 조금 더 확장해 보자면 사람 사이의 관계에도 마찬가지로 적용된다는 이야기를 하고 싶을 따름입니다.

권위와 권력, 삶과 파괴 사이에서

사람들이 '파괴적인 힘'에 더 쉽게 끌리는 것은 사실입니다. 나쁜 남자 신드롬도 그런 대표적인 예 중의 하나입니다. 또 격투기나 투우 경기를 즐길 뿐 아니라 잔인한 하드 고어hard gore 영화를 애써 찾아서 보기도 합니다. 이들 대부분은 우리의 심연에 감춰진 공격 본능을 사회적으로 용인되는 표출 가능한 형태로 승화시키는 대리만족이라 볼 수 있습니다. 어찌 보면 지극히 자연스러운 현상입니다.

문제는 이런 파괴적 욕구가 사람 사이의 관계에도 그 전반에까지 스며들어 있다는 점입니다. 자신이 의식하든 그렇지 않든 상관없이 우리는 매일같이 남들을 파괴하고, 또 스스로 누군가에게 파괴당하고 있습니다. 생명을 파괴한다는 것은 순식간에 상대의 육체를 앗아가는 행위만을 말하지 않습니다. 서서히 상대를 말려 죽이는 것 역시 정신적인 살상 행위입니다.

사람들은 대부분 이성보다는 감정에 치우칩니다. 우리는 늘 예민한 감정과 정서의 문을 활짝 열어 둔 채 생활하고 있습니다. 그래서 우리 감정은 너무 쉽게 도둑맞습니다. 왜냐면 밖에서 들어온 자극에 가장 먼저 노출되는 것은 이성적 판단보다는 늘 우리의 감정이기 때문입니다. 내 것인데 내가 어쩔 수 없게 된 상황은 내 것을 도둑맞는 것이나 마찬가지입니다.

이렇게 보자면 감정은 우리 영혼의 무능력한 파수꾼입니다. 또 이 파수꾼은 정서적으로 극히 예민하여 쉽게 기뻐하고 쉽게 슬퍼합니다. 어이없게도 자신의 기쁨을 누군가에게 송두리째 도둑맞는 경우도 허다합니다. 그리고는 곧 실의에 빠집니다. 삶의 의욕은 바닥으로 곤두박질칩니다. 이렇게 감정적 동요는 우리 삶의 의지에 직접적인 영향을 끼칩니다. 일견 별것 아닌 것처럼 보이는 작은 정서적 변화가 얼마나 쉽게 그의 하루를 망쳐 버리는지를 생각해 보면 잘 아실 겁니다.

물론 심각한 상황으로 치달을 수도 있지만, 친구들 간의 사소한 감정 대립은 그나마 귀엽게 봐줄 수 있습니다. 문제는 전혀 반발할 수 없는 무력한 상대를 정서적으로 죽이는 행위입니다. 대체로 자신의 지위를 이용해서 자신보다 약한 자를 괴롭히는 사디즘적인 그들의 놀이 말입니다. 예를 들어 상사가 부하 직원을 대하는 태도를 보면 상사의 그릇을 대충 짐작할 수 있습니다. 우월한 사회적 지위를 마치 생사여탈권으로 착각하는 이들이 우리 주위엔 의외로 많습니다. 이런 행위는 아까 말씀드렸듯 억누르고 파괴하는 것이 곧 힘이라는 착각의 결과입니다. 그들은 파괴 행위를 통해 자기 자신의 존재를 확인하는 것입니다.

또 그런 잔인한 행동의 근거 역시 그들 자신에 있는 것이 아니라 그들이 가진 알량한 지위에 있을 뿐입니다. 계급을 떼어 내면 부하 직원에 미치지 못하는 역량을 가진 이들이 자신의 지위에 기대어 상대를 정서적으로 파괴시킵니다. 그런 상사 중에는 '서자庶子 콤플렉스'에 물든 사람들이 의외로 많습니다. 스스로 자신을 인정하지 못하는 자기 경멸적 콤플렉스 말입니다. 대체로 강건한 정신을 가지고 있어 스스로를 적자嫡子라고 자처할 만큼 진정으로 강한 사람들은 역량에 어울리는 넉넉한 품행을 보여 줍니다. 반대로 소인배 같은 행동을 일삼는 상사들은 대개 자신에 대한 열등감과 그로 인한 콤플렉스를, 약자를 괴롭히는 파렴치한 행동으로 해소하려 합니다. 그들은 자신을 인정해 주는 아첨에 가장 기뻐하지만, 진심어린 직언에는 마치 마땅한 대접을 받지 못한 사람처럼 끝내 감정을 폭발시킵니다.

실은 그런 콤플렉스는 그 누구도 아닌 자신이 만들어 낸 틀에 불과한데도 말입니다. 그 틀이란 사람을 평가하기 위해 그가 만들어 낸 편협한 기준으로, 대체로 상대의 경제적 능력이나 학벌, 부모의 직업에 따라 한쪽으로만 기우는 고장 난 저울입니다. 어찌 보면 그들은 자신이 만든 틀, 그러니까 자신의 덫에 스스로 갇힌 가련한 사람들입니다. 덫에 걸려 더 예민해지고 날카로워진 짐승이 울부짖는 것처럼 그들은 매일같이 누군가를 파괴시킵니다.

이렇게 누군가에게 감정적으로 파괴당할 때, 우리는 생명이 아닌 일회용 부속품으로 전락하는 자신을 발견하게 됩니다. 그들 눈 밖에 나면 언제든 내가 아닌 다른 대용품으로 대체될 수 있다는 불안과 암울함. 이제 우리는 하나의 인간으로서 가지던 존엄성을 잃고, 똑같은 많은 인간 중 단지 '또 하나의 인간', 많은 같은 것 중 '또 하나의 반복'이 되어 버리는 아픈 느낌을 받습니다. 모든 개성은 사라지고 비슷비슷한 대중들이 쌓인 대중의 퇴적층 위에 보잘것없이 얹힌 모래 알갱이의 느낌.

그런데 더 불행스러운 건, 때론 주위의 제3자가 그런 권력자의 횡

포에 편승한다는 사실입니다. 우리 속담에 "때리는 시어머니보다 말리는 시누이가 더 밉다"는 말이 여기서 나온 것 같습니다. 그들은 권력자의 눈치를 살피며 다른 약자에게 던질 돌을 망설임 없이 손에 쥡니다.

사람들은 대체로 약하기 때문에 그런 상사 앞에서 쉽게 권력에 순응할 뿐 아니라 한술 더 떠서 권력이 바라는 바를 애써 찾아내어 상사의 명령이 떨어지기도 전에 알아서 행동합니다. 그들에게 얼굴이 있는 이유는 아부를 돋보이게 하기 위해서이며, 권력에 대한 비굴한 복종을 권력자에게 더 잘 보여 주기 위해서입니다. 자신이 돌팔매질을 받을 죄가 없음을 권력자에게 보여 주는 그들만의 방법은 다른 약자를 향해 서슴없이 돌팔매질을 하는 것입니다.

그들은 권력은 있지만 권위는 없습니다. 권위는 부하들의 존경으로부터 자연스럽게 형성되지만, 권력은 강압적으로 그것을 요구할 뿐입니다. 권위는 아래에서부터 위를 향해 서서히 형성되어 가지만, 권력은 위에서 아래를 향해 짓누릅니다. 권위는 '살아가게 하는 힘'이고, 권력은 '파괴하는 힘'입니다. 따라서 권위는 신뢰의 힘이고, 권력은 공포의 힘입니다.

공포는, 힘은 있으나 설득에 무력한 이들의 핏빛 오라aura(인체나 물체가 주위에 발산한다고 하는 신령스러운 기운)입니다. 약자의 가장 약한 곳을 공포는 깊숙이 엄습합니다. 그만큼 효과적입니다. 그러나 권력의 태생이 파괴하는 힘에 있기 때문에 권력은 스스로 살아가게 하는 힘을 가지고 있지 못합니다. 따라서 권위가 없는 모든 권력은 타인을 파괴시킨 힘과 똑같은 힘에 의해 파괴됩니다.

사람들은 대체로 약합니다. 그래서 상처받기도 쉽고, 상처를 어떻게든 피하려고만 합니다. 돌팔매질을 받는 이는 물론이고, 권력에 굴복해 덩달아 돌팔매를 던지는 이 역시 약한 사람입니다. 게다가 권력자 역시 강자가 아닌 지극히 나약한 약자입니다.

물론 권력자를 옹호하려는 것은 아닙니다. 여기서 약자라 말한 이유는, 보잘것없는 자신의 가치를 덮어 주는 사회적·경제적 지위에 기대야만 그제야 자신의 존재를 발견할 수 있는 그들의 정신적 무력함 때문입니다. 그들은 자신과 타인의 삶을 만드는 데서가 아니라 그것을 파괴하는 데서 즐거움과 자신의 존재를 확인하는 무력한 자들이니까요. 어찌 보면 그들이야말로 가장 약하고 측은한 자들입니다.

진정한 강자란?

스피노자는 『에티카』에서 이런 이들의 심성까지 모두 바꿀 수 있다고 단언하지는 않습니다. 모두의 본성을 다 바꾸기란 현실적으로 불가능하다는 걸 그 역시 잘 알고 있었습니다. 다만 스피노자는 그들을 비롯해 세상을 마주 대하는 태도를 우리에게 들려주고 싶었던 겁니다. 그들과의 관계를 형성하는 개인의 역량에 주목한 것이겠지요. 그렇다고 스피노자가 작은 희망까지 모두 버린 것은 아니었습니다. 그들 역시 언젠간 우리에게 돌아올 거라는 기대를 끝까지 놓지 않았으니까요.

하나의 고정된 중심이 아닌 각자가 중심이 되어 공존하는 저 밤하늘의 무수한 별들처럼, 우리는 별자리로 서로 연결될 것이며 끝내 조화롭고 커다란 성단을 이루리라는 희망이 그의 고귀한 말속에 빼곡히 깃들어 있습니다. 미약한 빛을 겨우 발견할 수 있는 나약한 별들이 아니라, 마치 고흐의 그림 속 별들처럼 강렬한 빛을 스스로 발산하는 강한 별들로서 말입니다.

어찌 보면 스피노자가 말하고 싶었던 것은 그런 큰 별 같이 스스로 밝게 빛을 내는 진정한 강자가 되는 삶의 태도였는지 모릅니다. 물론 여기서 말한 강자의 조건이란 경제적·사회적으로 더 출세하는 비법에 숨어 있지 않습니다. 다만 내면의 강자가 되는 비결에 함축되어 있을 따름입니다. 진정한 강자의 모습이란 남들에게 비치는 외형이 아니라 우리 내면의 표현이기 때문입니다. 따라서 이제 앞으로 전개될 내용은 자신의 삶을 유지해 가며 스스로 찾게 될 내적인 행복에 대한 이야기가 될 것입니다. 스피노자가 말한 지극한 행복, 다시 말해 지복을 찾아가는 길 말입니다.

길을 나서는 행복 사냥꾼의 행복은 늘 집에 남겨져 있듯이, 먼 곳의 빛나는 것만을 찾으려는 우리들에게 과연 소중한 것은 무엇인지, 그 삶의 수수께끼를 풀 수 있는 길, 미리 정해진 목적이나 정답이 아니라 우리 각자의 해답을 얻게 될 과정을 위한 약간의 도움말. 스피노자가 『에티카』를 통해 우리에게 들려주고 싶었던 이야기는 그런

게 아니었나 싶습니다.

『에티카』가 윤리학인 이유는 정해진 정답이 아니라 각자의 해답을 찾기 때문입니다. 정답이 도덕이라면, 해답은 윤리인지도 모릅니다. 도덕이 그 시대가 미리 정한 우리의 목적과 우리가 지켜야 할 획일화된 규범이라면, 윤리는 자신의 판단에 따라 행동하는 자신만의 욕망과 인식의 틀에 근거하기 때문입니다.

3

뒷골목에 버려진
몸

인류 역사상 충격적인 3대 뉴스

　인류 역사상 충격적인 뉴스가 세 번 있었습니다. 자부심에 넘치던 인류에게 가해진 첫 충격은 다음과 같습니다. 자신들이 우주의 중심을 떡하니 차지하고 있으며, 따라서 태양을 비롯한 천체의 모든 별들은 지구를 중심으로 돈다던 천동설을 뒤엎어 버린 코페르니쿠스 Nicolaus Copernicus의 지동설!

　이로써 인류는 하루아침에 우주의 중심에서 보잘것없는 변방으로 추방당하고 말았습니다. 에덴동산 이야기의 근대 버전이라 부를 만큼 충격적인 뉴스가 아닐 수 없었습니다. 게다가 당시엔 고귀한 종교의 시대였습니다. 신께서 어찌 당신을 닮은 인류를 이런 우주의 촌구석에 방치하셨는지 그들은 도통 이해할 수 없었습니다.

그런데 첫 번째 충격이 가시기도 전에 두 번째 충격이 곧바로 인류를 덮칩니다. 아무리 우주의 변두리에 살고 있을지라도 그래도 지구에서만큼은 만물의 영장으로서 고귀한 신성의 일부를 부여받았다던 생각은 또다시 출현한 다윈Charles Robert Darwin의 진화론에 의해 고개를 숙여야만 했습니다. 한없이 측은하게 바라보던 저 짐승들과 같은 할아버지를 공유한다는 충격은 그야말로 자신의 뿌리를 송두리째 뒤흔드는 경악이었습니다.

그러나 여기서 끝나지 않았습니다. 마지막 충격이 하나 더 남아 있었습니다. 아무리 우리가 동물에서 진화했을지라도, 남이 아닌 나 자신만큼은 그래도 자신이 주인이라는 마지막 남은 인류의 자부심은 프로이트Sigmund Freud의 무의식의 발견으로 또다시 고배를 마셔야만 했습니다. 무의식은 내 속에 살고 있는 타인과 같습니다. 우리 맘대로 어쩌지 못하는 타인을 자신의 내부에 늘 안고 살아야 하는 인류는 이제 자신에게조차 완전한 주인이 되지 못하는 애처로운 상태로 전락하고 만 것입니다.

이렇게 인류는 전 우주의 주인에서, 협소한 지구의 주인으로, 그리고 다시 나 자신만의 주인으로 차례차례 격하되더니, 이젠 더 이상 어떤 것의 주인도 아닌 어정쩡한 상태가 되어 버린 겁니다.

그런데 여기에 뉴스 하나를 더 추가해야 할지도 모르겠습니다. 그것은 바로 스피노자에 의한 '욕망의 재발견'입니다. 신과 우주에 대해 스스로 생각을 정리한 후 스피노자는 다음과 같은 결론에 도달했습니다. 이 한마디에 그의 모든 뜻이 스며 있는지도 모릅니다.

욕망은 인간의 본질입니다.[7]

우리 영혼의 두 마리 말

전통적으로 욕망은 철학의 계륵이었습니다. 버리기엔 아깝고 먹기에는 맛이 없을뿐더러 찬양하기에는 자신의 인격마저 의심당할 위험한 단어였습니다. 욕망에 대한 찬미는 곧바로 더러운 욕망에 물든 인간, 특히 성적 욕망으로 가득 찬 인간으로 오해받기 십상이었습니다. 중세에 이런 말은 자칫 잘못하면 화형의 장작더미로 향하는 일등 승차권이 될 수도 있었습니다. 선한 이성은 신을 닮은 것이고, 악한 욕망은 선의 결핍이자 악의 화신으로 여겨졌으니까요.

그래서 서양 철학의 전통은 욕망을 마치 버린 자식 취급했습니다. 인간의 고귀한 특성은 오직 이성에만 있고, 이성은 1급수에서만 산다는 쉬리도 살 수 있을 만큼 맑고 투명하고 청명하며 깨끗합니다. 그에 비해 욕망은 이성의 고결한 활동을 방해하는, 물로 치자면 냄새나는 기름이 둥둥 뜬 공장 폐수쯤으로 여겼습니다.[8] 그리고 욕망을 잉태시키는 주범으로 지목된 육체는 서양 사상사 거의 전 기간을 거쳐 뒷골목에 버려졌습니다. 서양 철학의 시조였던 소크라테스 역

폴 고갱, 「세 명의 타히티 사람들, 또는 대화」(1899년)

스피노자는 철학사의 뒷골목에 버려져 오랜 기간 방치되던 우리의 '몸'을 부활시켰고, 악의 화신쯤으로 여겨지던 '욕망'을 인간의 본질로 급부상시켰습니다.

시 이렇게 말했습니다.

　　육체는 영혼의 감옥이다.

　이로써 육체는 영혼을 볼모로 잡고 있는 인질범으로까지 전락했습니다. 소크라테스의 수제자였던 플라톤은 스승의 유지를 받들어 더 정교하게 가다듬었습니다. 이를 위해 플라톤은 우리의 영혼을 두 마리 말이 끄는 마차에 비유했습니다. 한 마리 말은 '욕망'이고, 다른 한 마리는 '의지'라고 불립니다. 마차 위에는 '이성'이 고삐를 꽉 잡고 있습니다. 욕망의 말은 자유로운 영혼의 소유자입니다. 그래서 미리 나 있는 정해진 길이 아니라 저기 멀리 보이는 푸르른 들판을 향해 자유롭게 내달리고 싶어 합니다. 그에게 재갈은 구속이고 자신의 갈기를 맘껏 휘날릴 수 있는 정해진 방향 없는 질주만이 자유입니다.

　이런 욕망은 이성이 보기엔 미치광이나 마찬가지입니다. 같은 몸속에 나왔지만 이 욕망이라는 녀석은 마치 피가 다른 형제처럼 타인으로 느껴집니다. 이성은 늘 정도正道를 지향하는 모범생입니다. 그래서 이 미친 말이 늘 마음에 들지 않습니다. 따라서 이성은 의지의 말에게 명령을 내려 의지로 하여금 욕망을 조절하게 만들어야만 합니다. 그래야만 마차는 정해진 길을 따라 아무 탈 없이 달릴 수 있게 됩니다.

　이렇게 플라톤에게 우리 마음의 동요란 욕망과 의지의 싸움이고,

이성은 미천한 말들과는 다른 클래스의 소유자답게 저 높은 곳에서 그들을 굽어보고 있습니다. 욕망은 천박스러운 몸에 의해 생긴 것이고, 이성은 갓 짜낸 엑스트라 버진 올리브유처럼 영혼의 순수한 결정체입니다. 그리고 의지는 욕망과 이성의 중간 레벨에 해당합니다. 이렇게 형성된 '이성 중심주의'는 플라톤 이후 철학사의 전통으로 자리 잡습니다.

버려진 몸의 부활

스피노자의 공로는 물론 많지만 여기서 말씀드릴 것은 두 가지 정도로 요약될 수 있습니다. 하나는 철학사의 뒷골목에 버려져 오랜 기간 방치된 우리의 '몸'을 부활시켰다는 점, 다른 하나는 악의 화신쯤으로 여겨지던 욕망을 인간의 본질로 급부상시켰다는 점입니다.

이성과 욕망의 대비처럼 전통적으로 정신과 육체는 전혀 섞일 수 없는 다른 차원의 것으로 여겨졌습니다. 고귀한 정신을 어떻게 저급한 육체와 동급으로 바라볼 수 있냐는 것이겠지요. 그래서 늘 고귀하고 위대한 것은 정신에, 저열하고 열등한 것은 육체의 탓으로 돌리는 경향이 압도적이었습니다. 이런 오랜 전통은 동서양을 막론하고 오늘날까지 상당 부분 남아 있습니다.

예를 들어 우리는 정신적 노동을 육체적 노동보다 상위의 것으로 생각할 때가 많습니다. 또 신에 대한 생각들은 신의 반대편에 서 있는 악마, 귀신, 악령이라는 단어로 되살아납니다. 그것이 신이든 악령이든 우리보다 우월한 힘을 가진 존재는 늘 육체가 없는 '정신'만을 소유한 그 무엇으로 그려집니다. 대체로 육체를 가진 악, 일례로 흡혈귀 등의 상상은 정신만 소유한 근원적인 악, 그러니까 악의 영혼만을 소유한 이데아적인 악에 비하자면 훨씬 급이 떨어지는 악으로 취급됩니다. 영화에서도 늘 이겨 내기 힘든 상대는 영적인 힘으로만 형성된 악의 기운입니다.

이렇게 우리는 알게 모르게 육체를 비하하고 정신을 좀 더 상위의 클래스로 여기는 습성에 굳어져 있습니다. 21세기의 우리도 그러할진대 스피노자가 살았던 17세기 사람들은 과연 어느 정도였을지 상상이 가시나요. 그런데 어느 날 스피노자가 그들 앞에 나타나 다음과 같이 외쳤습니다.

정신과 육체는 하나입니다. 다만 다른 방식으로 표현되었을 뿐 그 둘은 하나입니다.

지금 들어 보면 지극히 당연하게 들리겠지만 당시 고귀한 정신의 가치를 숭상하던 사람들에게 이 말은 청천벽력 같은 말이었습니다. 그 이유는 다음과 같습니다.

육체와 정신이 하나라면, 육체가 없어지는 순간 정신도 없어지는 것이 아닌가! 그렇다면 우리는 구원의 문턱에서 주저앉고 마는 가련한 영혼들이 아닌가. 내세가 없다면 이 세상이 무슨 의미가 있단 말인가! 영혼 불멸은 다 헛소리란 말인가!

인격신의 존재 여부를 떠나 스피노자의 저 말은 모든 이들의 구원에 대한 희망을 송두리째 날려 버리는 말이었습니다. 지금껏 인류는 주지하다시피 영혼의 불멸을 믿으며 정신과 육체를 분리된 그 무엇으로 여겨왔습니다. 이런 생각을 '심신이원론'이라고 부릅니다. 이에 반해 스피노자는 그 둘이 하나라는 '심신일원론'을 설파한 것입니다. 이에 대한 스피노자의 설명을 현대적 버전으로 번역하자면 이렇습니다.

디지털 카메라를 한번 생각해 볼까요? 우리가 찍은 사진은 두 가지 방식으로 표현될 수 있을 겁니다. 그러니까 우리가 눈으로 볼 수는 없지만 0과 1의 무수한 조합으로 이루어진 디지털 형식으로도, 혹은 LCD 창에 나타난 이미지처럼 우리가 직접 볼 수 있는 아날로그 형식으로도 표현될 수 있습니다. 그렇다고 그 사진이 각기 다른 사진은 아닐 겁니다. 같은 하나의 사진인데도 두 가지 방식으로 표현될 수 있을 뿐이니까요. 마찬가지로 정신과 육체 역시 표현 방식만 다를 뿐 하나입니다.
게다가 사진의 디지털 조합, 그러니까 0과 1의 배열을 조금 바꾸면 아날로그 이미지 자체를 건드리지 않더라도 사진의 이미지가 자동적으로 변하게 됩니다. 마찬가지로 사진의 이미지만 조금 보정하면 자연스럽게 디지털 조합이 따라서 변하게 됩니다. 굳이 디지털 조합을 건드리지 않더라도 말입니다. 즉 디지털과 아날로그는 서로에게 정확히 대응되어 있습니다.

좀 더 쉽게 설명하자면 육체와 정신은 종이의 앞뒷면이라고 보면 될 겁니다. 종이 뒷면에 구멍을 내지 않으면서 앞면에만 구멍을 낼 수는 없습니다. 종이의 앞면에 구멍을 내면 거기에 해당(대응)하는 종이 뒷면에도 정확히 구멍이 생깁니다. 마찬가지로 육체와 정신은 한 장의 종이처럼 서로 맞닿아 있는 듯이 정확히 1 대 1로 대응되어 있습니다. 결국 그 둘은 하나이니까요.[9]

이렇게 정신과 육체가 정확히 맞대응되어 있다고 해서 그의 이론을 '심신평행론'(혹은 심신병행론)이라고도 부릅니다.

조금은 복잡한 설명이었지만, 뒷골목에 버려졌던 육체는 스피노자에 의해 이성과 동일한 반열에까지 올라왔음을 잘 알 수 있습니다. 이제 더 이상 우리 몸은 사유의 천덕꾸러기가 아닙니다. 오히려 방점이 자신에게 찍히기를 기다리고 있는 가장 소중한 우리의 본질 중 하나입니다.

이런 스피노자의 생각은 니체에 의해서 그대로 계승됩니다. 『차라투스트라는 이렇게 말했다』에서 니체는 자신의 분신이기도 했던 어린아이의 입을 빌려 이렇게 말하고 있습니다.

나는 나의 영혼이며, 나의 몸이야.

니체는 몸을 일러 정신적 이성보다 더 큰 육체적 근원, 즉 '큰 이성'이라고 명명합니다. 참 멋진 표현 아닌가요?

몽상의 잠에서 깨어나게 한 스피노자

육체에 눈을 뜨기 시작하면서 사람들의 생각에도 큰 변화가 찾아왔습니다. 영혼의 불멸과 구원에 대한 믿음이 서서히 사라지면서 지금껏 눈길도 제대로 받지 못했던 이 세계의 현실적 문제가 수면 위로 드러나기 시작한 것입니다.

오래전 고귀한 종교가 지배하던 시절, 대부분의 사람들은 궁핍과 예속을 운명처럼 자연스럽게 받아들일 수 있었습니다. 천국의 문은 가난하고 고통받는 자들에게 더 가까이 있다고 들어 왔기 때문입니다. 자신들은 온갖 부귀영화를 다 누리면서도 사제들은 바늘귀와 낙타의 비유를 들어 가난한 자들에게 크게 열린 천국의 위안을 선사해 주었습니다. 이에 사람들은 내세의 믿음으로 현세의 고통과 예속을 견뎌 낼 수 있었습니다. 오히려 더 큰 고통과 더 심한 가난이 주어질수록 내세의 보장은 더 굳건해지리라 믿었는지도 모릅니다.

게다가 왕권신수설이 잘 보여 주듯, 왕을 비롯한 귀족의 피에 새겨진 고귀함은 신께서 당신의 도구로서 선택한 자들의 전유물이었습니다. 그들의 피는 푸른색이었습니다. 피의 색을 결정짓는 것은 인간으로서는 도저히 엿볼 수 없는 저 너머의 초월적 의지였습니다.

바로 신의 신성한 의지 말입니다. 따라서 감히 혈연적 신분의 벽을 넘을 생각은 꿈도 꿀 수 없었습니다. 그것은 신에 대한 도전이었으니까요.

이렇게 신이 보장해 주는 고귀함 위에서 왕과 귀족은 채찍을 들었고 사제들은 그들에게 당근을 내밀었습니다. 예속과 위로는 세계를 떠받치는 두 개의 기둥처럼 시대를 지탱해 주었습니다. 어찌 보면 예속을 만드는 것은 공포이며, 위로를 만드는 것은 희망입니다. 현실적인 힘은 공포를 통해 그들을 예속시켰고, 내세에 대한 희망은 그들을 단지 위로했습니다. 스피노자 역시 공포와 희망은 늘 같이 다닌다고 이야기해 줍니다.

> 공포 없는 희망은 없으며, 희망 없는 공포는 없다.[10]

그러나 구원에 대한 저들의 희망은 어쩌면 절망이었는지도 모릅니다. 왜냐면 가장 큰 절망은 현실 속의 자신이 아닌 현실 밖의 다른 사람이 되고 싶을 때 찾아오는 거니까요. 진정한 나를 버리고 싶어지는 순간 그는 절망에 빠진 겁니다. 마찬가지로 저들은 현실의 자신이 아니라 현실 밖의 불가능한 다른 자신이 되길 빌었던 겁니다. 그래서 그들의 희망은 절망이나 다름없었습니다.

그러나 모든 것은 서서히 바뀌고 있었습니다. 구원을 위해 감내해 왔던 현실에 대한 체념은 서서히 변화를 맞을 수밖에 없었습니다. 시대는 변하고 있었으니까요. 수렁에서 건져 낸 육체의 가치는 영혼

불멸에 대한 의구심과 더불어 중세 천 년을 이어온 그들의 믿음에 조금씩 균열을 내기 시작했습니다. 게다가 17세기를 휩쓸었던 과학혁명은 중세적 거상을 무너뜨리는 데 결정적 공헌을 했습니다. 갈릴레이Galileo Galilei, 케플러Johannes Kepler, 뉴턴Isaac Newton으로 이어지는 천재들의 계보는 이해할 수 없었던 신의 섭리를 이해 가능한 자연법칙으로 변화시켰습니다.

그리고 어느 순간, 믿음이 모두 증발하자 사람들에게 남은 것이라곤 오로지 예속과 가난뿐이었습니다. 현실을 가리던 베일이 벗겨지면서 구원을 위해 애써 돌보지 않았던 이 세계의 진실을 보게 된 겁니다.

인류 역사는 어찌 보면 이런 예속과 가난에서 벗어나고자 발버둥치던 모든 노력의 과정들입니다. 예를 들어 지금 우리 사회에서 아직도 대립각을 세우고 있는 민주화와 경제 개발의 충돌은 예속과 가난 중에 어떤 것을 보다 중요하고 시급한 것으로 볼 것이냐의 문제로 요약될 수 있습니다. 즉 예속으로부터의 자유(민주화)와 가난으로부터의 자유(경제 개발), 두 가치 중 더 상위의 가치를 놓고 벌어지는 대립이기도 합니다. 어쨌든 두 가치 모두 자유를 지향하고 있다는 점만은 공통되며 분명합니다.

스피노자보다 약 200년 뒤의 철학자 헤겔Georg Wilhelm Friedrich Hegel 역시 비슷한 자유의 관점을 가지고 있었습니다. 그에게 역사란 한마디로 '자유를 향한 도정'이었으니까요. 헤겔은, 국왕 단 한 사람에게만 자유가 허용되던 고대 시대에서 출발해 모든 사람들에게 자유가 주어진 오늘날에 이르기까지, 인간의 정신이 추구해 온 자유를 향한 여정을 역사라 생각했던 겁니다. 돌이켜 보면, 중세를 벗어나면서 도래한 르네상스Renaissance는 예술과 인문학적 자유의 작은 시작이었습니다. 초월적 신이 아닌 현실의 인간에 주목한 것이며, 이것은 훗날 계몽사상과 자연과학 혁명으로 연결됩니다.

그러나 여기서 잊지 말아야 할 것은 어떤 사상이든 그 변화의 기저에는 이전 시대의 모든 사상이 응집된 토대가 자리 잡고 있다는 사실입니다. 즉 그것이 기술이든, 사상이든, 문학이든, 사회학적 이론이든 현재 꽃피어난 결실들은 이전 시대가 힘들게 견디고 이루어 낸 시행착오와 깨달음이라는 자양분 위에 피어난 열매인 것입니다. 마찬가지로 근대의 위대한 가시적 업적 아래에는, 어쩌면 스피노자가 주목했던 육체에 대한 새로운 시각이 고귀한 양분으로 작용하고 있었는지 모릅니다.

이 세상의 현실에 만족할 수 없어 새로운 내세의 희망에 젖어 있는 사람들에게 이 세상은 한낮에 잠시 꾼 부질없는 꿈일 뿐이며, 죽음 이후에 펼쳐질 내세야말로 진정한 세계였습니다. 여기에 대해 스피노자는 육체와 정신이 하나임을 찬찬히 들려주며, 그들이 헛된 꿈이라 여긴 이 세상이야말로 당신이 가질 수 있는 유일한 세계임을 말해 준 것입니다. 따라서 근대를 휩쓸었던 모든 사상적 근간에는 몽상이 아닌 현실을 직시하는 스피노자의 맑은 눈이 일정 부분 스며들어 있었는지도 모릅니다.

천 년의 긴 잠에서 깨어나게 했던 『에티카』 속의 선언들은 말 그

대로 '각성'이었습니다. 왜냐면 그의 선한 눈을 닮아 가듯 그의 말을 통해 사람들은 몽상의 잠으로부터 깨어나 눈을 크게 떠 현실을 직시할 수 있었으니까요. 어쩌면 진정한 자유란 희망적 몽상을 마음껏 꾸는 데 있는 것이 아니라, 헛된 꿈이 주는 부질없는 위로로부터 깨어나는 각성에서 시작될 수 있습니다. 현실을 떠난 것은 자유가 아니며, 현실에 닿아 있는 것을 통해서만 진정한 자유가 보일 테니까요.

4

고귀한 너의 이름,
코나투스여!

욕망은 장미를 살아가게 하는 뿌리

마치 『미운 오리 새끼』의 해피엔딩처럼, 욕망은 추하고 더러운 것으로 조롱받던 우리 영혼의 호수에서 차가운 멸시를 견디며 자라났습니다. 그리고 마침내 누구도 예상치 못했던 어느 순간, 가장 아름다운 백조로 변신한 자기 자신을 발견할 수 있었습니다.

그를 가장 추하게 비춘 것도 철학의 호수였고, 또 훗날 그를 가장 아름답게 비춘 것 역시 철학의 호수 위에서 반짝이던 맑은 물의 표면이었습니다. 오랜 세월 숙련된 장인이 하나하나 세심히 갈아 만든 맑은 렌즈 같이 가장 투명한 물빛의 철학. 그것은 욕망을 새롭게 비추어 낸 전혀 새로운 광학이었습니다. 그리고 그 철학의 렌즈를 만들어 낸 숙련공은 다름 아닌 스피노자였습니다.

육체에 대한 새로운 인식은 자연스럽게 욕망을 바라보는 우리의 눈도 변화시켰습니다. 마치 어둡던 시야를 환히 밝혀 주는 안경의 맑은 렌즈와도 같이. 오랜 세월 억눌려 오면서 자신의 가치를 잃어버렸던 욕망은 이제 새로운 위상을 얻게 된 것입니다. 이것은 잃어버린 것을 다시 찾는 과정이며, 잃어버린 시간과 잃어버린 나를 갈망해 온 오랜 시간 기다림에 대한 소중한 보상이었습니다. 그리고 보상의 수여자들 가운데에는 우리의 스피노자가 있었습니다.

앞서 플라톤이 인간의 영혼을 이성과 의지와 욕망으로 나눠 설명했던 것을 기억하실 겁니다. 두 마리의 말과 이성이라는 마부의 비유 말입니다. 스피노자는 이런 분류를 나름대로 약간 수정해 자신이 생각한 영혼의 이야기를 우리에게 들려줍니다. 그는 우리의 영혼은 이성과 감정과 욕망으로 이루어져 있다고 설명합니다. 게다가 이성을 가장 중시했던 플라톤과 달리 스피노자는 욕망을 우리 영혼의 본질로 생각했습니다. 이로써 이성은 이제 마부의 자리에서 내려와 한 마리 말이 되어야 했고, 대신 욕망이 마부의 자리를 차지하게 되었습니다. 고삐는 이제 욕망의 손에 쥐어진 것입니다.

여기서 우리의 영혼을 한 송이 장미에 비유해 보면 어떨까요. 그렇다면 아마 욕망은 흙 속에 파묻혀 보이진 않지만 장미를 살아가게 만드는 끝없는 생명력을 지닌 뿌리에 해당할 겁니다. 이성은 가장 화려하게 꽃피어난 장미꽃이 될 것이고, 감정은 뿌리와 꽃을 제

외한 나머지 전부, 다시 말해 장미의 줄기와 잎과 가시라 볼 수 있을 겁니다.

물론 장미의 깊고 매혹적인 향은 꽃에서 만들어지지만 꽃 역시 뿌리가 없다면 결국 생명을 잃고 맙니다. 마치 뿌리가 잘려 더 이상 스스로 살 수 없게 된 꽃꽂이 꽃들처럼 말입니다. 꽃에게 생명력을 주는 것은 흙이 묻어 일견 더러워 보이는 욕망의 뿌리입니다. 또 꽃과 뿌리를 연결하는 장미의 줄기, 광합성을 위해 항상 태양을 향해야 하는 잎사귀, 그리고 독설을 뿜어내듯 외부를 향해 날카롭게 날을 세운 장미의 가시는 우리의 감정과도 같습니다. 다른 사람들을 만나면서 그들과의 관계에서 형성되는 우리의 감정 같이 그것들 역시 항상 외부를 향해 있으니까요.

그러나 꽃이 아무리 화려한들, 또 줄기와 잎과 가시가 아무리 굳건한들, 뿌리가 없다면 장미는 더 이상 살아갈 수 없을 겁니다. 이렇게 보자면 욕망의 뿌리는 실은 가장 아름다운 꽃보다 더 아름답습니다. 왜냐면 그것이 바로 진정한 우리 영혼의 결정체이니까요.

이렇게 스피노자는 우리 영혼의 가장 깊은 중심에서 만날 수 있는 근원적인 것으로 욕망을 생각했습니다. 이성은 단지 욕망이 원하는 바를 실현하기 위해 작동하는 우리 영혼의 브레인brain이며, 감정은 욕망이 얼마나 성취되었는지를 나타내는 눈금에 해당할 뿐입니다. 욕망은 늘 영혼의 중심에 있습니다. 욕망이 실현되면 기쁨이, 또 욕망이 뜻을 이루지 못하면 슬픔이 찾아오며, 결국 그런 욕망의 성취가 감정으로 표현될 뿐입니다. 이성은 욕망의 조력자이며, 감정은 욕망의 표현입니다.

자기 보존의 욕망, 코나투스

욕망이 우리 영혼의 근원적인 뿌리라면, 욕망 자체의 뿌리는 무엇일까요. 그러니까 모든 욕망들의 기저에서 그것들을 떠받쳐 주는 토대가 되는 근원적이며 가장 큰 욕망 말입니다. 이런 우리의 궁금증에 대해 스피노자는 다음과 같이 답합니다.

그것은 자신이 자신 안에서 유지되길 원하는 욕망입니다.[11]

간단히 표현하자면 이것은 살고자 하는 욕망을 말합니다. 누구에게나 가장 원초적인 욕망은 아마도 이런 삶을 향한 욕망일 겁니다. 물론 사즉생 死卽生(죽고자 하면 살 것이다)이라는 말도 있습니다. 그러나 여기서의 죽음 역시 최종적인 삶을 위한 죽음의 각오에 지나지 않습니다.

우리 주위에서 흔히 볼 수 있는 모든 생명의 현전은 그들이 태어나면서 지금까지 생존을 위해 노력해 온 가시적 결과입니다. 그뿐만 아니라 하나의 개체가 여기 살아 있다는 사실은 그 개체의 무수한 조상들이 생명을 위협하는 숱한 도전을 하나씩 이겨 내고 끝내 살아남은 증거이기도 합니다. 이렇게 대를 이어 진행된 삶에 대한 욕망이 그들의 유전자에 새겨져 후세에까지 고스란히 전해진 것입니다. 흔히들 그것을 본능이라고 부릅니다. 따라서 모든 생명의 유전자에 새겨진 첫 번째 단어는 '삶에 대한 욕망'이며, 이것은 욕망 이전에 본능에 가까운 원초적인 욕망입니다.

어찌 보면 매우 이기적인 발상이라는 생각도 드실 겁니다. 물론 훗날 이타심이 삶을 위한 또 하나의 덕목이 되겠지만, 모든 생명에게 내려진 최초의 명령은 자신의 삶을 유지시키기 위한 모든 노력일 수밖에 없습니다.

스피노자는 이런 근원적 욕망, 즉 '삶에 대한 욕망'을 '코나투스 conatus'(노력, 추구, 경향, 관성을 뜻하는 라틴어)라고 명명했습니다. 이 단어가 지닌 원래의 뜻에 기대어 쉽게 비유하자면, 코나투스는 '관성'이라고 볼 수 있을 겁니다. 움직이는 물체는 계속 움직이려 하고, 또 외부에서 어떤 큰 힘이 주어지지 않는 한 정지하지 않고 한없이 움직이려는 힘이 곧 관성이니까요.

마찬가지 원리로 자신의 존재를 지속적으로 유지시키려는 생명의 힘을 코나투스라고 부른 것입니다. 이런 의미에서 흔히들 코나투스를 일러 '자기 보존의 욕망'이라고 부르기도 합니다. 모든 생명의 근원적 욕망 말입니다. 그리고 이 코나투스야말로 스피노자 사상을 설명해 주는 가장 핵심적인 키워드입니다.

구스타프 클림트, 「죽음과 삶」(1911년경)

———

자신의 존재를 지속적으로 유지시키려는 생명의 힘을 코나투스라고 합니다. '자기 보존의 욕망'이라고 부르기도 하는 이 코나투스야말로 스피노자 사상을 설명해 주는 가장 핵심적인 키워드입니다.

삶 충동과 죽음 충동

앞에서 다음과 같은 이야기를 나눴던 기억이 나실 겁니다.

> 모든 생명은 여기 이렇게 있다는 것 자체로 이미 완전하며, 그런 완
> 전함은 '파괴의 힘'이 아니라 생명이 지닌 '살아가게 만드는 힘'에 달
> 려 있다.

여기서 말한 생명을 유지시키는 '살아가게 만드는 힘'이 곧 우리
각자가 지닌 코나투스를 의미합니다.

이와 반대로 우리에겐 유혹적인 '파괴적 힘'도 엄연히 존재합니
다. 파괴의 힘은 우리 삶의 힘, 그러니까 코나투스와는 상극입니다.
매일같이 우리는 자신도 모르는 사이에 남을 파괴하고, 자신도 파괴
당하며 하루하루를 살아가고 있습니다. 이에 따라 우리의 코나투스
는 한시도 가만있질 못하고 요동칠 수밖에 없습니다. 삶의 의지는
파괴의 힘과 삶의 힘이 겨루는 천칭 위에서 하루에도 수십 번씩 힘
겨운 곡예를 넘습니다. 그리고 그 힘겨루기의 결과로서 표현되는 것
이 우리의 감정이기도 합니다.

삶과 파괴의 힘에 대한 이런 스피노자의 생각은 훗날 프로이트에
의해 다시 받아들여집니다. 프로이트는 다음과 같이 말합니다.

> 인간에게는 가장 큰 두 가지의 충동이 있는데, 하나는 삶에 대한 욕

망인 삶 충동(에로스eros)이며, 다른 하나는 죽음에 대한 욕망인 죽음 충동(타나토스thanatos)이다.

프로이트가 말한 삶 충동은 스피노자의 코나투스와 거의 일치함을 느끼실 수 있을 겁니다. 물론 프로이트의 삶 충동은 성적 욕망에 초점을 맞춘 이야기긴 하지만, 이 역시 자신의 2세를 통해 영원히 삶을 연장시키고자 하는 내적인 욕망에 기인한 것입니다. 따라서 프로이트가 말한 삶 충동은 넓은 의미로 자신의 보존을 위한 스피노자의 코나투스와 일맥상통합니다.

그런데 문제는 저 죽음 충동입니다. 과연 우리에게 죽음을 향한 충동이 있을까요? 그렇다면 이런 상황을 한번 생각해 보면 어떨까요. 극심한 고통에 시달릴 경우 사람들은 차라리 죽어 버리면 어떨까 하는 생각이 든다고 합니다. 예를 들어 치명적인 질병에 걸려 시한부 인생을 살게 된 환자에게 그로서 감당하기 힘든 엄청난 육체적 고통은 삶의 의욕을 말려 버리고 이렇게 고통받을 바에야 죽음을 택하겠다는 생각을 실제로 하게 만드니까요.

이런 극단적인 예가 아니더라도 우리 대부분은 외부의 자극으로부터 시달리지 않고 좀 더 평안한 고요를 원합니다. 거리를 나서면 무수하게 쏟아지는 정보의 홍수, 잘 알지도 못하는 사람들에 대해 떠도는 이야기, 또 우리의 일상을 괴롭히는 여러 가지 번뇌들, 이런 많은 자극으로부터 벗어나 영원한 자유를 얻고 싶어 하는 것은 사람들의 인지상정입니다.

여기서 프로이트는 조금 더 쭉 밀고 나가 보자고 말합니다. 즉 자극에서 자유로워지는 상태를 더 계속 밀고 나가다 보면, 어느 순간엔 외부 자극에 전혀 반응을 하지 않는 정적인 상태가 될 수 있다는 겁니다. 마치 물질이 되어 버린 것 같은 상태. 그것이 과연 뭘까요.

프로이트의 말에 따르면, 그것은 죽음입니다. 또 극한 평온과 고요를 지향하는 우리의 염원 그 너머에는 죽음 충동이 있다는 말이기도 합니다. 이것은 물질이 되고 싶은 극단적인 자유에 대한 욕구라고도 볼 수 있을 겁니다. 물론 쉽게 받아들여지기 힘든 견해이긴 합니다. 하지만 사람들이 외부의 자극으로부터 자유로운 상태를 원한다는 사실만큼은 확실합니다. 정도의 차이만 있을 뿐.

선악을 넘어서

그런데 만약 스피노자가 프로이트의 견해를 들었다면 펄쩍 뛰며 죽음 충동 자체를 부정했을 겁니다. 코나투스, 즉 삶에 대한 욕망 자체와 대립되는 생각이니까요. 주지하다시피 스피노자에게 가장 중요하고 유일하며 근원적인 인간의 갈망은 자기 보존의 욕망입니다. 죽음이 아니라 삶에 대한 욕망 말입니다.

스피노자는 프로이트와는 반대로 죽음 충동 같은 것은 절대로 인간 고유의 본성일 수 없다고 생각했던 겁니다. 자기 파괴의 욕구는 자신 내부의 원인이 아니라 외부적 충격에 의해서만 일어난다고 본 것입니다. 이에 대해 스피노자는 다음과 같이 이야기합니다.

> 예를 들어 자살하는 사람은 마음이 무력하며 자기의 본성과 모순되
> 는 외적 원인에 전적으로 정복당한 사람이라는 결론이 나온다.[12]

스피노자가 보기에 죽음 충동이란 마치 거친 풍랑을 피하기 위해 고요한 심해 속으로 뛰어들려는 난파된 선원들의 안타까운 심정 같았는지 모릅니다. 아무리 거센 폭풍우가 휘몰아치고 거대한 파도가 덮쳐 올지라도 깊은 심해만은 무서울 정도로 고요를 유지합니다.

그곳의 정적인 고요. 어떤 시달림도 동요도 없는, 그런 심해의 고요 속으로 피해 보려는 무모한 열망. 그래서 배 바닥에 스스로 구멍을 내려는 절망. 뚫려 버린 구멍을 통해 용솟음치는 바닷물에 미친 듯 환호하며, 침몰하는 배 속에서나마 심해의 고요를 맛보며 삶을 놓아 버리려는 충동, 바로 죽음 충동입니다.

그러나 배가 살아남기 위해 필요한 것이 단지 평화로운 바다를 바라는 헛된 갈망이나, 고요한 심해로 도피하려는 회피 본능은 아닐 겁니다. 무서운 폭풍이 휘몰아치는 바다를 견뎌 내는 배의 전략은 오직 한 방향으로 전진하는 것뿐입니다. 전진을 멈출 때 배는 위험한 파도의 희생자가 됩니다. 앞으로 나아갈 수 있는 관성을 잃어버린 배는 거대한 파도의 관성 앞에 무력해질 수밖에 없으니까요. 살아남은 배들은 모두 멈추지 않는 관성을 끝까지 유지하며 그 상황을 스스로 견디고 감내해 낸 배들입니다. 이렇게 배를 전진시키는 추동

력이 바로 우리 삶의 충동, 코나투스입니다.

하지만 스피노자 역시 현실적으로 사람들 관계에는 분명 긍정적인 측면과 부정적인 측면이 있음을 인정합니다. 그중 부정적인 측면은 '파괴의 힘'이 크게 작용한다는 사실도 인정합니다. 예를 들면 공격적 본능도 이에 해당할 겁니다. 위험한 공격성은 외부로도, 또 어떨 땐 자기 자신으로도 향할 수 있습니다. 이에 대한 부연은 이야기가 더 진행되면서 자연스럽게 나오게 될 겁니다. 자세한 이야기는 일단 그때로 기약해 두겠습니다. 그럼 다시 마저 하던 이야기로 돌아가 보겠습니다.

어쨌든 스피노자는 어떤 것들이 서로 만나느냐에 따라 그 관계는 서로에게 이익이 될 수도 있고, 또 반대로 서로에게 해악이 될 수도 있음을 강조합니다. 그리고 서로에게 이익이 되며 상생할 수 있는 관계를 일러 '결합'이라 불렀고, 서로에게 해가 되며 삶의 의욕마저 저하시키는 파괴적 관계를 일러 '해체'라 명명했습니다.

예를 들어 칼이 의사의 손에서 환자와 만나면, 칼은 사람을 구하고 환자는 그 칼에 의해 성공적으로 수술을 받고 완치할 수 있습니다. 이때 칼과 환자의 몸은 서로 '결합'했다고 볼 수 있습니다. 그러나 강도의 손에 들린 칼이 희생자를 만나면, 칼은 사람을 해치고 희생자는 그 칼에 의해 치명적인 외상을 입거나 잘못하다간 생명을 잃을 수도 있습니다. 이때 칼과 희생자의 몸은 서로 '해체'하는 관계를 맺었다고 생각할 수 있을 겁니다.

같은 칼인데도 어떤 것과 만나느냐에 따라 그 관계는 해체가 될 수도 있고 결합이 될 수도 있는 것입니다. 이렇게 보자면 칼의 좋고 나쁨은 칼 자체에 있는 것이 아니라 누구를 만나느냐 하는 '관계'에 있음을 잘 알 수 있습니다. 스피노자는 이렇게 말합니다.

> 즐거운 음악은 기쁜 자에게는 좋은 것이고, 장례식장에는 나쁜 것이며, 귀머거리에게는 좋지도 나쁘지도 않습니다.[13]

이런 생각을 조금 더 확장해 가면서 스피노자는 다음과 같은 결론에 도달합니다.

> 이 세상에는 그 자체로 선한 것도, 그 자체로 악한 것도 없습니다.

정말 놀라운 선언이 아닐 수 없습니다. 아니 어떻게 미리 정해진 선악의 기준이 아예 없다니! 지금껏 우리는 언제부터인지는 모르지만 선과 악의 기준은 이미 굳건히 다 정해져 있으며 우리는 그것을 충실히 따르기만 하면 된다고 생각해 왔습니다. 그런데 스피노자는 우리의 이런 통념을 뒤집어엎은 겁니다. 그는 다시 강조합니다.

> 이 대자연 속에서는 원래 선한 것도 원래 악한 것도 없습니다. 다만 선악은 '관계'에 의해서만 가려질 뿐입니다. 그 관계가 '결합'이라면 그것은 그에게 선이며, 관계가 '해체'라면 그것은 그에게 악입니다.

마치 칼을 아무리 자세히 뜯어보아도 칼 자체에서 좋음과 나쁨을 발견할 수 없듯이, 또 단지 칼이 어떤 것과 만나느냐에 따라서만 좋음과 나쁨이 결정되듯이 말입니다. 이렇게 칼의 선악은 칼 자체에 있는 것이 아니라 칼이 맺는 '관계'에 있습니다.

가장 무서운 말 '원래 그래'

이런 '관계'의 원리는 인간관계에서도 똑같이 적용됩니다. 원래 악한 사람도, 원래 착한 사람도 없습니다. 사람 자체에 선과 악이 새겨져 있는 것이 아니라 단지 그가 맺는 인간관계에 따라 가려질 뿐입니다. 아무리 극악무도한 범죄를 저지른 사람도 어머니에게는 세상에 둘도 없는 효자일 수 있습니다. 또 많은 사람들에게 더없이 선한 사람이 자신의 부인에게만은 악마일 수도 있습니다.

그런데 우리들은 어떤 사람에 대해 들려오는 풍문이나, 그 사람의 직책이나 경력만 보고 그 사람 자체를 미리 판단해 버리는 경우가 많습니다. 그런 선입견이 굳어져 나중에는 '그는 원래 그런 사람'이라는 생각에까지 이르게 됩니다. 그러면서 '원래'라는 말 뒤에 숨겨진, 그가 겪었을 무수한 노력과 실패의 쓰라림은 아예 생각조차 하지 않습니다.

예를 들어 공부를 잘하는 급우를 보고 우리는 "원래 저 녀석은 공부를 잘해"라고 말합니다. 그러면서 물속에 빠지지 않으려고 발버둥치는 백조의 부산한 발놀림 같은 그 친구의 부단한 노력은 아예 생각지도 않습니다. 원래 그렇다는 말로 상대를 자신과 이미 다른 클래스의 사람으로 생각하는 순간, 자신이 편해지기 때문입니다. 저 말 속에는, 내 노력이 부족한 게 아니라 저 친구는 이미 공부 잘하는 성향을 타고났다는, 어찌 보면 스스로에 대한 위안이 숨겨져 있는 것입니다.

또 늘 외톨이에 왕따를 당하는 급우를 향해서도 "원래 저 녀석은 저래"라고 비아냥거리기도 합니다. 그러면서 친해지려고 무단히 노력했고, 그러나 그때마다 늘 실패를 맛보았으며, 이제 모든 것을 체념해 버린 그 친구의 숱한 노력과 실패의 눈물은 아예 생각지도 않습니다. 그 친구는 무수한 실패의 상처로 인해 어쩔 수 없이 마음의 문을 닫았는데도 그 실패의 참담함과 눈물겨웠을 극복의 노력은 저 '원래'라는 말 속에서 전부 말라 버립니다.

더 이상 상처받기가 겁이 난 그 친구는 자신을 보존하기 위해 입을 다물어 버린 조개와 같이 연약한 속살을 가진 사람인지도 모릅니다. 자신을 상처로부터 스스로 보호하려는 관성이 오래전 관계의 문을 닫아 버린 것이겠지요. 게다가 "원래 저 녀석은 저래"라는 말 속에는 그 친구를 자신과 다른 종류의 인간으로 미리 분리시킴으로써, 자신을 향할 수도 있는 비난의 화살을 그에게 돌려 버리는 비겁함도 숨어 있습니다. 자신의 무죄를 증명하기 위해 다른 약자에게 돌팔매를 던지는 또 다른 약자들처럼 말입니다.

세상 어디에도 '원래' 그런 사람은 없습니다. 단지 그가 맺어 온 관계에 의해 많은 영향을 받은 민감하고 연약한 사람들이 있을 뿐입니다. 그러니 이제 '원래 그런 왕따'에게 한발 다가가 그에게 손을 한 번 내밀어 보시길 바랍니다. 그럼으로써 그와 새로운 관계를 맺어 보시길 바랍니다. 그제야 당신은 알게 될지 모릅니다. 들려오던 소문과 선입견과 겉모습 뒤에 숨겨져 보이지 않던 전혀 새로운 소우주가 그에게 아직도 간직되어 있다는 사실을 말입니다.

그는 단지 '원래 그렇다'는 오해에 가려진 관계의 희생자였는지 모릅니다. 이제 당신은 그와 더없이 소중한 관계를 맺기 시작한 최초의 친구가 되는 겁니다. 그렇게만 된다면, 세상에서 가장 무서운 말 중의 하나가 바로 이 '원래'라는 단어임을 당신은 깨닫게 될 것입니다. 그 사람을 경험하기도 전에 이미 그 사람을 규정해 버리는 '원래'라는 잔인한 단어 말입니다.

마지막으로 우리 자신에 대한 이야기를 한 가지만 덧붙이려고 합니다. 흔히 우리는 용기와 인내를 갖고 무언가를 해야 함에도 그렇지 못할 경우, 자신이나 남들 앞에서 "난 원래 그런 사람이야"라고 스스로 자조하기도 합니다. 그러나 이 역시 '원래'라는 말 뒤로 숨으려는 비겁함일 뿐입니다.

원래 용감한 사람도 없으며, 원래 비겁한 사람도 없습니다. 단지 어떤 것과 관계를 맺는 그 순간 당신이 용감한 행동을 한다면 그때 당신은 용감한 사람입니다. 또 그 순간 비겁한 행동을 한다면 그때 당신은 비겁한 사람일 뿐입니다. 비겁함과 용감함이라는 '성향'이 미리 존재하는 것이 아니라, 그때 '상황'에서 당신이 취한 행동이 당신의 용기를 말해 줄 뿐입니다. 이렇게 보자면 성향은 '원래'와 같은 의미이고, 상황은 '관계'와 같습니다. 그리고 늘 중요한 것은 성향(원래)이 아니라 상황(그때의 관계)입니다. '원래'라는 말은 상황의 어려움을 피하고자 성향의 등 뒤로 숨으려는 비겁함일 뿐입니다.

2부

★

감정, 욕망의 충족을
지시하는
영혼의 눈금

5

감정의 파고를
넘어

별들의 찬란한 성단

이제 우리는 스피노자의 생각에 한층 더 가까워졌습니다. 지금껏
잘 읽어 주셨기에 드디어 당신은 그의 가장 깊은 핵심에 다가서고
있습니다. 그런데 이 순간 우리는 잠시 밤하늘을 다시 올려다볼 수
있는 작은 여유를 찾았으면 합니다. 여유는 하나의 큰 도약을 위한
짧은 쉼이 될 테니까요.

별은 스스로 태어나기 위해 자신의 내부에 무한한 에너지를 품어
야만 합니다. 스스로를 잉태시키기 위해서는 다른 것이 아닌 바로
자신으로부터 넘쳐 나오는 끝없는 힘을 보듬어야만 하는 것이겠지

요. 여기서 별이 당신이라면, 별이 품은 에너지이자 힘은 바로 당신의 코나투스, 그러니까 삶을 향한 힘일 겁니다.

무수한 별들은 각자의 코나투스를 자신의 내부에 품은 채 다른 많은 별들과 공존합니다. 그리고 주위에 몇 개의 별들이 모이기 시작하면 마치 별자리를 그리듯 별과 별이 연결되는 아름다운 관계가 형성됩니다. 앞서 '코나투스'란 '관성'을 뜻하는 라틴어라고 말씀드린 기억이 있으실 겁니다. 따라서 별들은 모두 자신의 삶을 유지시키는 관성을 지니고 있으며, 별들의 관성은 별자리를 통해 다른 별들과 관계를 맺게 됩니다. 이를 통해 관성과 관계는 이제 더 이상 분리될 수 없이 서로 굳건히 결속되는 것입니다.

언젠간 이런 별들이 무수히 모여들어 하나의 커다란 성단을 이룹니다. 지극히 아름다우며 각자의 별들이 우주적 질서와 조화를 이룬 궁극적 형체, 바로 그런 성단 말입니다. 그리고 성단 속에서 밝게 빛나는 별들이 우리 하나하나라면, 별자리와 성단은 관계를 통해 만들어 나가는 우리의 공동체가 될 것입니다.

마치 별들이 서로를 비추는 별빛으로 연결되어 있듯이, 우리가 늘 만나는 사람들과의 관계에서도 그런 빛이 새어 나옵니다. 그 빛이란 바로 우리의 감정입니다. 다시 말해 사람들과의 관계에 의해 만들어져 우리의 영혼과 몸에서 피어나는 정서적 변화가 바로 감정입니다. 스피노자를 일러 '감정의 철학자'라고도 부릅니다. 그토록 섬세하게 그리고 그토록 깊고 맑은 눈으로 감정을 표현해 낸 철학자는 이제껏 없었으니까요. 실은 스피노자가 『에티카』를 쓰게 된 주된 동기 역시 자신이 그렇게 사랑하던 감정을, 먼 훗날 자신의 책을 보게 될 당신께 수줍게 고백하기 위해서였는지도 모릅니다. 스피노자와 당신은 이제 수백 년의 시간을 넘어선 영혼의 친구이기도 하니까요.

인상파 화가의 그림 같은 감정

감정을 관계에서 발하는 빛이라고 설명해 드리고 나니, 문득 빛을 쫓던 화가들이 떠오릅니다. 바로 인상파(모네Claude Monet, 마네Edouard Manet, 쇠라Georges Pierre Seurat, 시냐크Paul Signac 등으로 대표되는 근대 미술 사조, 즉 인상주의를 신봉한 유파) 화가들 말입니다. 인상파 화가들의 그림을 보고 있자면 마음이 한결 차분해집니다. 밝은 색상의 그림들이 많아서 그런지, 마치 내리쬐는 따뜻한 햇볕 아래 일광욕을 즐길 때처럼 온몸이 기분 좋게 이완됩니다.

그들의 선배들은 대부분 실내 작업실에서 그림을 그렸습니다. 심지어 풍경을 그릴 때조차 화실 안을 고집했을 정도였습니다. 그런데 인상파 화가들은 선배의 전통을 가볍게 무시하고는 모두 캔버스와 이젤까지 챙겨 들고 화실 밖을 나섰습니다. 당시 미술계의 이단아였던 이들이 야외에서 그토록 애타게 찾았던 것은 바로 빛이었습니다. 강렬한 태양의 빛.

그들에게 태양 빛을 머금은 사물들은 경이로움 자체였습니다. 물론 엄밀히 말하자면 태양 빛이 사물에 반사되어 우리 눈에 보이는 것이지만, 어떻게 생각하면 마치 사물들 모두가 한껏 빛을 품고 있는 모습처럼 보입니다. 인상파 화가들의 눈에는 확실히 그렇게 보였습니다.

태양의 밝은 빛은 연못에 쏟아졌고 그 연못 속에 피어난 수련은 태양 빛을 자신의 몸에 한껏 머금고 있는 듯 보였습니다. 마치 햇빛이 수련 꽃잎 하나하나에 새겨지듯이 말입니다. 어찌 보면 이것은 태양 빛이 수련에 남긴 흔적이라고도 볼 수 있습니다. 인상파 화가들은 그런 흔적을 찾아 나선 겁니다. 빛의 흔적. 빛이 사물에 새겨 넣은 그 흔적. 그리고 그 흔적 위로 반사되는 영롱한 빛의 오라.

스피노자가 생각한 감정이 바로 저런 모습이었습니다. 흔히 감정이라고 말하면 우리는 늘 우리의 영혼에서만 일어나는 정서적 변화로만 생각하곤 합니다. 그러나 몸과 정신은 하나라는 그의 일관된 생각답게 스피노자는 감정을 우리 몸과 영혼에 동시에 새겨진 어떤 흔적으로 생각했습니다.

예를 들어 우리는 사랑하는 사람을 눈앞에서 보게 되면 저절로 가슴이 뛰는 것을 느끼게 됩니다. 몸은 이렇게 감정에 가장 빨리 반응합니다. 아니 스피노자의 말마따나 몸의 반응 자체가 감정인지도 모릅니다. 사랑하는 이를 생각할 때면 가슴과 배꼽 사이에 해부학적으로 아직 발견되지 않는 어떤 통로가 있지 않나 상상하게 됩니다. 사랑하는 감정은 몸에 나 있는 이 통로를 통해 기분 좋게 퍼져 나가는 몸의 전율을 만들어 내니까요.

이렇게 감정은 외부 대상에 의해 생겨나는 몸의 흔적(반응)이자,

그로 인해 우리의 영혼이 느끼는 정서적 변화(정신적 흔적)입니다. 스피노자는 다음과 같이 감정을 정의했습니다.

감정이란 신체의 변화인 동시에 그 변화에 대한 느낌입니다.

마치 수련 꽃잎에 새겨진 태양 빛처럼 누군가를 만나면 우리 몸에도 감정의 흔적이 새겨집니다. 이때 몸의 흔적이란 기쁨으로 두근거리는 심장이라든지, 분노로 전율하는 온몸의 떨림처럼 삶의 의욕을 샘솟게 하거나 혹은 바닥을 치게 만드는 전신 현상으로 찾아옵니다.

그리고 수련 잎 주위로 산란하는 빛의 오라처럼 몸에 새겨진 흔적은 우리 영혼에도 동일한 느낌의 오라를 남깁니다. 한없이 상승하는 기쁨의 환희와 그 끝 모를 슬픔의 참담함이 바로 영혼에 새겨진 오라겠지요. 이렇게 몸과 영혼은 감정에 동시에 반응합니다. 따라서 감정이란 우리 몸과 영혼에 새겨진 흔적과 다름 아닙니다.

누군가를 사랑하게 될 것인지 그렇지 않은지 확신이 서지 않는다면, 그를 볼 때 자신의 가슴에 손을 한번 얹어 보십시오. 심장의 박동은 당신이 의식하지도 못하는 사이에 앞으로의 사랑을 예언해 줄 테니까요.

클로드 모네, 「수련」(1916년)

━━━━

스피노자가 설명한 감정은 상당히 명쾌합니다. 결합의 관계를 맺는다면 기쁨이, 반대로 해체의 관계를 맺는다면 슬픔이 찾아오리라는 분명한 예언이기 때문입니다. 스피노자는 이렇게 우리의 감정을 크게 기쁨과 슬픔 두 가지로 나눕니다.

기쁨과 슬픔의 천칭

태양과 수련이 관계를 맺을 때, 혹은 별과 다른 별이 관계를 맺을 때 그 사이에는 빛이 존재하듯이, 사람들의 관계 속에서도 빛이 새어 나옵니다. 주지하다시피 그것은 감정의 빛입니다. 빛은 찬란히 당신을 고양시킬 수도 있으며, 반대로 당신을 저주의 늪에 빠뜨릴 수도 있습니다.

앞서 '관계'에 대해 이야기하면서 스피노자가 **결합**과 **해체**로 관계를 나누어 설명했던 것을 아마 기억하실 겁니다. 지금 우리가 말하고 있는 감정 역시 관계, 즉 만남에서 파생되기에 감정에도 이 두 가지 분류는 그대로 적용됩니다. 즉 감정은 '결합' 관계에 의해 생기기도 하고, '해체' 관계에서 생겨나기도 합니다.

마치 의사의 손에 들린 칼과 환자의 몸이 만나면 서로 상생하여 환자의 목숨을 살리듯이, 만나면 그냥 같이 있는 것만으로도 행복을 느끼게 하는 사람들이 있습니다. 해 주는 것도 없는데 하나라도 더 해 주고 싶고, 다시 만나고 싶고, 또 헤어지는 시간이 늘 아쉬운 그런 사람 말입니다. 이런 사람을 만나면 우리 몸은 고양되고, 활기에 넘치고, 또 정신은 한층 더 맑아지면서 무언가 꽉 찬 만족감을 선사받습니다. 이때 우리는 '기쁨'을 느끼는 것입니다. 그리고 이런 기쁨을 유발하는 관계는 당연히 '결합'일 것입니다.

반대로 강도의 손에 들린 칼과 희생자의 몸이 만나면 서로를 파괴하여 희생자의 목숨을 서서히 앗아 가듯이, 같이 있기만 해도 뭔가

불편하고, 한시라도 빨리 이 자리를 피하고 싶고, 다시는 만나고 싶지 않은 사람들도 있습니다. 이런 사람과 만나면 왠지 점점 기력을 잃는 것 같고, 삶의 활기는 나락으로 떨어지고, 또 정신은 혼란해지고 심지어 우울해지기까지 합니다. 이때 우리는 '슬픔'을 느끼는 것입니다. 그리고 슬픔을 유발하는 관계는 당연히 '해체'일 겁니다.

어찌 보면 스피노자가 설명한 감정은 상당히 명쾌합니다. 결합의 관계를 맺는다면 기쁨이, 반대로 해체의 관계를 맺는다면 슬픔이 찾아오리라는 분명한 예언이기 때문입니다. 스피노자는 이렇게 우리의 감정을 크게 기쁨과 슬픔 두 가지로 나눕니다. 그의 담백한 인품과도 같이 한 점 군더더기 없이 깔끔한 분류가 아닐 수 없습니다.

물론 기쁨과 슬픔에도 여러 세부적인 감정이 포함됩니다. 예를 들어 기쁨에는 사랑, 환희, 자존감의 고양 등이 있을 수 있고, 또 슬픔에는 증오, 질투, 시기, 공포, 불안, 비루함, 열등감, 자기 멸시 등이 포함될 수 있을 겁니다. 또 실제로 이런 세부적인 모든 감정에 대해 스피노자는 『에티카』를 통해 자세히 언급하기도 했습니다. 그러나 지금 이 순간 당장 중요한 것은 이런 세세하고 미세한 분류보다는 그것을 낳은 위대한 어머니인 기쁨과 슬픔을 좀 더 정확히 눈여겨보는 과정입니다.

스피노자는 기쁨을 다음과 같이 정의합니다.

기쁨이란 당신의 몸에 활력을 불어넣고 삶의 의욕을 증대시키며, 동시에 당신의 정신을 보다 큰 충만으로 이끄는 감정입니다.

여기서 기쁨이 우리 몸에 불어넣는 삶의 의욕이란 '코나투스'(삶에 대한 욕망)와 다름 아닙니다. 즉 기쁨이란 우리의 코나투스를 증진시키는 정서를 말합니다. 이렇게 보자면 코나투스란 우리 영혼에 켜 있는 생명의 빛인지도 모릅니다. 삶의 의욕으로서 밝게 빛나는 당신 가슴속의 촛불처럼 말입니다.

기쁨은 코나투스의 촛불을 더 힘차고 밝게 타오르게 합니다. 그 빛은 너무도 충만하여 당신 영혼의 내부를 환하게 비추고도 남습니다. 마치 잔을 가득 채우고도 넘쳐 나는 샴페인처럼 당신의 내부를 다 채우고도 남은 빛은 외부로 새어 나옵니다. 그 빛이 아마도 기쁨이 아닌가 싶습니다. 바로 이 순간 우리는 더할 나위 없는 자신감에 넘치게 됩니다. 세상에 못할 게 없다고 느껴집니다. 한마디로 살맛이 납니다.

반대로, 슬픔은 코나투스의 촛불을 당장이라도 꺼 버릴 것처럼 삶의 의욕을 위협합니다. 활동력은 땅을 칠 것이고, 영혼은 충만감을 잃고 텅 빈 공허함에 빠져듭니다. 꺼질듯 말듯 깜박거리는 촛불의 동요 때문에 우리 영혼의 내부는 어두운 혼란으로 일렁입니다. 슬픔의 늪에 빠진 우리는 매사에 의욕을 잃고 몸을 추스르기 위해 꼭 필요한 끼니조차 거르게 됩니다. 이렇게 활동력이 급감하면서 일은 더 꼬이게 됩니다. 악순환이란 바로 이런 것이겠지요. 한마디로 죽을 맛입니다. 슬픔은 또 다른 슬픔을 계속 낳을 수밖에 없습니다.

지금 슬픔에 대한 스피노자의 저 말을 듣자마자 문득 당신은 얼마 전에 만난 잘나가는 친구의 거들먹거리는 모습이 생각났을 수도 있을 겁니다. 어쩌면 평소 싫어하던 직장 상사의 짜증나는 얼굴이 떠올랐을 수도 있을 겁니다. 그리고 그런 상상만으로도 치밀어 오르는 화 때문에 심장이 벌렁거리고 호흡이 가빠지며, 조금 전까지만 해도 상쾌하던 공기마저 숨을 턱턱 멎게 하는 감정의 미세먼지로 가득한 탁한 공기로 변하는 놀라운 기적을 체험했을지도 모르겠습니다.

똑같은 빠르기의 심장 박동이라고 해도 사랑하는 사람을 떠올릴 때 느끼는 가슴 설렘과는 확연히 차이가 납니다. 이런 극명한 차이는 코나투스가 얼마나 감정에 예민하게 반응하는지, 또 상황에 따라 얼마나 다르게 작용하는지를 잘 보여 줍니다.

왜냐면 당연할 수밖에 없는 것이, 코나투스의 변화가 곧 감정이니까요. 즉 달리 표현하자면 감정이란 관계를 통해 변화하는 삶의 의욕을 정확히 나타내는 눈금입니다. 마치 온도계의 눈금처럼 감정은 코나투스의 온도를 정확히 표현합니다. 아까 든 예에 대입하자면 감정은 코나투스 촛불의 밝기를 나타내는 조도 측정기라고도 볼 수 있겠습니다. 이를 정리해 보자면 다음과 같을 겁니다.

결합 관계 = 코나투스 증가 = 기쁨
해체 관계 = 코나투스 감소 = 슬픔

선악에게서 나에게로

스피노자는 이에 덧붙여 다음과 같이 말을 이어 갑니다.

> 우리는 그것이 선하다고 생각되기에 그것을 원하고 욕망하는 것이
> 아니라, 우리가 원하고 욕망하기에 그것을 선하다고 생각하는 것입
> 니다.[1]

정말 획기적인 발상의 대전환이 아닐 수 없습니다. 물론 이 말은
앞서 자유 의지에 대해 말씀드리면서, 우리가 의식적으로 판단하
기 이전에 우리 욕망이 무의식적으로 이미 결정을 내린다는 취지에
서 한 말이기도 합니다. 그런데 이보다 더 중요한 의미는 따로 있습
니다. 이를 알아보기 위해 저 말을 좀 더 이해하기 쉽게 다음과 같이
바꿔 볼 수 있을 겁니다.

> 사람들이 모두 좋다고 여기기 때문에 우리는 그것을 원하고 욕망할
> 것이 아니라, 당신이 원하고 욕망한다면 그것은 이미 당신에게 좋은
> 것입니다.

이로써 선악의 모든 기준은 우리 각자에게 주어집니다. 물론 주지
하다시피 대자연에는 그 자체로서 선한 것도, 그 자체로 악한 것도
없습니다. 즉 원래 선한 것도 원래 악한 것도 없습니다. 다만 선악은

그것이 맺는 '관계'에 따라 정해질 뿐입니다. 따라서 나와 관계를 맺은 어떤 것이 선인지 악인지는 오직 나 자신에 의해 결정된다는 이야기입니다. 즉 어떤 것이 나와 '결합' 관계를 맺어 나를 기쁘게 하고 내 삶에 이롭다면 누가 뭐래도 그것은 내게 좋은 것(선)입니다. 반대로 그것이 나와 '해체' 관계를 맺어 나를 슬프게 만들고 내 삶에 해롭다면 누가 뭐래도 그것은 내게 나쁜 것(악)입니다. 스피노자는 다음과 같이 확실히 덧붙입니다.

> 선은 당신에게 기쁨을 선사하는 모든 것이며, 악은 당신에게 슬픔을 안겨 주는 모든 것입니다. 우리 각자는 자신에게 이로운 것(선)과 해로운 것(악), 또 자신에게 좋은 것(선)과 나쁜 것(악)을 오직 자신의 감정에 의해 판단할 뿐입니다.[2]

언제부터인지도 모르게 모든 사람들이 당연히 그렇다고 여기는 것들, 그래서 모두가 그것이 좋다, 저것은 나쁘다고 말해 온 통념들은 이로써 쓸모없는 휴지 조각이 됩니다. 미리 정해진 선악의 기준은 무의미하며, 이제 오직 나 자신이 좋아하는 것과 싫어하는 것만이 있을 뿐입니다. 다시 말해 설령 모든 사람들이 다 좋다고 할지라도 만약 내게 맞지 않다면 그것은 나쁜 것이며 악입니다. 예를 들어 이 세상 사람들이 모두 복숭아가 건강에 좋다고 할지라도, 내게 치명적인 복숭아 알레르기가 있다면 복숭아는 내 건강에 '독'일 뿐입니다.

남들이 모두 기피하고 천하다고 말하면 어떻습니까. 자신이 좋아

한다면 그것을 좇는 것은 이미 아름답고, 자신이 좋아하는 일이라면 그것을 향해 가는 과정은 언제나 고귀합니다. 그러니 항상 자신이 사랑하는 것의 가치를 믿으십시오.

가치를 정하는 사람이 따로 있고, 또 정해진 가치를 충실히 따르는 사람이 따로 있는 것이 아닙니다. 우리는 이제 스스로 가치를 정할 수 있는 가치의 창조자입니다. 내게 가치 있다면 그것은 이미 가치 있는 것입니다. 남들이 뭐라 해도 상관없이 말입니다. 다시 조금 더 요약하자면 이렇습니다.

결합 관계 = 코나투스 증가 = 기쁨 = 선
해체 관계 = 코나투스 감소 = 슬픔 = 악

우리 삶 곳곳에 도사린 감정의 늪

지금까지 이야기를 경청하신 당신은 이렇게 반문하실지 모르겠습니다.

스피노자 선생님, 정말 좋은 말씀입니다. 저도 제가 좋아하는 것을 아끼고 추구하고 싶은 마음은 굴뚝같습니다. 그런데 현실적인 여건은 그걸 허락하지 않네요. 이 세상을 살다 보면 제가 좋아하는 것을 향해 가기란 정말 쉽지 않은 걸 뼈저리게 느낍니다. 제가 많이 부족해서 그런 걸까요?

　그리고 감정을 기쁨과 슬픔으로 나누신 것도 참으로 명쾌하십니다. 그런데 말입니다. 그 감정이 어쨌다는 겁니까. 선생님은 왜 그렇게 감정에 집착하시는지 그 이유를 잘 모르겠습니다.

당신의 당연한 이 궁금증에 스피노자는 아마도 다음과 같이 대답할 것 같습니다.

　당신이 정말 좋아하는 것을 해야 할지, 혹은 세상 사람들의 의견을 무비판적으로 그저 따라갈지 갈등하는 것은, 실은 당신의 결정에 따른 결과가 초라할지도 모른다는 두려움 때문이 아닐까요. 어쩌면 당신이 거둘 결과는 초라할지언정 매우 값지며 스스로에겐 만족스러울 수도 있습니다. 그런데 그런 값진 결과를 퇴색시키는 것은 언제나 남들의 곱지 않은 시선일 겁니다.

　당신은 결과 자체는 흔쾌히 받아들일 수 있지만, 그 결과에 대한 남들의 평가만은 받아들일 수 없는 건지도 모릅니다. 왜냐면 사람들은 대개 남들과 비교를 통해 자기 자신을 바라보니까요. 이것은 결코 좋은 시선이라고 볼 수 없습니다. 그러나 우리 대부분은 의식하든 그렇지 않든 상관없이 늘 남들의 시선에 민감해집니다. 그런 시선 때문에 때로는 자부심을 느끼기도 하고, 때로는 끝 모를 열등감에 빠지기도 합니다. 즉 결과 자체가 아니라 결과에 대한 평가에 기뻐하기도 절망하기도 합니다.

당신은 당신이 돈이 없기에 불행하다 느끼는 것이 아닙니다. 다만 잘나가는 친구 앞에서 혹은 세상 사람들의 차가운 시선 앞에서 당신이 초라해지고 한없이 작아지는 감정 때문에 불행하다고 느끼는 건지도 모릅니다. 당신은 상사가 당신께 맡긴 무리한 양의 업무 때문에 불행하다고 느끼는 것이 아닙니다. 다만 당신의 역량을 무시하고, 당신의 존재 가치를 멸시하는 무례하기 짝이 없는 상사의 태도 때문에 불행을 느끼는지도 모릅니다.

여기서 말씀드린 두려움, 열등감, 왜소해지는 느낌, 멸시에 대한 증오, 한없이 작아지는 느낌, 이런 모든 느낌이 바로 감정이며, 감정 중에서도 가장 치명적인 슬픔의 감정입니다.

이렇게 우리는 사건이나 상황 자체 때문이 아니라, 그 사건과 상황에 대한 시선 때문에 불행해지는 겁니다. 그 시선과 평가에 의해 생겨나는 당신의 감정 때문에 말입니다.

살아가면서 우리는 그런 감정의 늪에 자주 빠지곤 합니다. 감정이란 어떤 의미에서는 우리가 늘 숨 쉬는 공기와 비슷하니까요. 공기가 없으면 살 수 없듯이, 살아 있는 한 우리 대부분은 감정에서 완전히 자유로울 수는 없기 때문입니다. 즉 우리는 삶을 겪어 나가듯 감정을 겪어 나갈 수밖에 없는 것이겠지요.

만약 감정의 공기가 영혼 깊이 자리 잡은 코나투스의 촛불에 맑은 산소를 공급한다면, 당신은 삶의 의욕으로 넘쳐 날 겁니다. 그러나 많은 경우 우리는 이런 기분 좋은 미풍보다는 세차게 몰아치는 바람을 겪어 나가야만 합니다. 그 거센 바람 앞에 우리 영혼의 촛불은 아예 꺼져 버릴 위기에 늘 노출되어 있습니다. 제가 감정에 집중하는 이유는 여기에 있습니다.

차차 이야기가 진행되면서 이런 감정의 늪에서 당신 스스로를 구할 수 있는 당신만의 삶의 태도가 생겨날 수 있으리라 저는 확신합니다. 그러니 조금 더 인내심을 가지고 경청해 주시기 바랍니다.

6

시작하는
사랑

기쁨 중의 기쁨

스피노자에게 삶이란 우리가 겪어 나갈 감정의 급류가 흐르는 강이었는지 모릅니다. 만약 발을 헛디뎌 빠지는 날에는 차가운 슬픔의 강물에 온몸을 흠뻑 적시게 될 수도 있습니다. 게다가 강의 심연은 감히 상상할 수 없을 정도로 깊어 잘못하다간 우리 삶 전체를 익사시킬지도 모릅니다. 그러고 보면 기쁨이란 급류 사이사이에 놓인 고마운 징검다리입니다. 그리고 그런 기쁨 중에서 최고의 기쁨은 사랑이라고 스피노자는 주저 없이 단언합니다.

이제부터 우리는 사랑으로 대표되는 기쁨의 감정을 시작으로 숱한 슬픔의 감정에 이르기까지 스피노자가 언급한 다양한 감정 중에서 몇몇 중요한 감정을 골라 살펴보려고 합니다. 아무래도 그 첫 이야기는 사랑일 수밖에 없습니다. 왜냐면 스피노자에게 모든 감정의 어머니는 바로 사랑이기 때문입니다. 조금씩 이야기가 진행되면서 느끼시겠지만 스피노자의 모든 말들은 사랑으로 귀결됩니다.

이 세상에 남겨진 모든 문학은 사랑의 노래입니다. 마치 임금님 귀는 당나귀 귀라고 말하는 그 순박한 사람의 근질거리는 입처럼, 모든 작가들은 자신이 경험한, 아니면 남들에게서 들은, 그것도 아니라면 자신의 상상이 창조해 낸 사랑의 이야기를 쓰지 않고서는 배기질 못합니다. 그들은 누군가의 사랑을 고백하고 싶어 안달이 난 것이겠지요. 인류 역사의 거의 모든 문학을 만든 힘은 실은 사랑의 힘이었습니다. 그것이 사랑의 기쁨이든 상실의 슬픔이든 상관없이 말입니다.

그뿐만 아니라 모든 철학의 숨겨진 동기에도 실은 사랑이 깔려 있는지도 모릅니다. 그것은 학문 자체에 대한 사랑으로 승화된 연인을 향한 사랑의 실패였을 수도 있고, 혹은 신의 사랑을 설명하기 위해, 혹은 정열적 사랑을 논리적 언어로 번역하기 위해, 혹은 자신이 생각한 사랑의 개념을 후세가 풀 수수께끼로서 암호화하기 위해, 그렇게 그들은 철학을 했는지도 모릅니다. 왜냐면 철학이라는 어원 자체〔philosophy=philos(사랑) + sophia(지혜): 지혜에 대한 사랑〕가 이미 사랑을 품고 있기 때문입니다. 그것이 이성理性에 대한 사랑이든, 이성異性에 대한 사랑이든, 이상에 대한 사랑이든 상관없이⋯⋯.

스피노자의 『에티카』 역시 어떤 의미에서는 사랑을 위해 쓰인 책입니다. 그 사랑이란 연인 간의 열정적인 에로스eros로부터, 친구들의 굳건한 동지애로서의 필로스philos, 그리고 신적인 사랑인 아가페agape에 이르기까지 이 모두를 포함해서 말입니다. 단 여기서 신의 사랑은 스피노자에게만큼은 역방향의 벡터를 가집니다. 즉 일반적으로 신의 사랑이라면 내리사랑을 말하지만, 스피노자가 말한 신의 사랑은 '신을 향한 사랑'입니다. 그것은 어찌 보면 대자연 그러니까 이 대우주를 향한 인식의 기쁨이며, 거기서 움터 나는 고결한 찬미입니다.

실은 이런 이야기는 지금으로서는 약간 성급한 감이 없지 않습니다만, 사랑을 이야기하는 바에 여기서 그 한 자락을 내비치는 것도 좋을 듯합니다. 그래서 이것은 하나의 복선이기도 합니다. 이 책을 덮게 될 때 아마도 그 복선이 가진 의미마저 당신은 아시게 될 것입니다.

. 사랑의 시작

사랑 역시 처음 시작하는 사람에게는 하나의 수수께끼입니다. 무언가 자신의 몸에서 일어나는 변화를 놀랍게 감지하지만, 그 실체를 알 수 없는 흥분이며, 상대에 대한 무한한 호기심입니다. 처음 당신의 눈이 발견해 낸 사랑의 대상은 이렇게 알 수 없고 신비스러운 배후를 감춘 거대한 물음표입니다. 따라서 사랑이란 당신에게 어느 날 갑자기 주어진 질문이며, 당신 스스로 찾아가는 해답을 향한 도정이기도 합니다.

그를 생각할 때면 당신에게는 알 수 없는 힘이 샘솟습니다. 당신의 몸은 감각의 모든 문이 열리듯 극히 예민해지고 주위의 작은 변화에도 기쁨을 느끼게 됩니다. 삶은 생동하고, 언제나 무표정한 얼굴로 그저 당신을 응시하기만 하던 주위의 평범한 사물들 모두가 이제 당신을 향해 미소 짓습니다. 세상의 모든 무생물들이 생명을 부여받는 놀라운 기적을 당신은 사랑하는 순간 발견하게 됩니다. 미소 짓고 말을 걸어오는 사물들이 등장하는 동화 속 한 장면은 어쩌면 그 당시 누군가를 깊이 사랑하고 있던 작가의 실제 체험인지도 모릅니다.

이렇게 글을 쓰게 하는 힘은 사랑입니다. 동화 작가뿐 아니라, 또 모든 문학뿐 아니라, 모든 인문서의 저자들 역시 누군가를 향한 사랑으로 펜을 드는 것입니다. 그 대상은 단지 한 사람일 수도 있고, 아니면 자신의 공동체 구성원 전부일 수도 있으며, 혹은 전 인류일 수도 있습니다. 다만 대상의 범위만 다를 뿐 모든 글은 사랑의 고백입니다.

그래서 사랑하는 이들은 평소에 거들떠보지도 않던 사랑의 책을 읽으며 그 속의 한 구절 한 구절을 곱씹고 소화해 내고 드디어 자신만의 글을 쓰고자 합니다. 무수한 러브레터는 사랑이 어떻게 평범한 한 사람을 독자가 단 하나뿐인 글을 쓰는 작가로 변신시키는지 잘 보여 줍니다. 찬미는 늘 단 한 명의 독자를 위해 많은 시간 숙고한 사랑의 결과물입니다.

시인이 활짝 열린 감각의 문을 통해 세상을 바라보듯이, 사랑에 빠진 이 역시 자신의 몸에 난 모든 통로를 통해 세상의 기쁜 기운을 몸소 느낍니다. 그는 우연히 보게 된 자신의 땀구멍 하나에도 그 속에서 생명의 놀라움을 발견합니다.

작은 곳에서 찾은 큰 기쁨은 우리의 모든 기능을 더 효율적으로 만듭니다. 사랑하는 이는 끼니를 거르더라도 사랑하는 대상에 대한 고귀한 감정만 지닌다면, 며칠 전 먹어 둔 작은 빵 한 조각으로도 그런 놀라운 상상과 경이로운 활동력을 부여받습니다. 세상에서 가장 적은 연료로 가장 멀리 가는 에너지 효율은 바로 이렇게 사랑 자체에 숨겨져 있습니다.

그것은 아마도 거대하게 주어진 물음표에 대해 그것을 풀고자 하는 방향성의 아름다운 발화(發火)입니다. 마치 자신의 가슴속에 품은 코나투스의 작은 불씨로 대상의 아름다운 실체 전부를 비추고자 하는 모든 열망이자 노력입니다. 왜냐면 당신에게 그 대상은 바로 '알 수 없음' 자체이기 때문입니다. 그러나 단순히 알 수 없는 데 그치는 것이 아니라, 설명할 수 없는 기쁨을 주는 미지의 근원이기 때문입니다.

사랑이 주는 해답

스피노자는 사랑을 일러 이렇게 말합니다.

사랑은 외부의 대상이 주는 느낌과 함께 일어나는 기쁨입니다.[3]

자기 자신 속에서 자신에 대한 사랑, 즉 자신의 삶을 영위해 가려는 의욕과 힘을 코나투스라고 할 때, 그런 코나투스를 가장 밝게 빛나게 하는 기쁨의 근원이 저 외부에 있다면 그것은 바로 사랑입니다. 본성상 어쩔 수 없이 자기애로 넘칠 수밖에 없는 인간에게 그런 특별한 기쁨을 가져다주는 것은 그 사랑의 대상이 그에게만큼은 특별하기 때문입니다.

이렇게 사랑의 대상은 사랑하는 이에겐 아주 특별하며 고유한 사람입니다. 그는 너무도 특별하여 주위의 온갖 것들을 모두 평범하게 만들어 버리는 놀라운 힘을 가지고 있기도 합니다. 실은 사랑은 그 사람만이 가진 특별함을 발견한 순간부터 시작됩니다. 그래서 사랑에 빠진 사람에게 그 사람은 어떤 것으로도 바꿀 수 없는 대체 불가능한 대상일 수밖에 없습니다. 따라서 사랑하는 이는 그런 특별한 사랑이 좌절을 겪을 때 절망할 수밖에 없습니다. 그보다 더 나은 사람은 세상에 다시없을 거라는 대상을 향한 깊은 확신이 있기 때문입니다.

물론 이것은 오해일 수도 있습니다. 제3자가 보기에는 도저히 이해할 수 없는 그런 사람을 사랑하고 있는지도 모르니까요. 그러나 사랑만큼 아름다운 오해 역시 없습니다. 흔히들 콩깍지가 씌었다는 말은 이런 경우를 두고 하는 말입니다. 그러나 콩깍지야말로 그 사람만이 가진 특별함에 대한 나만의 발견이라고 사랑하는 이는 오히려 자부합니다. 사랑은 이렇게 그에게 숨겨진 특별함을 발견하는 순간에 시작되고, 그 특별함이 평범함으로 변하는 순간 끝나 버립니다. 따라서 오래도록 마음 깊이 지속되는 사랑은 늘 특별함과 함께합니다.

사랑하는 대상이 우리에게 특별한 이유는, 그리고 그런 특별함이 오래 지속되는 이유는, 다름 아니라 그 특별함을 우리 자신이 만들어 주기 때문인지도 모릅니다. 그러니까 해답을 미리 그 사람 속에서 찾고는, 자신이 던진 질문에 대한 정답으로 그 사람을 다시 떠올리는 것이겠지요.

즉 사랑에 빠진 사람은 이런 생각을 할 때가 있습니다. '세상에서 가장 아름다운 것, 아니면 가장 바람직한 대상, 혹은 현실화할 수 있는 가장 이상적인 것은 어떤 것일까' 하는 식으로 스스로에게 먼저 질문을 던집니다. 그리고 그 질문에 대한 해답을 지금 자신이 사랑하는 사람의 특별함 속에서 찾아냅니다. 따라서 그가 내린 정답은 항상 사랑하는 사람 속에 이미 깃들어 있던 특성일 수밖에 없습니다. 그런데도 그는 자신이 던진 질문의 해답이 바로 지금 사랑하는 그 사람 속에 오래전부터 숨겨져 있었다고 자랑스러워합니다.

예를 들어 '나는 어떤 사람의 눈매를 좋아하나' 하고 자신에게 먼저 질문을 던집니다. '내가 가장 이상적으로 생각하는 눈이란 어떤 것일까?' 그는 자신도 알지 못하는 사이에 지금 사랑하는 사람의 눈을 떠올립니다. 그리 작지도 않고 그리 크지도 않은, 그래서 다른 사람들이 보기에는 너무도 평범한 눈매, 이런 눈매를 가진 그 사람을 생각합니다. 그의 평범한 눈매를 떠올린 후, '그래 너무 지나치게 크거나 너무

작은 눈을 난 좋아하지 않아. 그 사람의 눈이야말로 가장 적당한 크기를 가진 아름다운 눈임에 틀림없어. 왜냐면 그 사람은 가장 매력적인 눈매를 가졌거든' 하는 식의 동어반복형 결론을 내립니다.

게다가 눈매처럼 몸의 작은 한 부분만이 아니라, 우리가 생각할 수 있는 모든 고귀한 것도, 이런 똑같은 과정을 통해 해답은 늘 지금 사랑하는 사람에게로 귀결시킵니다. 왜냐면 그는 질문의 모든 해답을 사랑하는 사람에게서 찾아낸 후 그 질문에 대한 정답으로 다시 그 사람을 떠올릴 테니까요. 니체도 이런 말을 한 적이 있습니다.

> 사람들은 보고 싶은 것만을 사물에 집어넣었다가 다음에 그 사물을 보게 되면 미리 집어넣어 둔 것만을 끄집어낸다.

이 말은 자신이 알고 느끼는 한에서 모든 것을 이해한다는 말이기도 합니다. 언제나 우리는 늘 관심을 가지는 것 위주로 모든 것을 보고 판단하고, 또 다음에 그것을 볼 때도 마찬가지로 다시 그런 관점으로만 보게 된다는 말이겠지요. 사랑도 마찬가지인 것 같습니다.

그래서 사랑하는 사람에게 사랑의 대상은 늘 자신이 던진 질문의 정답으로서 이미 저기 그렇게 항상 있습니다. 그가 어떤 이상적인 질문을 던지더라도 그 해답은 자신의 사랑을 다시 재발견하는 행위일 뿐입니다. 이렇게 너무나 당연한 흐름인데도 우리는 그 사람의 위대함과 우연성에 스스로 놀라곤 합니다.

그래서 사랑은 늘 우리에게 정답을 줍니다. 물론 엄밀히 보자면 정답이 아니라 우리 스스로 만든 착각일 가능성이 더 높습니다. 그러나 다시 말씀드리지만 이처럼 아름다운 착각, 이보다 더 멋진 오해는 아마 또 없을 겁니다.

기다림이라는 사랑의 통과 의례

누군가에게 특별한 사람은 그에게 권력자가 됩니다. 대가족 3대가 한자리에 모이면 사랑을 독차지하는 아기야말로 가족 모두에게 더없이 소중하고 특별한 존재입니다. 아기는 자신의 짓궂은 행동을 다 받아 주는 가족들 앞에서 악동이자 무지막지한 권력자가 됩니다. 마찬가지로 사랑받는 사람은 사랑을 바치는 사람 앞에서 짓궂은 권력자가 됩니다. 누가 더 사랑하는지가 권력의 향방을 결정하다 보니, 이상하게도 더 사랑하는 사람이 항상 약자가 됩니다.

권력자의 고유한 특권은 상대를 기다리게 할 수 있다는 것입니다. 당신이 어느 날 업무 때문에 누군가 중요한 사람의 사무실을 방문했을 때, 눈코 뜰 새 없이 바쁜 그 사람 대신 젊은 비서가 당신께 기다리라고 이야기합니다. 그녀의 온화한 미소와는 달리 목소리는 권유보다는 명령조에 더 가깝습니다. 또 그녀의 말 속에는 당신을 귀찮아하는 상사의 의중이 그대로 묻어 있습니다. 시간이 흐르면서 당신은 초조해지기 시작합니다. 당신은 억지웃음을 지으며 시계와 그 비서를 번갈아 쳐다봅니다. 그녀 역시 미소로 화답하지만 얼굴엔 당신의 조바심과 무력함을 비웃는 경멸이 역력합니다.

비서만 내보내고 사무실에 앉아 있으면서 얼굴 한 번 내비치지 않는 그 사람은 당신에게 권력자입니다. 이렇게 보자면 권력자는 시간의 지배자이기도 합니다. 남들의 시간을 자신을 향하게 만들고, 남들의 시간을 자신을 위해 허비하게 할 수도 있으니까요. 그를 기다리는 시간의 길이만큼 그는 더 권력자입니다.

사랑도 아마 마찬가지일 겁니다. 상대를 더 사랑하는 사람은 사랑의 권력자 앞에서 언제나 하인이 될 수밖에 없으니까요. 그리고 아름다운 권력자는 당신에게 기다림이라는 통과의례를 적선하듯이 툭 하고 던져 줍니다. 자기가 무슨 일을 저질렀는지도 모른 채 그는 무심히 일상으로 돌아가 아무런 대답도 해 주지 않습니다. 그런 사실조차 이미 까맣게 잊어버렸는지도 모릅니다. 침묵이 길어질수록 당신이 혼자 감내해야 할 고통스러운 기다림 역시 길어집니다. 차디찬 그의 벽 앞에서 너무도 작아지는 자신을 발견하게 됩니다. 그에게 건네는 당신의 모든 말들은 그의 목소리를 담아 내지 못한 채 공허한 메아리로 다시 돌아옵니다.

어느 순간, 기다림에 지친 당신은 모든 신들께 소망의 기도를 드릴 것이며, 그것마저 효험이 없다면 베갯잇을 적시는 체념의 밤은 더 잦아질지 모릅니다. 단 한 번도 소유해 보지 못한 사람인데도 당신에게 그의 부재는 고통스러운 상실로 느껴집니다. 그리고 상실로 인해 상처받은 자존감은 못난 자신의 삶과 그런 삶을 만들어 낸 주위의 모든 것에 대한 미움으로 바뀌고, 끝내 환멸 속으로 당신을 내

몰지도 모릅니다.

따라서 기다림의 시간은 온갖 정서가 나타났다가 다시 사라지는 감정적 동요의 무대가 됩니다. 격정, 불안, 환희, 두려움, 자책, 희망, 의구심, 자기 멸시, 질투, 절망……. 이렇게 버림받은 사랑은 인간이 가질 수 있는 모든 감정을 끌어내는 거대한 악극樂劇(혹은 오페라)의 무대로 변합니다. 그리고 사랑과 증오, 희망과 절망이 항상 그 무대 위를 어슬렁거리며 배회합니다.

그런데도 여전히 모든 희망과 절망의 중심에는 그가 버젓이 남아 있습니다. 괴테Johann Wolfgang von Goethe의 소설 『젊은 베르터의 고통』에서 베르터는 끝까지 로테에게 대답을 듣지 못했지만 그의 모든 기쁨과 슬픔의 중심엔 항상 로테가 있었듯이 말입니다. 스피노자는 다음과 같이 말합니다.

아직도 사랑하기에 고통이 찾아옵니다. 사랑하지도 않는 것이라면 그것을 잃어버리든 그것을 남에게 빼앗기든 우리는 절대 슬퍼하지 않을 겁니다. 아마도 사랑이 없다면 고통도 증오도 동요도 생겨나지 않았겠지요.

그래서 사랑은 모든 감정의 어머니입니다. 사랑 속에서 대립하는 감정들은 마음의 동요이며, 그 감정들은 서로에 대한 의혹으로 가득 차 서로를 해치려 합니다. 만약 그런 감정 중에 마지막까지 살아남은 감정이 슬픔이라면 그 슬픔이 깊을수록 그것은 당신을 더욱더 파괴할 것입니다.

오귀스트 르누아르, 「그네」(1876년)

———

스피노자의 철학은 한마디로 '필연성에 대한 사랑'이라고 할 수 있습니다. 이 세상에서 필연이 아닌 것은 단 하나도 없습니다. 우연이란 단지 우리가 그 원인과 인과관계의 흐름을 아직 다 파악 못 한 필연에 붙이는 감탄사일 뿐입니다.

우리 사랑은 우연일까

다행스럽게도 불운한 베르터의 운명과 다른 운명을 향해 간다면, 당신의 절망은 고대하던 그의 대답과 함께 언제 그랬냐는 듯이 한순간에 날아가 버릴 겁니다. 이제 찬란한 광휘만이 그 사람 주위를 맴돕니다. 기다림의 보상은 그가 던진 한마디 한마디에 동의할 수 있는 소중한 기회로 주어집니다. 그래서 사랑하는 이의 말 한마디는 예언과 같습니다. 그는 당신께 선지자입니다.

그의 입에서 "오늘따라 하늘이 참 예뻐요"라는 말이 떨어지는 순간 하늘은 곧바로 아름다워집니다. 그에게서 "오늘 당신 참 멋져요"라는 말이 떨어지기 무섭게 당신은 멋집니다. 그의 말은 하나같이 예지 능력을 가졌고 실제로 대상을 그렇게 보이게 만드는 힘이 있습니다. 그래서 사랑하는 이의 동의는 항상 진실입니다. 왜냐면 정말 그렇게 보이니까요.

그래서 사랑하는 이가 우연히 던진 한마디에 당신은 그 의미를 좇습니다. 그는 무한한 미궁을 자신의 내부에 간직한 미로의 첫 입구입니다. 그의 한마디는 미궁을 들여다볼 수 있는 거대한 문을 열어 줄 작은 단서의 파편이자 수수께끼들입니다. 당신에게 그것들은 아직 해독되지 못한 상형문자이자 암호들입니다.

단서를 발견한 당신은 감히 상상도 못했던 거대한 미궁을 이제 조만간 볼 수 있으리라 기뻐합니다. 그리고 그것을 위해 던져진 암호를 해독해 내려 애씁니다. 이 모든 것은, 아직은 알지 못하지만 언젠간 알게 될, 당신에게 기쁨을 주는 근원에 대한 끝없는 탐험의 과정이기도 합니다.

그리고 미궁 속에 숨겨진 것은 다름 아닌 당신이 그리던 이상형의 실체이며, 오랜 기간 당신이 기다려 온, 그러나 지금껏 단 한 번도 보지 못한 모든 사랑의 이데아idea(이상)라고 기대하게 됩니다. 지금은 드러나 있지 않지만, 분명 그는 당신이 애타게 찾던 그 이데아를 간직하고 있으리라 당신은 확신하게 됩니다. 마치 위대한 '개츠비'에게 더할 나위 없이 위대했을 '데이지'야말로 그가 생각한 여인의 이데아였듯이 말입니다.

이런 암호에 대한 해독 과정으로서 사랑하는 이가 던진 한마디, 그가 행한 사소한 동작도 이제 당신에게는 큰 의미로 다가옵니다. 우연한 그의 동작과 말은 당신에겐 이제 필연입니다. 마치 운명처럼.

그렇게 보자면 우연이란 의미를 가지기 전의 필연에게 붙여진 아름다운 별명이 아닐까 생각해 봅니다. 세상의 모든 것은 스피노자의 말마따나 필연적 과정을 밟습니다. 스피노자의 철학을 한마디로 말하라고 한다면 그것은 아마도 '필연성에 대한 사랑'이 아닐까 싶습니다. 이렇게 이 세상에서 필연이 아닌 것은 단 하나도 없습니다. 우연이란 단지 우리가 그 원인과 인과 관계의 흐름을 아직 다 파악 못한 필연에 붙이는 감탄사일 뿐입니다. 그러나 참으로 아름다운 감탄사임에는 틀림없습니다.

오래전 그리스 철학자 에피쿠로스Epicouros는 세상 모든 것은 빗방울처럼 작은 원자로 되어 있다고 생각했습니다. 내리는 빗물처럼 어느 순간 그 원자들이 지면을 향해 떨어지다가 아주 우연한 비틀림(클리나멘clinamen)에 의해 각도가 변하면서, 빗방울끼리 부딪치듯 원자들이 서로 마주치고 합쳐지고 튕겨져서 이 세상 모든 만물을 만들었다고 생각했던 것이지요. 여기서 중요한 이 '비틀림'이 바로 우연의 다른 말이기도 합니다.

이렇게 우연이라는 말은 참 멋스럽고 아름답습니다. 그러나 세상에 과연 우연이란 것이 있기나 할까요? 스피노자 역시 우연이라는 말을 사용하기는 했지만, 그가 말한 우연이란 앞서 말했듯 아직 원인이 밝혀지지 않은 필연의 한 조각일 뿐입니다.

예를 들어 사랑하는 사람과 당신이 만난 순간을 당신은 우연이라고 여길 것입니다. 그러나 당신은 당신에게 주어진 삶이라는 하나의 거대한 축을 살아왔고, 그 역시 그의 삶이라는 또 다른 거대한 축을 따라 살아왔습니다. 마치 약간 비틀어진 두 직선이 언젠가는 한 점에서 만나겠지만, 처음에는 두 직선이 서로에게서 너무 멀리 떨어져 있어 서로에게 아무런 의미를 주지 못했던 것처럼.

마찬가지로 당신이 살아온 하나의 축과 그가 살아온 하나의 축은 마치 처음에 멀리 떨어진 두 직선처럼 오래전에는 각자 다른 길을 걷던 서로에게 의미를 주지 못했던 것뿐입니다. 그러나 당신과 그는 각자의 삶을 통해 자신에게 허락된 무수한 인과 관계 속에서 필연의 과정을 밟아 온 겁니다. 그러던 어느 순간 드디어 당신과 그는 한 점에서 만난 것입니다. 따라서 우연으로 생각되던 그 만남의 순간 역시 실은 두 사람이 각기 걸어온 인과 과정에서 자연스럽게 도출된 필연입니다. 단지 아직까지 의미를 가지지 못했을 뿐.

이제 중요한 것은, 우연으로 여겨져 만나기 전에 당신에게는 하등의 의미도 주지 못하던 그의 삶의 축이 이제 당신께 커다란 의미로 다가온다는 사실입니다. 이로써 우연은 운명처럼 필연이 될 수 있습니다. 서로의 의미를 발견하면서 말입니다. 따라서 우연이라 생각되는 것을 필연으로 만드는 과정은 서로를 알아 가는 과정이기도 합니다. 또 서로가 겪어 온 과정에 대해 알아 가려는 노력이기도 합니다.

이렇게 만남은 지금껏 의미 없던 하나의 거대한 축에 숨겨진 의미를 발견해 낼 기회이며, 사랑이란 당신께 밝혀지지 않았던 그의 삶이 지닌 의미를 거꾸로 되짚어 따라가 보는 과정이기도 합니다. 그것은 사랑스러운 그를 만들어 낸 인과 과정의 모든 족적을 거꾸로 따라가며 이해하려는 열망입니다.

사랑하는 이가 좋아하는 색과 좋아하는 음식과 좋아하는 음악과 좋아하는 책뿐만 아니라 그 사람의 모든 것에 대해 당신이 알고자 하는 욕망은, 그런 기호嗜好를 만들어 낸 그만의 삶의 역사에 대한 궁금증과 다름 아닙니다. 당신은 그를 만들어 낸 모든 것이 다 궁금해지기 시작했습니다. 오늘의 그를 만들어 낸 과거의 오랜 시간도, 그에게 영향을 미쳤을 그를 둘러싼 환경도, 그가 겪어 왔을 모든 눈물과 기도와 기쁨도, 또 당신과 함께하는 지금 이 순간 현재의 그 사람까지도.

그 사람에 대한 모든 궁금증은, '오해'일 수밖에 없는 사랑이 가진 태생적 한계에 당신이 부여한 고귀한 '이해'입니다. 이제 모든 오해는 이해이길 바랍니다. 당신은 드디어 그에 대해 단순한 호기심을 넘어 이해하고 싶어 합니다. 사랑의 가장 고결한 이름, 그 이해를 위한 노력 말입니다. 물론 이해가 완전한 이해에 도달한다는 것은 애초부터 불가능하겠지만, 그래서 크게 보자면 사랑이란 한낱 큰 오해일지라도, 지금 이 순간 당신은 그를 끝까지 이해하려는 숭고한 길 위에 서 있기로 한 것입니다.

이제 여기서 당신과 저는 우리들끼리의 작은 공식을 다음과 같이 써 볼 수 있을 것 같습니다.

사랑 = 이해

이렇게 모든 우연에 대한 이해의 길. 그래서 모든 우연을 필연으로 이해하는 길. 그것을 위해 우연이라 여겨 온 모든 필연을 되짚으며 이해해 가는 길. 어쩌면 그런 것이 사랑이 아닐까 싶습니다.

이 책의 첫 부분을 기억하신다면, 필연에 대한 이해는 모든 관용의 시작이라는 말씀을 아마 기억하실 겁니다. 여기서 관용 대신 사랑이라는 단어를 집어넣어도 무방할 겁니다. 어찌 보면 스피노자가 그랬듯 필연에 대한 사랑은 순진무구함에 대한 이해이기도 합니다. 순진무구함, 다시 말해 '죄 없음'. 왜냐면 사랑한다는 것은 죄가 없으니까요.

7

사랑의 다른
이름

크리스마스 선물

　크리스마스를 기다리는 아이가 있었습니다. 그런데 평소 이 아이는 동물을 지나치게 무서워했습니다. 옆집 강아지가 졸졸 따라오면 기겁을 하고 달아났고, 귀여운 고양이의 앙증맞은 눈망울도 아이에겐 무섭게만 보였습니다. 애완동물을 좋아하던 부모는 아이 때문에 작은 강아지 한 마리도 집에서 기를 수 없었습니다. 그런데 신기하게도 아이는 동물 인형만은 무척 좋아했습니다. 아이에게 보물 1호는 큰 표범 인형이었습니다. 늘 '범아, 범아' 하고 인형을 부르고 안고 자기도 하고 그것이 없으면 어린 나이에도 뭔가 텅 빈 가슴을 느끼곤 했습니다.

아이가 크리스마스를 기다리는 이유는 나름 착하게 살았던 일 년의 보상으로 산타클로스 할아버지가 큰 강아지 인형을 주실 거라 굳게 믿었기 때문입니다. 산타는 우연처럼 찾아와 이브날 밤 잠든 사이 고대하던 선물을 주시고는 필연 같이 다시 사라지실 겁니다. 가장 큰 양말을 걸어 두고 잠든 아이가 크리스마스 아침을 맞았을 때 그의 머리맡에는 예상대로 커다란 선물 상자가 놓여 있었습니다. 펄쩍펄쩍 뛰면서 아이는 기쁜 마음에 큰 기대를 안고 선물을 풀기 시작했습니다. 아이의 머릿속은 온통 자신이 가장 좋아하는 모양의 귀여운 귀와 앙증맞은 눈과 통통한 몸통과 어루만지고 싶은 작은 발을 가진 강아지 인형의 모습으로 가득했습니다.

그런데 드디어 상자를 연 아이는 깜짝 놀라 울음을 터뜨리고 말았습니다. 거기엔 자그맣고 귀엽지만 진짜 살아 있는 강아지 한 마리가 낑낑거리고 앉아 있었으니까요. 너무도 작아서 무섭지는 않았지만 그렇게 싫어하는 살아 있는 동물이 자신 앞에 떡하니 눈을 마주치고 앉아 있었으니까요. 실은 덩치 큰 동물은 아이가 무서워할지라도 작은 동물 정도는 좋아하지 않을까 하는 부모의 지나친 낙관이 일을 터뜨리고 만 겁니다.

자신에게 찾아온 사랑을 일러 흔히 선물이라고도 말합니다. 아이를 포근히 안아 주며 엄마들은 흔히 '내 인생의 가장 큰 선물!'이라는 사랑스러운 감탄사를 터뜨리기도 합니다. 또 '오늘present은 당신에게 주어진 선물present'이라는 격언도 실은 나의 오늘을 소중히 여기며 사랑하겠다는 스스로에 대한 다짐이기도 합니다.

선물을 받을 때면 누구나 기대에 부풉니다. 마찬가지로 사랑을 시작하며 우리는 큰 기대에 들뜨게 됩니다. 기대는 마치 조금 전 크리스마스 선물 상자를 풀던 아이의 머릿속을 꽉 채운 상상처럼 자신이 좋아하는 무언가가 그곳에 담겨 있을 거라는 기대와 설렘입니다. 강아지 인형을 갖고 싶은 아이는 자신이 상상할 수 있는 가장 이상적인 강아지 인형을 기대합니다. 마찬가지로 사랑을 시작하며 갖게 되는 우리의 기대 역시 자신이 원해 온 이상적인 상대의 모습일 겁니다. 그리고 실제로 사랑을 막 시작한 사람들은 상대의 배후에 그런 모습이 감춰져 있을 거라 확신합니다.

왜냐면 열정 가득한 사랑의 눈은 자신이 기대하는 것만 걸러서 보여 주기 때문입니다. 물론 서로에게 좋은 모습만을 보여 주려는 노력도 한몫하겠지만, 당시의 눈 구조 자체가 사랑에 적합하게 변한다는 놀라운 사실이 더 큰 몫을 담당합니다. 사랑하는 사람의 눈은 상대의 장점을 크게 부각시켜 보이게 만들고, 결점은 축소시켜 귀여움으로 변장시킵니다. 장점에는 볼록렌즈, 단점에는 오목렌즈, 이렇게 두 겹의 렌즈를 가진 것이 사랑의 안경입니다. 그래서 사랑하는 이는 환희에 차 환호합니다.

지금 당장 눈앞에 보이는 모습도 이렇게 좋은데, 그의 배후에 감춰진 지금은 알 수 없는 그의 무한한 매력은 대체 어느 정도란 말인가. 앞으로 펼쳐질 모든 시간은 그런 즐거움만이 가득하리니!

사랑을 막 시작한 이는 이런 환상에 자주 빠지곤 합니다.

사랑의 환영이 사라질 때

그런데 문제는 그런 사랑의 눈 구조가 다시 정상 기능을 회복하는 시점부터입니다. 서로를 알아 가는 과정을 통해 가파른 상승 곡선을 그리던 사랑의 그래프는, 이때 평탄한 고원을 형성하며 대개 더 이상 상승 없이 수평선을 그리기 시작합니다. 착각에서 깨어난 눈이 상대의 원래 모습을 보여 주기 시작한 것입니다. 강아지 인형을 고대하던 아이에게 느닷없이 나타난 살아 있는 강아지처럼, 우리 머릿속에서 그려지던 고고한 '마론 인형' 같던 이상은 이제 살과 피를 가진 현실 속의 상대를 마주한 것입니다.

흔히 착각의 안경, 그러니까 사랑의 안경은 '성격'이라는 단어로 자주 오용됩니다. 왜 사랑하느냐는 질문에 대개 사람들은 성격이 너무 잘 맞는다고 대답합니다. 또 왜 헤어지느냐는 질문에도 성격 차이라고들 이야기합니다. 그런데 성격이라는 말로 곱게 포장되어 있지만, 실제 여기서 '성격'이란 두 가지 정도의 숨겨진 의미를 품고 있습니다. 하나는 성적 매력, 다른 하나는 경제적 매력. 그러니까 성性과 돈이 성격이라는 탈을 쓰고 우리의 눈을 가리고 있는 셈입니다. 이런 논리대로라면 사랑이라 불리는 상황 중 상당히 많은 경우는 성과 돈의 유혹 앞에서 납작 엎드려 버린 무력한 굴복이었을 가능성이 높습니다. 자신도 모르는 사이에 말입니다.

설령 경제적 조건으로 사랑을 시작한 사람들일지라도 그들 모두 성격 탓에 좋아하게 되었다고 말합니다. 당신은 어떠실지 모르지만 아무리 못생기고 매력 없는 사람이라도 그가 재벌 2세라고 하면 왠지 매력적으로 보이고, 얼굴도 갑자기 그리 딸리지 않아 보이고, 나름 개성 있어 보이는 게 인지상정입니다. 그래서 그런지 그들의 연인들 모두 경제적 목적이 아니라 성격 탓에 사랑에 빠졌다고 이야기합니다.

마찬가지로 성적 매력으로 사랑을 시작한 사람들 역시 하나같이 서로의 성격을 그들 사랑의 첫 번째 이유로 꼽습니다. 조금 다른 점이 있다면 이들은 경제적 매력에 이끌려 사랑하는 사람들을 일러 속물이라고 경멸한다는 정도라고나 할까요. 자신들이야말로 고고하며 진정한 사랑을 하고 있다고 철석같이 믿고 있지만, 그들 역시 성격이라는 포장지 아래 숨겨진 성적 매력에 충실할 뿐입니다.

한동안 순조롭게 진행되던 사랑은 어느 순간 안경을 벗습니다. 성격이라고 여겨 왔던 사랑의 이유가 바로 경제적·성적 매력이었음이 드러나는 순간입니다. 그러나 사람들은 이런 사실을 잘 인정하려 들지 않습니다. 아니 무의식적으로는 느껴지더라도 애써 그런 사실을 의식적으로 부정하려 합니다. 그래야 마음이 편할 테니까요.

리서치를 해 보면 결혼이 파경으로 치닫는 원인도 '성격 차이'가 언제나 부동의 1위 자리를 고수합니다. 그러나 그 성격 차이라는 걸 봉투 이면에는 많은 경우 경제적 요인과 성적 요인이 숨어 있습니다. 그러니까 외도나, 흔히 사랑의 결핍이라고 부르는 허구는 성적 문제와 다름 아닙니다. 실은 사랑이 부족한 것이 아니라 상대에게서 성적 매력을 상실한 후 발생하는 성적 트러블이 숨겨진 진짜 원인일 가능성이 짙습니다.

또 경제적 요인 역시 무시하지 못할 정도로 결혼을 갈라놓는 큰 장애물 중 하나입니다. 경제적 문제와 성격 차이라고 불리는 부부 사이의 갈등은 그래서 대개 비례합니다. 이렇게 보자면 경제적으로 평온한 가정은 아직 안경의 보호 아래 고요를 누리고 있는지도 모릅니다. 그래서 사랑의 안경은 핵우산입니다. 판도라의 상자이기도 하고요. 경제적 어려움이 수면 위로 드러날 때 진정 서로 사랑하는지도 함께 드러날지 모르니까요.

만약 가계 수입에 큰 타격이 가해졌는데도 이전과 똑같은 관계를 유지하는 부부가 있다면 그들은 정말 사랑하고 있을 가능성이 높다고 할까요. 물론 이것만이 모든 변수를 다 설명해 주지는 못하겠지만 말입니다. 하여튼 이렇게 보자면 니체의 다음 말은 아주 날카롭습니다.

가난은 당신의 친구가 누구인지 말해 줄 것입니다.

여기서 친구라는 말 대신 '사랑하는 사람'이라는 단어를 집어넣어도 의미는 동일할 것 같습니다.

괄호 안의 대상

카프카Franz Kafka의 소설 『변신』에서 주인공 그레고르는 그런 안경의 희생자로 그려집니다.

혼자 가족들을 부양하던 성실한 청년 그레고르는 어느 날 아침 깨어나서 갑자기 커다란 벌레로 변신한 자신을 발견합니다. 그러나 그에겐 자신의 흉측한 변신보다는 가족을 위해 당장 출근할 일이 더 걱정입니다. 가족들은 처음엔 변신에 놀라 걱정하지만 실은 그들의 걱정은 그레고르의 안위보다는 자신들의 생계였다는 게 후에 밝혀집니다.

이미 오래전 은퇴한 아버지는 다시 시작해야 할 일거리가 부담스럽지 않을까 걱정이 앞서고, 여동생은 더러운 벌레로 인해 혼사라도 막힌 사람처럼 들려올 소문을 걱정합니다. 그들에겐 그레고르의 가련한 변신은 더 이상 안중에도 없습니다.

그 사람이 어떤 사람이었는지는 그 사람의 부재가 잘 말해 줍니다. 많은 경우 우리는 그 사람이 다른 사람이 아니라 바로 그 사람이기에 그를 사랑한다기보다, 그 사람이 가진 능력 때문에 그를 다만 필요로 했는지도 모릅니다. 그리고 그런 필요를 사랑이라고 잘못 불러 왔는지도 모릅니다. 다시 말해 그의 일 처리 능력이라든지, 경제적 능력 때문에 그를 원하던 것을 사랑이라 착각해 왔던 겁니다. 물론 우리는 그런 사실을 잘 느끼지는 못합니다. 다만 사랑하기 때문에 그를 원한다고 쉽게 생각해 버리니까요.

그레고르 역시 가족들에게 사랑이라는 이름으로 포장된 경제적 도구에 불과했던 겁니다. 그들은 아들이나 오빠를 사랑했다기보다는 그레고르가 주는 경제적 편안함을 사랑했던 거겠지요. 마치 돈 버는 기계처럼. 잘 돌아가던 기계가 어느 날 갑자기 고장을 일으키자 가족들은 더 이상 쓸모없어진 그레고르를 정말 벌레 취급하기 시작합니다.

제 역할도 못하면서 밥만 축내고 덩그러니 공간만 차지하는 쓸모없는 존재로 여기며 바퀴벌레처럼 더러워 보이는 그의 몸에 눈길조차 주려 하지 않습니다. 가족을 위해 자신을 헌신하던 경제적 가장은 이제 부담스러운 가족의 짐이 되어 그들에게 버림받은 셈이지요. 이렇게 필요가 사랑을 낳았을 때, 필요가 없어지면 사랑은 혐오로 바뀝니다.

그레고르는 마지막에 쓸쓸히 혼자 죽습니다. 그리고 며칠 후 마음에 골칫거리가 없어진 가족들은 새로운 직장을 구한 여동생의 출근을 축하하기 위해 들뜬 기분으로 시내 나들이에 나섭니다. 벅찬 희망에 부푼 채 말입니다.

이렇게 그레고르는 사랑으로 오인된 필요의 도구에 짓눌려 버린 희생자였습니다. 아까 말씀드린 사랑의 안경, 그러니까 경제적·성적 매력이 그런 도구를 끊임없이 양산하는 '가짜 사랑 제조기'인지도 모릅니다. 또 그렇게 시작된 관계일 경우 당연히 경제적·성적 매력이 사라지는 날 사랑이라 여기던 가짜 감정 역시 자연스럽게 끝나 버릴 겁니다. 그는 단지 성적인 파트너로서 누구누구, 경제적 부양을 책임진 좋은 사람으로서 누구누구에 불과한 것이었겠지요. 진정한 사랑의 대상이 아니라……. 이것을 조금 도식화해 보자면 다음과 같을 겁니다.

나에게 성적 욕망을 충족시켜 주는 (   )
나에게 경제적으로 도움 주고 있는 (   )

진정한 사랑이 아니기에 저 괄호 안에 누가 들어가도 상관없을 겁니다. 마치 그레고르를 대신할 여동생이 직장만 구한다면 그레고르라는 존재 자체는 언제든 여동생으로 대체될 수 있듯이 말입니다.

우리는 지금껏 자신도 모르는 사이에 저 괄호 자체를 사랑이라고 여겨 왔는지도 모릅니다. 그래서 그 괄호 안에 누가 들어오더라도 채워 주기만 한다면 그에게 사랑이라는 이름의 타이틀을 쉽게 수여했는지도 모르겠습니다. 물론 우리는 이런 사실을 잘 알아채지 못할 뿐 아니라 애써 알려 하지도 않습니다. 마치 그레고르가 변신하기 전까지 그의 가족들 역시 그를 진정으로 사랑한다고 착각했던 것처럼 말입니다.

그러나 중요한 것은 '괄호' 자체가 아니라 그 속을 '누가' 채우는지일 겁니다. 즉 괄호가 먼저 있고 거기에 들어갈 적당한 사람이 선택되는 것이 아니라, 우리에게 절실한 누군가가 먼저 있고 그가 자연스럽게 저 괄호를 채워 나가야 하는 거겠지요.

그러고 보면 진정한 사랑에서 우리가 원해야 할 것은 그 사람이 우리의 괄호를 채워 주느냐 마느냐가 아니라, 바로 그 사람이 아니고서는 안 된다는 고귀한 마음이 아닐까 생각해 봅니다. 그 누구로도 대체될 수 없는 바로 그 사람! 따라서 우리가 어떤 사람을 사랑해야 하는 원인은 다른 것이 아니라 그가 바로 그이기 때문입니다. 다른 사람이 아닌 그냥 그이니까. 앞서 우리가 이야기했던, 사랑을 처음 시작하면서 그렇게 알고 싶고 그토록 이해하고 싶었던 바로 그 사람 자체 말입니다.

사랑이라 불리는 착시 효과

그러나 불행히도 많은 사람들은 성적 매력이나 경제적 매력이 끝나는 순간 사랑도 시들어 간다고 안타까워합니다. 그러나 이것은 첫 단추부터 잘못 끼워진 오해입니다. 왜냐면 주지하다시피 첫 시작부터가 온전한 사랑이 아니었으니까요. 사랑이라는 같은 단어를 사용했을 뿐, 실은 저 둘은 완전한 사랑은 아닐 겁니다. 어쩌면 사랑의 안경이 가져다준 착시 효과에 불과한지도 모릅니다. 가짜 사랑 말입니다.

스피노자 역시 착시 효과를 일으키는 저 두 가지 요인을 아예 다른 단어까지 애써 사용해 진짜 사랑과 구분했습니다. 성적 매력에만 이끌리는 것을 '욕정'으로, 경제적 매력에만 이끌리는 것을 '예속'으로.

이렇게 스피노자의 눈에 비친 욕정은 온전한 사랑의 형태가 아니었습니다. 그가 생각한 사랑은 상대가 가진 일부분에 이끌리는 사랑이 아니라, 완전하고 큰 전체로서 상대를 바라보며 사랑하는 것이었습니다. 즉 상대의 모든 것에 대한 사랑. 아마도 이것은 상대의 몸과 마음, 단점과 장점 모두를 아끼고 배려하려는 노력일 겁니다. 스피노자는 늘 이렇게 부분적인 집중보다는 전체적인 조화를 중시했습니다. 그가 누누이 올바른 인식이란 부분적인 앎이 아니라 전체적인 인식임을 강조한 것도 이런 그의 일관된 사상적 기반 위에서 이루어진 생각입니다. 그에게 더없이 소중한 것은 언제나 전체를 관조하듯이 바라볼 수 있는 큰 안목이었습니다.

마찬가지로 이런 기조는 사랑에도 그대로 적용됩니다. 그가 욕정을 저급한 사랑의 한 형태로 낮춰 본 것 역시 이런 이유 때문입니다. 그것은 '상대의 일부분에 주목해 성적 대상으로 볼 것이냐 아니면 전체적인 인격으로 볼 것이냐'와 같이 상대에게도 적용되지만, 사랑하고 있는 나 자신에게도 똑같이 적용됩니다. 다시 말해 아무리 좋은 것이라도 내게 부분적으로만 즐거움을 주고 나 자신 전체에 이롭지 못하다면 그것은 결코 좋은 것이 될 수 없음을 스피노자는 다시 한 번 강조합니다.

예를 들어 나의 입은 담배를 간절히 원합니다. 그러나 그것은 내 몸 전체에는 해롭습니다. 또 내 목은 술을 간절히 원합니다. 그러나 이것 역시 지나치면 목은 즐거울지 몰라도 내 몸 전체에 해롭습니다. 마찬가지로 상대에 대한 욕정은 내 마음과 몸 전체가 아닌 내 신체 일부를 위한 즐거움일 뿐이라고 그는 말합니다.

리플 로나이 요제프, 「크리스마스」(1910년)

———

진정한 사랑은 하나가 다른 하나를 지배하거나 소유하는 것이 아니라 서로 주고받는 서로를 향한 쌍방향의 공감에 근거합니다. 그런 공감이 더해질수록 우리는 자연히 자신이 생각지도 못했던 상대의 반응과 거기서 다시 샘솟는 공감을 체험하면서 이런 상황 자체에서 예상 못한 무한한 기쁨을 얻게 됩니다.

그래서 자기 자신 전체에 대한 기쁨을 '유쾌함'으로, 자신의 일부분에만 적용되는 기쁨을 '쾌감'으로 엄밀히 구분했습니다. 유쾌함은 더할 나위 없이 좋은 것이며, 쾌감은 항상 좋은 것만은 아니라고 그는 강조합니다. 당연히 쾌감은 유쾌함 밑에 놓인 큰 것을 위한 작은 수단일 뿐입니다.

　이렇게 보자면 성적 매력에 모든 초점을 맞추고 누군가를 쫓아다니고, 어느 순간 그 매력이 시들해지면 다른 대상을 찾는 사람은 스피노자가 보기엔 커다란 기쁨을 알지 못한 채 사소한 쾌감을 맹목적으로 따라다니는 가련한 사람에 불과합니다. 진정한 사랑은 모르고 쾌감만을 쫓는 사람이겠지요.

　물론 성적 매력이 사랑에 있어 빠질 수 없는 큰 역할을 한다는 것은 두말하면 잔소리입니다. 몸을 중시하던 스피노자 역시 그것을 부정하지 않습니다. 오히려 그런 몸의 감각이 먼저 있어야 사랑도 사유도 가능하다고 말할 정도였으니까요. 그러나 성적 매력이 사랑의 1차적 목표는 될 수 없다는 게 스피노자의 확고한 생각 같습니다.

　마치 열대 섬나라로 여행을 가면서 비행기 여행만 하고는 휴양지 공항에 내리자마자 다른 섬으로 향하는 비행기로 곧바로 갈아타는 비행 마니아 같은 여행자라고나 할까요. 이동 수단에 불과한 비행기 탑승에 목을 매어 섬에 도착해서 보게 될 많은 기쁨을 마다하는 어리석음이나 마찬가지입니다. 그는 온전한 사랑을 한다기보다는 어쩌면 게임을 하고 있는지도 모릅니다. 유혹의 스릴이 주는 게임. 그에게 필요한 것은 유혹의 기술이지 사랑의 기술은 아닐 겁니다.

사랑의 이데아

이제 사랑에 대한 마지막 이야기로 접어들었습니다. 이 순간 우리는 처음 이야기했던 것을 다시 조금 들춰 봐야 할 것 같습니다. 그러니까 사랑을 시작하며 우리가 상대를 진심으로 알고 싶어 하고 끝내 이해하고자 했던 그 초심 말입니다.

그런데 여기서 잠시, 아까 크리스마스 선물로 살아 있는 강아지를 받은 그 아이가 이후 어떻게 되었을지 궁금하지 않으신가요? 지금 드리려는 말씀이 바로 그 아이에 대한 이야기가 될 겁니다.

우리는 사랑의 대상으로 늘 오래도록 생각해 오던 이상형, 그러니까 우리 자신이 꿈꿔 오던 사랑의 이데아를 갈망합니다. 그는 어떤 영화, CF, 드라마, 공연에서 본 아름다운 연예인일 수도 있고, 혹은 전에 읽은 책이나 다른 사람에게 들었던 무수한 이야기 속의 주인공일 수도 있을 겁니다.

그런데 그들이 누가되었든 상관없이 그들은 단 한 번도 만난 적도 없고 단 한마디 대화를 나눈 적도 없이, 단지 영상이나 글이라는 간접적인 매체를 통해 우리 머릿속에 그려진 이상에 불과합니다. 다시 말해 우리는 간접적인 체험을 통해 그들의 이미지만을 가지고 있을 뿐, 그들과 같이 숨 쉬며 단 한 시간도 보낸 적이 없습니다. 말 그대로 그들은 허상에 불과합니다. 간접적인 정보를 토대로 우리의 상상이 빚어 낸 허구적 이미지인 셈이겠지요.

어찌 보면 그 이미지들은 우리 머릿속에서 우리가 원하는 것을 다

들어주고 우리가 원하는 대로만 행동하는 인형극의 인형들입니다. 우리는 늘 우리가 바라는 것을 충족시켜 주는 대상을 갈망합니다. 그런데 문제는 그 허상들은 상상 속에서 우리가 원하는 것을 하나도 빠짐없이 수행하는 것은 맞지만, 스스로 행동하려는 어떤 욕망도, 생명도 없는 수동적인 허상에 불과하다는 사실입니다. 조금은 잔인한 말이 될 수도 있지만, 그런 허상을 끝없이 갈망한다는 것은 그들을 마음대로 지배하기 바라는 유아적 사랑의 형태에 지나지 않습니다. 마치 자기 맘대로 움직이게 하다가 맘에 들지 않으면 갈가리 찢어 버리는 어린 시절 우리가 사랑하던 인형처럼 말입니다.

아까 말씀드린 크리스마스 선물을 받은 그 아이 역시 생명 없는 그런 인형만을 원했던 건지도 모릅니다. 그 아이는 경험해 보지 못한 것을 두려워했고, 또 자신이 원하지 않는 상대의 반응을 무서워한 것입니다. 그 아이에게 상대는 언제나 자신이 원하는 것만을 해야 하는 존재여야 합니다. 생명이 없는 단지 그런 인형들처럼.

사랑에 목말랐지만 그 사랑을 원숙한 형태로 끌어올리지 못한 경우, 혼자 분리되었다는 불안을 해소하기 위해 우리는 공허한 마음을 채울 대상만을 애타게 찾게 됩니다. 그리고 그 대상에 대한 완벽한 지배야말로 우리의 공허함을 달래 줄 최상의 조건이라 자신도 모르게 느끼는 것이겠지요. 마치 모든 것을 다 들어주는 엄마에게서 떨어지지 않으려는 아기처럼. 그래서 일방적으로 바라기만 하는 사랑은 가장 유아적인 형태를 벗어나지 못한 사랑의 양상입니다.

즉 진정한 사랑은 하나가 다른 하나를 지배하거나 소유하는 것이 아니라 서로 주고받는 서로를 향한 쌍방향의 공감에 근거합니다. 그런 공감이 더해질수록 우리는 자연히 자신이 생각지도 못했던 상대의 반응과 거기서 다시 샘솟는 공감을 체험하면서 이런 상황 자체에서 예상 못한 무한한 기쁨을 얻게 됩니다. 그리고 그런 공감은 상대의 공감을 불러온 자신에 대한 자존감을 상승시키고, 사랑받기만을 원하는 유아적 형태를 벗어나 스스로 상대를 사랑할 수 있는 능동적 능력을 배양하게 됩니다.

이것은 『사랑의 기술』을 저술한 에리히 프롬Erich Fromm의 견해이기도 합니다. 그에 따르면 진정한 사랑은 사랑받는 것이 아니라 사랑하는 능력을 기르는 행위이며, 사랑할 대상에 주목하기 이전에 자신 속에서 성숙한 사랑의 바탕을 키워 나가는 노력입니다. 따라서 여기서 주목할 것은 사랑의 이데아라는 허상의 요구를 만족시키는 '대상' 자체가 아니라, 자신이 현실 속에서 기쁨을 주고받을 수 있는 살과 피를 가진 대상에게 먼저 사랑을 주는 '행위'의 실천입니다. 자신 속에서 키워진 사랑의 능력은 자신에게서 넘쳐흘러 남에게도 그대로 전해질 수 있다는 이야기입니다. 이런 에리히 프롬의 이야기를 단 한마디로 표현하자면 아마 다음과 같지 않을까 생각됩니다.

사랑은 어떤 대상을 다만 선택하는 것이 아니라 당신 속에 사랑할 수 있는 **능력**이 있느냐에 달려 있습니다.

이 말은 스피노자가 항상 강조하던 **역량**potentia, 그러니까 우리의 활동 능력, 자신이 원하는 욕망을 이루어 낼 수 있는 그 능력, 그 역량에 주목한 스피노자의 생각과 완벽하게 일치하는 견해이기도 합니다. 여기서 이뤄 내야 할 우리가 원하는 것이란 역시 사랑이겠지요. 사랑할 수 있는 능력 말입니다.

참, 크리스마스 선물의 주인공 그 아이는 어떻게 되었냐고요? 처음 선물 뚜껑을 열고 기겁하고 울며 달아났던 아이는 부모님과 함께 잘 노는 작은 강아지를 한동안 조금 멀리서 지켜보다가 며칠 후부터는 이제 강아지 곁을 한시도 떠나지 못하게 되었습니다. 단지 시키는 대로 자신의 손을 따라 움직이기만 하던 강아지 인형과 달리, 강아지의 살아 있는 눈망울을 통해 말로 다 표현 못할 교감을 전해 주는 이 새로운 친구 때문에 이제 더 이상 동물 인형은 필요 없게 되었습니다.

이 작은 아이는 공감할 수 있는 생명의 소중함을 이제 조금씩 알아 가고 있습니다. 그리고 경험해 보지 못한 것을 단지 두려워할 게 아니라 그 경험 속으로 한발 들어가 보는 것이 상상도 못했던 새로운 즐거움을 준다는 사실을 조금씩 알아 가고 있는 중입니다. 또 단순한 즐거움을 넘어 생명의 소중함도 차차 깨달아 가게 될 겁니다.

사랑하던 강아지가 훗날 아파하면 아이 역시 많이 아파할 겁니다. 그리고 강아지의 고통을 조금이라도 덜어 주기 위해 자신이 할 수 있는 최선을 찾아내려 할 겁니다. 또 먼 훗날 강아지가 아이의 곁을 떠나게 되면, 아이는 아마도 몇 날 며칠을 울게 될지도 모릅니다. 그러면서 끝까지 함께할 수 없는 생명으로서의 유한성을 서서히 알게 될 것이고, 사랑하는 이와 함께할 수 있는 시간이 얼마나 소중한지도 깨달을 것입니다. 이제 아이는 사랑에게 허락된 유한한 시간의 의미와 또 그 소중한 시간들을 어떻게 값지고 후회 없이 보내야 하는지도 아마 알게 되겠지요.

아직 그런 모든 앞날을 모른 채 아이는 생명을 지닌 진짜 강아지와 과감히 열애를 시작했습니다. 생명에 대한 사랑의 작은 시작으로서 말입니다. 그 아이의 용기에 박수를 보냅니다. 그러니 '저를 방해하지 마세요(Don't disturb)'는 아이의 성화로 부모님들이 아이의 방문에 걸어 놓은, 아이와 강아지가 함께 가지게 된 작은 첫 번째 문패입니다.

8

감정 겪어
나가기

사랑과 미움의 변주곡

우리는 모두 이렇게 사랑하려 하고, 또 기뻐하려 합니다. 그런데 세상 삶이란 우리의 이런 소망을 늘 허락해 주지는 않습니다. 오히려 사랑보다는 미움으로, 기쁨보다는 슬픔으로 더 많이 채워지는 것이 우리의 삶이기도 합니다. 마치 다음 파도의 크기를 예상 못하는 바닷가의 작은 모래알처럼, 우리는 전혀 알 수 없는 외부의 힘에 의해 이리저리 휩쓸려 다니는 작은 존재들인지도 모릅니다.

누군가는 사랑의 반대가 증오, 그러니까 미움이라고 말하기도 합니다. 그러나 실은 사랑의 대척점에 서 있는 것은 미움이 아니라 무관심입니다. 질투로 대표되는 미움의 감정들은 아직도 사랑이 가진 마지막 남은 작은 끄트머리를 부여잡고 있습니다. 대상과 자신 사이에 아무것도 남아 있지 않는 것이 무관심이라면, 그 사이에 무언가 감정의 찌꺼기가 남아 있어 질투에 사로잡힌다면 그것은 사랑의 큰 스펙트럼에서 그 마지막 한구석에 자리 잡은 혼돈의 상태라고 봐야 옳을 것 같습니다.

이런 생각은 스피노자에게도 정확히 예시됩니다. 스피노자는 모든 감정의 어머니로서 사랑을 말합니다. 그러니까 증오나 미움, 그리고 거기서 생겨나는 모든 슬픈 감정들은 실은 긴 사랑의 다양한 스펙트럼 중 충만하고 완전한 사랑에서 가장 먼 거리에 위치한 사랑의 결핍에 불과합니다. 그것도 완전히 없어졌다기보다 사랑은 미움 속에 뭔가 자신의 그림자라도 비추고 있는 셈이겠지요.

결핍의 정도 차이만 있을 뿐 사랑이라는 하나의 추가 움직이는 저울 위에서 사랑의 함량에 따라 우리는 사랑과 미움 사이를 오가며 고뇌할 뿐입니다. 즉 인간의 모든 감정은 사랑에 의해 저울질되는 것입니다. 모든 기쁨은 사랑의 한 형태이며, 모든 슬픔은 사랑의 부족분만큼 더 슬픕니다. 어떤 슬픔도 극소량이나마 사랑을 함유하고 있습니다. 남은 사랑이 다 사라질 때 그 슬픔은 슬픔이라 부르지 않고 무관심이라 부르기 때문입니다. 이제 여기서 당신과 저는 다시 우리만의 공식 하나를 더 써 볼 수 있으리라 생각됩니다.

사랑 = 기쁨

따라서 사랑하던 연인들이 시기와 질투에 휩싸여 서로 미워하는 순간도 아직 사랑의 틀에서 완전히 벗어나지 못했다는 방증입니다. 사랑이 완전히 마모되어 더 이상 남지 않게 되어 손으로 잡을 수 있던 사랑의 작은 귀퉁이마저 갈려 없어질 때, 그들은 미워하지도 증오하지도 않으며 다만 서로에게 무관심해질 뿐입니다. 그래서 미움보다 더 무서운 것은 늘 무관심입니다.

질투와 시기로 인해 이제 당신의 사랑이 모두 말라 버렸다고 생각되어 더 이상 돌이킬 수 없다고 체념하신다면 스피노자의 다음의 말을 들어 보시기 바랍니다.

> 사랑에 의하여 완전히 정복된 증오는 사랑으로 변한다. 그리고 사랑은 이전에 증오가 없었던 경우보다 한층 더 크다.[4]

가끔 우리는 스피노자의 저 말처럼, 돌이킬 수 없는 지점이라 느끼는 바로 다음 순간, 서로에 대한 오해를 풀고 다시금 사랑하는 예를 주위에서 많이 보게 됩니다. 왜냐면 증오나 미움 역시 사랑의 완전한 증발이 아니라 큰 사랑의 형식 속에 있으며, 다만 좋지 않은 방식의 사랑일 뿐이니까요. 단지 사랑의 강렬한 빛에서 멀어진 그림자에 속하지만 그림자가 있음은 아직도 빛이 남아 있다는 증거니까요.

그런데도 왜 우리는 사랑의 기쁨을 마다하고, 또 관계의 개선에 등을 돌리고 서로를 미워하고 증오하게 되는 걸까요. 그것은 감정이 가진 폭발적이고 위협적이며 직접적인 위력 때문이 아닐까 싶습니다. 그리고 우리는 거기에 무력하니까요. 대개 우리는 상대의 말이나 행동을 접할 때 우리에게 직접 주어진 결과만을 느끼고 바라보니까요.

예를 들어 어떤 여자가 힘들게 월급을 모아 남자에게 여행을 제안했다고 해 보죠. 남자는 그녀를 사랑한다고 느끼지만 바쁜 일과로 휴양지 섬으로 향한 여행이 부담스럽고 껄끄럽습니다. 그래도 고민 끝에 여자 친구의 제안을 받아들입니다. 그런데 들뜬 기분에 여행에 나선 그들은 도중에 큰 풍랑을 만나게 됩니다. 배는 거의 침몰 직전까지 몰렸습니다. 그 순간 남자는 여자에게 화를 내며 소리칩니다. "네가 여행만 떠나자고 안 했어도 이런 일은 절대 없었을 거야! 우리가 여기서 죽을 고비를 넘겨야 하는 건 바로 네가 이 여행을 계획했기 때문이라고!"

실은 여자 친구의 입장에서 보자면, 다만 둘만의 행복한 여행을 위해 꼭 필요한 돈까지 아껴 가며 한 푼 두 푼 모아 힘겹게 준비한 여행이었는데도 말입니다. 남자는 지금 절체절명의 위기를 맞았다는 결과만 가지고 여자의 잘못을 추궁하고 있습니다. 실은 이런 상황의 첫 시작은, 같이 생을 마감하자는 악의적인 의도도 아니었고,

상대를 애써 고생시키려는 계획된 저의도 아니었고, 다만 사랑하는 이를 위한 고마운 자기희생이었는데도 말입니다.

이렇게 의도가 좋은 것인지 나쁜 건인지, 그런 원인은 생각하지도 않고 자신 앞에 당장 주어진 결과만을 받아들여 폭발하는 것이 우리 감정의 주된 특성이라고 스피노자는 말합니다.

예를 들어 잘못한 일 때문에 부모님께 회초리를 맞을 때 종아리의 아픔이라는 결과만 가지고 부모님을 미워할 수 없듯이, 또 생명을 앗아 갈 수도 있는 칼 든 강도를 겨우 따돌리고 예상치 못한 길에 접어들었다가 얼떨결에 주운 10만 원권 수표라는 결과 때문에 강도에게 감사하지도 않듯이, 우리는 결과만이 아니라 의도와 원인을 바로 보아야 하지만, 현실에서 그렇게 하기란 녹록지 않습니다.

오히려 누군가 우리에게 어떤 말을 할 때 우리는 대개 그 말이 나오게 된 원인과 인과 과정에 대해 숙고하기보다는, 말 자체가 가진 날선 표현에만 주목하게 됩니다. 우리의 자존감에 상처를 주고, 우리의 자존심을 구겨 버리고, 그래서 우리가 합당한 대접을 못 받고 있다는 불쾌함이 늘 앞서게 됩니다.

스피노자 역시 감정의 직접적인 위력 앞에 인간은 대개 이렇게 무력할 수밖에 없음을 인정합니다. 그러나 그는 이런 상태가 어쩔 수 없는 인간의 무능력을 시사할지라도 결코 바람직한 상태라고 말하지는 않습니다.

그리고 감정의 위력 앞에 끌려다니는 우리의 상태를 감정을 '**겪어 나간다**'는 말로 표현했습니다. 즉 우리는 능동적으로 대처해 행동하기보다는 외부에서 주어진 사건이나 남들의 말과 행동에 자신의 의사와는 상관없이 이리저리 파도에 휩쓸리는 모래알처럼 수동적으로 겪어 나갈 수밖에 없는 무력한 존재라는 말이기도 합니다. 그래서 스피노자는 능동적 행동이 결여되어 이렇게 수동적으로 끌려다니는 '겪어 나가는 상황'을 감정의 '노예' 상태라고 단호히 선언합니다. 다른 말로 표현하자면 감정에 '예속'된 상태라고도 말할 수 있을 겁니다.

우리가 살아 있는 한 삶을 겪어 나가야 한다면 매 순간은 감정을 겪어 나가는 연속된 과정일 겁니다. 그리고 그때마다 감정에 끌려다닌다면 스피노자의 말마따나 우리는 자유로운 인간이 아니라 노예일 뿐입니다. 자기감정의 노예.

몇 년 전 예수의 생애를 다룬 〈패션 오브 크라이스트The Passion of The Christ〉라는 영화가 있었습니다. 이 영화 제목은 우리말로 '예수의 열정'으로 번역되었습니다. 그도 그럴 것이 대부분 passion은 '열정적 감정'을 의미하니까요. 그런데 이 영화에서처럼 p를 대문자로 Passion이라고 쓰면 '수난'을 뜻합니다. '겪어 나감'을 의미하는 말이 되는 것이지요. 이렇게 보자면 이 영화의 제목은 '예수의 수난'으로 표현하는 게 보다 정확할 것 같습니다. 실제로 passion의 형용사형은 passive로, 이는 '수동적'이라는 의미이기도 합니다. 즉 단어 자체가 이미 겪어 나간다는 의미를 내포하고 있는 말이죠.

그런데 passion을 종전처럼 열정으로 번역하자니 열정이라는 어감에서 왠지 능동적인 뉘앙스가 풍겨납니다. 이런 연유로 특히 철학에서는 passion을 '열정' 대신 '정념'이라는 단어로 주로 번역해서 사용합니다. 즉 우리 감정 대부분은 외부 대상의 자극에 의해 수동적으로 시작되는 경우가 많다 보니 이런 수동적인 감정을 일러 '정념'이라고 부르는 것이죠. 스피노자 역시 정념이라는 단어를 주로 사용합니다.

이런 정념은 수동적인 슬픔은 물론이고, 우리의 기쁜 감정에서도 마찬가지로 적용됩니다. 만약 자신의 내부에서 스스로 생겨나는 기쁨이 아니라면 기쁨 역시 수동적 정념에 불과한 것이겠지요. 예를 들어 용돈을 받고 즐거워하는 아이를 생각해 보면 쉬울 겁니다. 아이의 기쁨은 외부에서 주어진 용돈에 단순히 반응하는 수동적 기쁨일 테니까요. 물론 슬픈 정념보다는 훨씬 낫지만 이런 기쁜 정념 역시 수동적이기는 마찬가지입니다.

감정 ┌ 수동적인 감정 = 정념
　　 └ 능동적인 감정

다소 생소한 정념이라는 단어가 나왔다고 뭐 어려워하실 필요까지는 전혀 없습니다. 지금 우리 상황에서는 그저 인간이 가진 거의 모든 감정은 수동적일 수밖에 없고, 따라서 우리 감정 대부분은 거의 다 정념이라고 일단 쉽게 생각해 두셔도 무방할 듯합니다. 그냥 감정과 같은 말인데 단지 겪어 나감을 강조한 단어일 뿐입니다.

미움의 삼중주에서 시작되는 슬픈 화음

삶의 곳곳에는 슬픔과 미움이 지뢰처럼 잠복해 있습니다. 스피노자는 이런 슬픈 정념(감정)을 다양하게 구분했는데, 여기서 우리는 크게 세 개로 일목요연하게 분류해 봄으로써 그의 사유에 접근할 수 있으리라 생각됩니다. 그것은 **경쟁심, 경외심, 경멸**로서 세 개의 '경' 자로 시작하는 감정의 틀입니다. 여기서 저는 이들을 '미움의 삼중주'라고 제 나름대로 불러 보기로 하겠습니다.

인간관계 대부분은 사실 이 틀 속에서 왕복 운동을 하는 추시계라고 볼 수 있을 정도로, 미움의 삼중주는 우리 삶 깊숙이 파고들어 있습니다. 물론 조금 덜하기는 하지만 가족, 친구 사이에서조차 이런 경쟁심과 경외심, 경멸은 어느 정도 힘을 발휘하고 있는 게 사실입니다. 게다가 사람들은 흔히 비교를 통해 남과 자신을 바라보는 경향을 가지고 있어 이런 비교에서 잉태되는 질투는 삼중주의 추를 움직이는 핵심적인 동력이 됩니다.

즉 우리 도토리들은 자신과 비슷하다고 느끼는 도토리들 앞에서는 경쟁심을, 우리보다 뛰어나다고 생각되는 왕밤 앞에서는 경외심을, 또 상대가 도토리에 미치지 못하는 좁쌀이라고 생각될 때는 경멸을 느낍니다. 경쟁심은 질투의 온상이며, 경외심은 질투를 포기한 상태이고, 경멸은 질투마저 아까운 대상을 향한 멸시입니다.

능력 면에서 우리보다 백 개의 계단 위에 있는 사람을 향해 경외심을 느끼며 우리는 이제 더 이상 그와 경쟁할 필요가 없음을 스스로에게 선언합니다. 이것은 질투의 포기이며 이런 체념을 통해 우리 마음은 오히려 편안해짐을 느낍니다. 왜냐면 그는 이미 우리가 범접할 수 없는 경지에 오른 사람이므로 당연히 내 능력 밖이라는 빠른 단념은 우리 노력이 모자라서가 아니라 상대가 넘볼 수 없는 반열에 올라 있기 때문이라는 편안한 안도감을 선사해 주니까요.

이렇게 우리는 대개 한 계단씩 오르는 것보다 더 편한 경외심을 쉽게 선택하며 그 앞에서 항복해 버립니다. 그러나 역시 백 개의 계단 위쪽은 늘 선망의 대상입니다. 우리 몸은 계단 아래 머물고 있지만 마음만은 경외의 대상들과 함께하며, 따라서 우리의 소속감은 늘 계단 위에 있습니다.

이와 반대로 경멸은 자신의 발치에도 못 미친다고 여기는 사람을 향한 조소 섞인 멸시입니다. 자신보다 백 개의 계단이나 아래 저 멀리 뒤쳐진 그들은, 수많은 밤을 지새우며 우리가 들인 노력의 고통을 스스로 외면한 게으르고 부족한 사람으로 낙인찍힙니다. 그런데 여기서 흥미로운 사실은 경멸을 서슴지 않는 사람은 그만큼 쉽게 경외감에 사로잡힌다는 사실입니다. 이에 대해 스피노자는 다음과 같이 말합니다.

가장 소심하고 겸손한 것으로 생각되는 사람들은 보통 강한 명예욕과 질투를 갖는다.[5]

소심한 자는 오만한 자와 매우 가깝다.[6]

니체 역시 비슷한 말을 남겼습니다.

> 항상 자신을 낮추는 사람은 대개 높아지길 원하는 사람이다.

즉 남을 쉽게 경외하는 사람은 또 쉽게 경멸하기도 합니다. 마찬가지로 남들을 쉽게 경멸하는 사람은 쉽게 경외에 빠져듭니다. 당연할 수밖에 없는 것이 그에게는 사람들을 보는 그만의 확고하고도 편협한 관점이 있기 때문입니다. 그래서 모든 사람을 그 관점의 잣대로 쉽게 평가하고는 쉽게 경외하고 또 쉽게 경멸합니다. 그들은 자신이 가진 기준의 잣대로 평가한 상대의 인격 전부를 마치 자신의 손아귀에 쥐고 소유한 것처럼 행동합니다. 당신보다 몇 년 앞선 나이나 경력, 혹은 알량한 경제적 우위, 오만한 지적 허영에 가득 차 고고한 저 위에서 내려다보듯이 당신의 모든 것을 깔보며 지배한다고 착각합니다.

예를 들어 세상의 모든 가치를 돈으로 환산하는 사람은 자신 주머니 속 지폐와 동전을 엄격히 구분하듯이 상대 호주머니 속 금액에 따라 엄밀히 사람을 구별합니다. 한 장의 지폐로 바꿀 수 있는 천 개의 동전은 같은 값어치입니다. 마찬가지로 그 사람에게 동전에 해당하는 사람의 인간적 가치는 지폐에 해당하는 단 한 사람에 비해 천분의 일에 불과할지도 모릅니다.

또 당신에게 서슴없이 인간적 멸시를 퍼붓는 상사 대부분은 윗사람 앞에서는 도저히 눈뜨고 볼 수 없을 정도로 손을 싹싹 비벼 가며 온갖 아양과 아부 섞인 찬미를 늘어놓습니다. 그들 역시 숭상해 마지않는 자신만의 편협한 기준이 있어 그것으로 모든 사람을 쉽게 판단하기 때문입니다.

아마도 그것은 천 명이나 되는 경멸의 대상을 마지막 단 한 방울까지 쥐어짜서 거기서 나오는 티끌들을 모아 하나의 큰 산을 만들고, 그것을 경외하는 사람에게 자신의 이름을 붙여 바치기 위함입니다. 그들에게는 자신의 이름표를 만들어 준 천 명에 대한 고마움보다는 늘 한 명의 대상을 향한 애틋한 사랑이 더 절절합니다. 그의 모든 아부와 찬미는 그래서 늘 애잔한 연가입니다.

그리고 이 경멸하는 자들은 대체로 상대의 약점을 정확히 파악하고 있습니다. 인간이 가장 두려워하는 것은 아마도 상처받은 열등감과 그로 인해 짊어지고 가야 하는 모멸감인지도 모릅니다. 그래서 그것을 피하기 위해 자신도 모르는 사이에 우리는 무던히 애씁니다.

당신의 가장 큰 열등감은 당연히 그들 공격의 목표가 됩니다. 그들이 내뱉는 날 선 말에 당신이 아파할 때 그들은 상처 부위를 잘 감지해 냅니다. 그들은 상처의 냄새를 누구보다 잘 맡습니다. 대개 피 냄새에 민감한 하이에나들은 강한 사자 앞에서는 낑낑거리며 비굴한 모습을 보이지만 상처받은 사자를 향해서는 떼를 지어 공격하여 물어 죽이기도 합니다. 이런 하이에나의 후각을 지닌 그들의 공격 앞에, 모욕받은 열등감은 우리에게 슬픔을 주고, 슬픔의 모습은 분노, 우울, 그리고 자존감의 증발과 함께 삶의 의지마저 무력화시킵니다.

폴 세잔, 「비애」(1867년)

━━━

스피노자는 감정의 위력 앞에 끌려다니는 우리의 상태를 감정을 '겪어 나간다'는 말로 표현했습니다. 우리는 능동적으로 대처해 행동하기보다는 외부에서 주어진 사건이나 남들의 말과 행동에 자신의 의사와는 상관없이 이리저리 파도에 휩쓸리는 모래알처럼 수동적으로 겪어 나갈 수밖에 없는 무력한 존재라는 말이기도 합니다.

그러나 가장 교활한 상대는 당신의 가장 심한 열등감의 정중앙을 맞추지 않습니다. 그의 혀 속 칼은 당신의 열등감을 아슬아슬하게 빗나가 의도적으로 과녁의 바로 옆을 맞춥니다. 당신은 일단 안도합니다. 그러나 안도는 곧 걱정으로 바뀝니다. 왜냐면 두 번째 화살은 언제고 분명 적중할지도 모른다는 불안 때문에 말입니다.

이런 반복 과정을 통해 당신은 그의 의도에 휘말린 노예가 됩니다. 상대는 당신을 직접 자극하지도 않고, 그렇다고 당신에게 화를 내게 하지도 않으면서, 당신을 자신 앞의 무력한 존재로 만듭니다. 당신의 약점이 이미 노출되었다는 사실을 그도 당신도 알게 되었으며, 그는 그것을 언제든 노릴 수 있다는 무언의 미끼로 당신을 지배하게 됩니다. 당신이 그런 상처에 더 아파할수록 그들은 더 당신을 지배해 나갈 겁니다. 다시 말해 우리가 느끼는 슬픈 감정에 우리가 더 휘둘릴수록 그들은 우리에게 더 큰 지배자가 되고, 우리는 더 예속될 것입니다.

우리의 코나투스는 매우 민감합니다. 이렇게 누군가에게 함부로 다뤄지고 있다고 느낄 때 우리 삶의 의욕은 바닥으로 곤두박질칩니다. 이렇게 보자면 코나투스란 우리 삶의 욕구이자 어쩌면 우리가 느끼는 자존감의 다른 표현인지도 모릅니다. 따라서 슬픔은 우리의 자존감을 생매장시키는 그 무엇입니다. 스피노자는 다음과 같이 말합니다.

우리 삶의 의욕(코나투스)을 저하시키고 우리의 활동력을 떨어뜨리고 우리를 보다 더 작은 충만함으로 이끄는 감정이 바로 슬픔입니다.

너는 이런 사람이야

백 개의 계단 위에서 경외를 받는 사람은 명예에 흐뭇해하며, 계단 아래서 경외심을 바치는 사람은 그들을 쫓아가며 허영심에 들뜨게 됩니다. 경멸을 받는 사람은 그보다 백 개나 더 아래 계단에서 자기 멸시와 열등감에 빠지며, 경멸을 날리는 사람은 오만해지기 쉽습니다. 또 경쟁심은 그 자체로서 질투와 시기의 어머니입니다. 이렇게 보자면 스피노자가 말한 명예심, 허영심, 자기 멸시, 열등감, 오만 등 거의 모든 부정적 정서들은 이런 '미움의 삼중주' 선율이 만들고 조합해 낸 슬픈 화음입니다.

그런데 미움의 삼중주는 관계를 이루자마자 곧바로 시작되진 않습니다. 서로에게 온갖 예의를 갖추며 알아 가는 짧은 시간을 거친 후 서서히 경쟁심, 경외감, 경멸의 구도 속으로 들어가기 시작합니다. 이 짧은 탐색 과정을 통해 사람들은 대개 상대의 모든 것을 이미 다 파악했다고 믿습니다. 그리고 마음속으로 상대를 규정합니다. '너는 어떠어떠한 인간이다'라는 식으로 말입니다. 여기서 '어떠어떠한'이란 그가 생각하기에 인간을 판단하기 위해 가장 중요하다고 느끼는 기준일 겁니다. 이런 기준에 따라 상대가 경쟁 대상인지, 경외심을 가질 대상인지, 경멸해도 좋을 대상인지 규정짓는 것입니다.

그러고 보면 그런 편협한 기준이란 바로 앞에서 말한 백 개의 계단이기도 합니다. 당신보다 더 높은 위치의 계단, 더 낮은 위치의 계단으로 구분하는 순간, 이미 당신은 그들을 어떤 기준으로 규정한 셈이며, 그 규정이 만든 구분선이 당신에게는 바로 계단입니다. 눈에는 보이지 않지만 당신의 마음속에서 사람들을 규정짓는 기준, 그 계단 말입니다.

여기서 한 가지 덧붙일 것은 대개 규정은 부정을 의미한다는 사실입니다. 예를 들어 여기 볼펜을 빨간색 볼펜이라고 규정하는 순간, 이 볼펜은 더 이상 파란색이 **아니며**, 노란색도 **아니며**, 그 어떤 색도 **아닌** 빨간색으로 한정됩니다. 즉 보통 규정짓는다는 것은 그것 이외의 것이 더 이상 아님(부정)을 공표하는 선언과 같습니다.

마찬가지로 사람을 어떤 사람으로 규정짓는 것 역시 어떤 하나의 기준으로 그 사람 전체를 판단해 버리는 행위입니다. 아까 들었던 예처럼 경제적인 요소가 삶의 가장 중요한 기준인 사람은 재력에 따라 상대방 전체를 판단할 것입니다. 상대방은 단지 연봉 얼마 얼마짜리 인간으로 규정되는 겁니다. 그에게 인격은 곧 연봉입니다. 이런 규정짓기를 통해 경제적 능력을 제외한 온갖 다양한 특성들은 대부분 무시되고 부정됩니다.

이렇게 자신의 틀에 상대방을 끼워 맞추는 것이 규정입니다. 틀에 맞지 않는 부분은 정으로 쳐 내듯 깎여 나가고 마모되어 틀에 맞게 재단됩니다. 마치 대패질을 해 댈 때마다 바닥으로 떨어지는 대팻밥처럼 우리가 가진 고유한 가치는 그의 규정 속에서 쓸모없는 잉여로 취급받고 바닥으로 나뒹굽니다.

그리스 신화에 나오는 프로크루스테스Procrustes의 침대 같다고나 할까요. 잡아 온 사람이 침대보다 크면 침대 크기에 맞춰 발을 잘라 버리고, 침대보다 작으면 몸을 위 아래로 잡아당겨 목뼈나 다리뼈가 빠지든 말든 상관없이 침대 길이에 맞추던 그 잔인한 강도 프로크루스테스 말입니다.

사실 어떤 사람을 설명할 수 있는 항목은 수도 없이 많습니다. 그를 판단할 수 있는 기준은 어쩌면 무한할지도 모릅니다. 따라서 그 중 어떤 한두 가지 기준을 인위적으로 골라 그 사람 전체를 규정하고 그 사람이 이렇다느니 저렇다느니 하면서 그 사람을 결론지을 수는 없는 노릇입니다.

그뿐만 아니라 아무리 알려고 노력할지라도 그 사람 자체에 대해서는 그 누구도, 그 어떤 경우에도 완벽히 알 수는 없습니다. 다만 우리는 그를 알려고 노력하고, 또 이해하려고 노력할 수는 있지만, 언제나 그에 대한 완전한 앎에 도달할 수 없습니다. 즉 이해는 과정이지, 어딘가 정해진 목적지는 아닙니다. 그가 어떤 사람인지는 그 자신조차도 다 알 수 없으니까요. 자신도 다 모르는 것을 남이 판단하여 그 사람을 규정지을 수는 없을 겁니다.

더군다나 모든 사람에게 지금 현재 보이는 모습이 그의 전부는 아닙니다. 누구에게나 아직 발휘되지 않은 잠재력과 가능성이 있습니다. 그들은 지금 겉으로 드러나진 않았을지라도 놀라운 수량水量의 지하수를 품은 사막의 작은 모퉁이인지도 모릅니다. 미래의 고귀한 오아시스를 자신의 내부에 간직한, 그러나 지금은 보잘것없어 보이는 사막의 한구석에 자리 잡은 볼품없는 모래 언덕 말입니다.

이렇게 예측할 수 없는 가능성, 다양성, 특별함을 지닌 누군가를 자신의 편협한 기준 하나로 규정짓는 것은 어쩌면 상대방에게 가하는 엄청난 폭력일 수도 있습니다. 편협한 기준에 부합하는 단 몇 개를 제외하고는 모든 그의 고유함은 무시당하며 결국 규정짓는 사람의 평가 속에서 생매장당하니까요. 버려진 대팻밥이 나중에 모두 쓰레기통으로 향하듯 말입니다.

규정짓기를 통해 '너는 어떠어떠한 사람이다'라고 판단 내리는 순간, '너는 여기까지!'라고 그 사람의 능력과 가능성에 선을 그어 버리게 됩니다.

이렇게 쉽게 누군가를 규정짓고 선 긋기까지 가능하게 만든 것은 그럼 과연 무엇일까요? 그것은 아마도 상대를 이미 다 알아 버렸다는 오만한 생각이 아니었을까요. 스피노자는 이런 생각을 스스로 경계하며 그것을 특별한 말로 표현했습니다. 그것은 바로 '교만'입니다.

9

당신도 모르고 있는
당신 자신

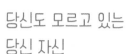

인간을 빼닮은 루시퍼의 교만

오래전 신의 천사들은 하늘의 귀퉁이를 지키고 있었습니다. 그중 새벽별이라 불리던 천사는 천사 중에서도 가장 고귀한 천사였습니다. 그는 빼어난 자태를 지녔고, 정의로운 힘을 소유했으며, 신 다음 가는 지성까지 겸비한 천사 중에서 으뜸, 그러니까 천사장天使長이었습니다. 신은 그에게 당신의 오른편에 앉는 것을 허락하실 만큼 그를 무척 사랑하셨다고 합니다. 그의 이름은 새벽별을 뜻하는 천사 루치펠Lucifer.

일인지하 만인지상이었던 그에게 어느 날 갑자기 찾아든 작은 심리적 변화는 그의 남은 생을 온통 뒤바꿔 버리고 맙니다. 그것은 바로 '교만'이었습니다. 자신의 능력을 마치 신의 영역에 닿을 것처럼 스스로 평가한 루치펠은 곧바로 신을 향해 도전장을 내밀었던 겁니다. 처절한 하늘의 전쟁이 벌어졌고, 루치펠과 그를 추종하는 반란 천사 무리는 새로이 천사장에 등극한 대천사 미카엘이 이끄는 천사 군단에 의해 참담한 패배를 당하고 맙니다.

루치펠은 마치 새벽녘 잠시 반짝이다 어느새 떨어지고 마는 샛별처럼 저 높은 밤하늘에서 지상으로 다시 지옥으로 추락하고 맙니다. 타락천사란 바로 루치펠을 두고 하는 말이며, 이후 루치펠은 우리에게도 익숙한 '루시퍼'라는 이름으로 더 잘 알려지게 됩니다. 바로 악마의 제왕이자 사탄Satan의 다른 이름, 그 루시퍼 말입니다.

종교적 믿음을 떠나서 이런 옛 문헌 속 이야기는 인간의 깊숙한 내면세계를 꿰뚫는 통찰을 느끼게 합니다. 그도 그럴 수밖에 없는 것이 오랜 시간 인류가 겪었던 인류 자신에 대한 숙고가 담긴 이야기들이니까요.

여기서 잠시 생각해 볼 것은 저 루시퍼의 교만이라는 죄입니다. 루시퍼의 교만의 시작은 아마 이런 것이 아니었을까요. 그러니까 신의 능력에 근접했다고 자신의 능력을 과대평가한 교만의 기저에는 상대방인 신의 능력을 **모두 알아냈다**는 오만한 생각이 깔려 있었던 것이 아니었을까요. 앞서 우리가 말한 상대를 평가하면서 상대방에 가하는 우리의 규정짓기, 그러니까 선 긋기처럼 말입니다.

자신과 신을 비교하기에 앞서 루시퍼는 이렇게 신에 대해 모든 것을 파악했다고 느꼈을 것이 분명하며, 그런 자만에 이끌려 '신은 이런 것이다'라는 자의적인 결론에 도달했을 것이고, 결국 신을 자기 멋대로 규정지어 버린 것이겠지요. 이런 판단이 없었다면 감히 신께 도전하지도 못했을 겁니다. 자신의 손바닥 안에 올려놓은 것처럼 신의 모든 것을 다 들여다볼 수 있다는 잘못된 판단이 그가 자초한 불행의 시작이었던 겁니다.

여기서 스피노자가 말한 교만에 대한 설명을 들어 보자면 다음과 같습니다.

> 교만은 인간이 **자기 자신에 대해 정당한 것** 이상으로 느끼는 데에서 생기는 기쁨이다.[7]

여기서 '자기 자신에 대해 정당한 것'이란 루시퍼의 경우 자신이 가진 '앎의 능력'을 말하겠지요. 루시퍼가 신에 대해 파악하고 있다고 느낀 앎의 정도 말입니다. 즉 루시퍼는 자신의 지적 능력을 마치 **전지**한 것으로 오판한 것이며, 그런 잘못된 판단하에 상대와 능력을 비교해 보며 자신의 능력을 **전능**한 것으로 다시 한 번 더 오판한 것이겠지요. 따라서 루시퍼의 죄는 **전지전능**함에 이르렀다고 스스로 생각한 교만이었습니다.

그런데 여기서 중요한 것은 그의 마지막 판단이 어찌되었든 상관없이, 그가 저지른 죄의 첫 시작은 언제나 그렇듯 상대에 대해 자신이 알고 있는 바에 대한 과대평가, 그러니까 자신의 '앎에 대한 자만'이었다는 겁니다.

　루시퍼뿐 아니라, 일상생활에서 상대를 규정짓고 그에게 선을 그어 버리는 우리 모두의 행위는 이렇게 상대를 이미 다 알았다는 교만으로부터 시작하는 게 아닐까 싶습니다. 그 누구도 끝까지 알 수 없는 그 사람을 자기 나름대로 규정지으면서 말입니다. 이렇게 교만에 빠지기 쉬운 사람들의 성향에 대해 스피노자는 다음과 같이 말합니다.

　　사람들은 모든 것을 안다고 생각하면서 모든 사안을 자기 마음에 드는 방향으로 가져가고 싶어 한다.[8]

인간적인 너무나 인간적인

　그런데 우리는 여기서 재미있는 사실을 발견할 수 있습니다. 교만이라는 감정이 얼마나 흥미로운 감정인지 말입니다. 그 이야기를 마저 천천히 해 보도록 하겠습니다.

　천사에서 악마로 변화한 루시퍼로 대표되는 타락천사의 이미지는, 주지하다시피 인간 심리의 부정적 변화를 일으키는 가장 큰 요인이 다름 아닌 교만임을 잘 설명해 줍니다. 스피노자 역시 기쁨과 슬픔의 경계선상에 교묘하게 위치한 감정으로서 교만을 설명합니다. 보통 스피노자의 감정에서 기쁨은 좋은 것으로, 또 슬픔은 나쁜 것으로 칼로 무 베듯 확연히 구분되지만, 이 '교만'만은 특이하게도 그 자체로서는 자기만족이라는 기쁨이면서도 피해야 할 무언가로 간주됩니다.

이렇게 보자면 교만은 기쁨과 슬픔에 양다리를 걸친 변화의 구간이기도 합니다. 즉 천사에서 악마로 변해 가는 과정처럼, 기쁨이면서 온갖 슬픔을 유발할 수 있는 어두운 기운을 지닌 감정이며, 따라서 모든 슬픔을 낳는 슬픈 감정의 어머니 여신인지도 모릅니다. 그래서 그런지 많은 문학과 영화에서 교만은 매력적인 악역에게 자주 부여됩니다. 악에서 태어나 끝까지 악에 머무는 일반적인 악이 아니라, 지고지순한 선에서 태어났지만 어느 순간 결정적인 사건을 겪으면서 감정적 동요로 인해 마침내 악의 화신으로 태어나는 매력적인 악으로 표현되는 것이지요.

모든 이야기에 재미를 불러일으키는 가장 큰 요소는 아무래도 갈등이고, 특히 자기 내부에서 일어나는 심리적 갈등은 보는 사람으로 하여금 큰 공감을 불러일으킵니다. 세상에 어디 갈등하지 않는 인간이 있을까요. 불가항력적으로 변해 갈 수밖에 없음, 그 어쩔 수 없음은 한편으로는 그에 대한 깊은 연민까지 이끌어 냅니다.

즉 독자와 관객은 지고지순한 선에 머무는 정의의 사도나 처음부터 악에서 시작해 시종일관 악으로 묘사되는 일관된 중심을 가진 안정된 인물들보다, 내적 갈등에 힘겨워하며 어쩔 수 없이 운명을 받아들이고 끝내 버림받고 쓰러지는 교만하지만 매력적인 그의 불안정성에 더 끌려듭니다. 왜냐면 그들은 자신과 너무도 닮았기 때

오딜롱 르동, 「구름을 쳐다보는 타락천사」(1875년경)

보통 스피노자의 감정에서 기쁨은 좋은 것으로, 또 슬픔은 나쁜 것으로 칼로 무 베 듯 확연히 구분되지만, 이 '교만'만은 특이하게도 그 자체로서는 자기만족이라는 기쁨이면서도 피해야 할 무언가로 간주됩니다.

문입니다.

마치 선도 악도 아닌 그 중간 지대에 존재하면서, 또 그래서 모두에게 속하면서도 그 어디에도 속하지 않는 이 교만이라는 감정은 외톨이지만 지극히 매력적인 감정이 아닐 수 없습니다. 어딘가 하나에 속한 모범생이라기보다는 소속 없이 방랑하는 자유로운 영혼이라고나 할까요.

당신의 정당함을 결정하는 것은 오직 당신뿐

그런데 혹시 이런 생각이 드시지 않나요? 교만에 대해 쭉 읽어 보니 왠지 인간적인 너무나 인간적인 감정이 아닌가 하는……. 그도 그럴 것이, 교만의 상징 루시퍼는 어쩌면 인간 자신에 대한 깊은 은유인지도 모릅니다. '신-천사-인간'의 비유는 마치 '신-인간-동물'의 비교와 같지 않을까요. 그러니까 루시퍼가 인간도 아닌 그렇다고 신도 아닌 중간 지대에 머물기를 거부하고 넘지 말아야 할 선을 기어코 넘고만 불행한 천사였다면, 인간 역시 동물도 아닌 신도 아닌 중간자로서 항상 갈등하고 번민하는 존재일 테니까요.

게다가 교만 역시 다른 모든 감정이나 선악의 구분과 마찬가지로 어떤 정해진 '성향'을 나타내는 것이 아니라, '관계'를 통해서만 나타납니다. 즉 관계를 어떤 시각을 가지고 바라보느냐에 따라 달렸다고 볼 수 있을 겁니다.

여기서 궁금해지는 것이 하나 있습니다. 그렇다면 관계를 이룬 당사자들 중에 과연 그의 교만을 누가 판단하느냐는 겁니다. 다시 스피노자의 설명을 떠올려 볼까요.

교만은 인간이 **자기 자신에 대해 정당한 것** 이상으로 느끼는 데에서 생기는 기쁨이다.

여기서 그 사람의 **정당한 정도**는 누가 결정하는 걸까요? 이를 좀 더 쉽게 표현하자면 그가 정해진 선을 넘었느냐 넘지 않았느냐를 판단하는 것은 누굴까요? 자기 자신? 아니면 남들이? 그것도 아니라면 신이?

만약 남들이 그 사람의 정당함 정도를 판단한다면, 그 남들이야말로 교만한 것이 아닐까요. 예를 들어 프랑스 대혁명을 일으킨 시민 계급과 농민들이 못살겠다며 혁명의 선을 넘었을 때, 구체제의 왕이나 귀족들이 보기엔 저들은 자신들의 정당한 정도, 그러니까 그들의 분수도 모르고 선을 넘어 버린 폭도들에 불과합니다. 이렇게 보자면 남들이 누군가의 정당함 정도(그의 분수)를 판단한다는 것도 쉽지 않을 겁니다. 남들의 그 판단도 정당하냐는 문제가 계속 꼬리를 물 테니까요.

그렇다면 자기 자신이 판단해야 하는데, '나는 정말 교만해!'라고 생각하는 사람이 과연 있을까요? 물론 전혀 없다 할 순 없겠지만, 대체로 교만하다고 여겨지는 사람 역시 자신이 교만한지 정당한 건지 스스로 판단하기 쉽지 않을 뿐만 아니라, 아예 그런 갈등도 없이 그냥 대부분 자신의 행동은 늘 정당하다고 생각하기 마련입니다. 루시퍼가 그랬듯이 말입니다.

만약 백 보 양보하여 정당함이 미리 정해져 있다손 치더라도, 자신의 정당한 정도, 그러니까 자신의 분수를 무슨 변치 않는 진리로 삼아 그 선을 지켜 나가는 것이 과연 인간에게 가장 바람직한 행동일까요? 우리는 인간적인 너무나 인간적인 굴레에 머물며 지금 상태를 고스란히 유지하면서 더 나은 우리의 정당함을 추구할 수는 없는 걸까요.

인간의 탄생 이후 지금껏 인간이 이루어 낸 모든 발전은 실은 저런 현재의 정당함을 뛰어넘어 보려는 모든 노력의 결실이었습니다. 자신의 정당함에 대한 순응이 아니라 그것을 극복해 보려던 수많은 시도와 실패가 지금의 인간을 만들어 낸 것입니다. 사실 인류의 오늘은 무수한 인간 루시퍼가 있었기에 가능했던 겁니다. 자신에게 주어진 경계선을 뛰어넘으려 했던 무수한 루치펠들 말입니다. 이렇게 보자면 신이라는 주인이 없는 인간에게 교만은 숙명이 아닐까요. 오히려 우리는 더 교만해져야만 하는 것이 아닐까요.

개인적으로 저는 이런 점에서 교만이라는 감정이 참으로 흥미롭게 느껴집니다. 말씀드렸듯 인간적인 너무나 인간적인 감정일 뿐만 아니라 어찌 보면 우리에게 필요악이기도 하니까요.

루시퍼에게는 그의 교만을 심판할 신이 있었지만, 만약 그런 신이 없다면 누구도 당신의 정당함을 평가할 수 없을 테니까요. 어찌

면 당신의 모든 행동은 스스로 정당하다고 봐야 할지도 모르겠습니다. 왜냐면 신도 타인도 당신 자신의 정당함을 판단해 줄 수 없으니까요. 자신의 정당함은 오직 자신 스스로 결정하는 것이니까요. 그리고 당신은 그 정당함에 따라 행동할 테니까요.

그런데 여기에 단 하나의 예외가 있습니다. 그것은 바로 당신이 남에 대해 평가를 내리는 순간입니다. 왜냐하면 상대에 대한 평가는 당신이 아니라 그 사람 자신의 몫으로 남겨 두어야 하니까요. 나에 대한 정당성은 나만이 결정할 수밖에 없듯이, 마찬가지로 그 역시 그의 정당성을 평가할 사람은 바로 자기 자신밖에 없기 때문입니다. 그의 정당성을 우리가 대신 판단할 수는 없습니다. 이런 예외를 어기고 그를 판단하고 규정한다면, 그것이 바로 진정한 교만일 겁니다.

자기 멸시와 열등감

따라서 우리가 교만한지 아닌지를 말할 수 있는 단 하나의 지점이 있다면 아마 다음 상황 정도가 아닐까 싶습니다.

당신이 남을 섣불리 규정하는지 그렇지 않은지.

이 말에 동의하신다면, 당신이 함부로 남을 규정짓고 그에게 선을 긋는다면 그때 당신은 교만한 것입니다. 만약 그를 이해하려 하고,

그의 가능성을 믿고, 그에 대한 판단을 열어 둔다면, 그때 당신의 태도는 정당한 것일 겁니다. 이렇게 그를 규정짓지 않고 상대의 가능성을 열어 둠으로써 예상치 못했던 그의 성과에 우리는 시기하지 않고 질투하지도 않으며 미처 몰랐던 그의 잠재력에 겸허히 박수를 보낼 수 있게 됩니다.

"곰이 구르는 재주는 있네. 녀석 운은 참 좋아." 이런 식의 빈정거림은 사실 그에 대한 무지의 고백에 불과합니다. 어쩌면 무력한 질투의 고백일 수도 있을 겁니다. 그리고 오래전 그를 자의적으로 규정했다는 방증이기도 합니다. 저 백 개의 계단 아래의 사람으로.

여기에 한 가지만 덧붙이자면, 이런 규정의 대상에는 타인뿐 아니라 자기 자신 역시 포함된다는 사실입니다. 즉 우리는 남을 대할 때와 마찬가지로 우리 스스로에 대해서도 함부로 규정짓거나 선을 그어서는 안 될 것 같습니다. 몇 번의 시도가 실패하고 그때마다 넘어질 때 우리는 '그래, 난 이것밖에는 안 되는 사람이야'라고 말하며 스스로 자신의 한계를 긋고 스스로를 규정해 버리기 쉽습니다.

이렇게 자신의 능력을 잠재력에 비해 과소평가하여 쉽게 규정해 버리고 스스로 거기에 선을 긋는 것, 어쩌면 이런 것이 스피노자가 말한 자기 멸시가 아닌가 싶습니다. 스피노자는 이렇게 말합니다.

> 자기 멸시는 외부의 슬픔 때문에 자기에 대하여 정당한 것 이하로 느끼는 슬픔입니다.[9]

이렇게 보자면 자기 멸시란 열등감과 다름 아닙니다. 스피노자의 말마따나 이 역시 슬픔 때문에 생겨나는 더 큰 슬픔일 뿐입니다. 즉 외부의 장애물과 부딪쳐 실패를 거듭할수록 스스로에 대한 자신감은 말라 가고 그런 실패의 반복이 체념으로 변할 때, 그래서 그런 체념의 원인으로 다름 아닌 자기 자신을 스스로 지목하게 될 때, 거기서 생긴 슬픔이 바로 자기 멸시와 열등감입니다.

그런데 조금 더 가까이 들여다보면, 열등감 역시 흔히 남을 평가하며 내리는 규정짓기와 동일한 과정을 밟는다는 사실을 알 수 있습니다. 즉 주지하다시피 누군가 남을 규정할 때면 자신이 중요하다고 여기는 자신만의 기준에 따라 자의적으로 남을 평가하고 그 기준에 미치지 못하는 것은 모두 무의미한 것으로 치부하며 부정해 버립니다.

마찬가지로 열등감 역시 스스로 중요하다고 생각한 한두 가지 기준만으로 자기 자신 전부를 평가해 버리는 오류에 불과합니다. 그리고 그 중요한 기준이라는 것도 따지고 보면 자신이 스스로 만들어냈다기보다는 살아가면서 타인의 영향을 받아 형성된 남들의 기준에 불과합니다. 모든 사람이 모든 것을 다 잘할 수 없는데도, 남들이 잘하는 몇 가지 편협한 기준만으로 자신 전체를 규정짓는 것은 옳지 않습니다. 스스로를 평가할 수 있는 기준은 무한히 많으며, 또 지금 당장은 중요하다고 여겨지는 그 기준이라는 것들도 실은 생각했던 것보다 훨씬 값어치가 떨어지는, 어쩌면 형식적이며 시류에 따르는 기준일 수도 있기 때문입니다.

따라서 남들이 말하는 기준, 사회에서 중요하다고 여기는 기준, 누구나 당연하다고 생각하는 기준, 이런 시류에 연연해 그 기준에 미치지 못하는 자신을 자책하며 열등감을 느낄 필요는 없습니다. 우리에겐 아직 그런 기존의 기준으로는 감히 평가할 수 없는 숨겨진 가능성과 잠재력이 있기 때문입니다. 지금 보이는 기준 말고 보이지 않는 당신의 역량 말입니다. 언제나 그렇듯 보이는 게 다는 아닙니다. 다만 스스로에 대한 존귀함을 항상 가슴에 품고, 지속적으로 역량을 키워 나가고, 아직 묻혀 있는 자신의 가능성을 계속 발견해 나갈 때, 새롭게 자신을 평가해 줄 전혀 새로운 기준은 무한히 생겨날 것입니다.

스스로에 대한 멸시로 가득 차 슬픔에 빠진 우리들을 향해 스피노자는 다음과 같이 당부합니다.

> 가장 치명적인 감정인 '교만'과 '자기 멸시'는 자신에 대한 가장 무서운 무지입니다.[10]

우리는 남을 다 알지도 못하면서 다 알았다고 판단하고 규정하면서 종종 교만해집니다. 마찬가지로 우리는 자신을 다 알지도 못하면서 이미 다 알았다고 규정하면서 자기 멸시에 빠져듭니다. 어쩌면 당신은 당신 자신을 아직 다 모르고 있습니다. 물론 아무리 자기 자신일지라도 자신에 대해 전부 다 알 수는 없겠지만, 자신을 알아 가고 이해해 가는 노력은 당신의 숨겨진 가치를 발견해 내는 도약이 될 겁니다. 따라서 지금 당신은 당신에게 무지할 뿐입니다. 결코 역량이 부족한 것이 아니라.

교만은 남들에 대한 자신의 무지의 고백이며, 자기 멸시는 자신에 대한 스스로의 무지의 고백일 뿐입니다.

10

감정의 샘
밑바닥

가끔 우리는 혼자만의 동굴이 필요하다

슬픈 정념에 휩싸일 때면, 거기서 찾아오는 무력감은 우리를 막다른 골목까지 몰아넣습니다. 한계 상황에 처한 우리는 너무 힘겨워 지푸라기라도 잡고 싶은 심정으로 어느 누구라도 우리를 구원해 주길 바라게 됩니다. 그러나 어쩌면 당신의 손을 잡아 줄 구원의 손길은 오직 당신밖에 없는지도 모릅니다. 누군가 위로를 줄 수는 있겠지만 그것은 미봉책일 뿐 완전한 해결책은 아닐 겁니다.

그래서 이 순간, 만약 더 이상 견디기 힘들다고 느껴지신다면 잠시 모든 것을 내려놓고 혼자만의 시간을 가져 보는 것도 좋은 방법입니다. 물론 그것은 도피처는 아닙니다. 단지 자신을 돌아볼 수 있는 소중한 시간이며 훌륭한 자기 성찰의 연습이 될 겁니다.

스피노자는 평생 하숙생으로 지냈습니다. 파문당한 후 가족과도 떨어져야 했고 몇 군데 거처를 옮겨 가며 그때마다 작은 단칸방을 얻어 거기서 생계를 위해 렌즈를 갈았습니다. 물론 몇몇 지인과 교류는 계속했지만, 그에게 주어진 대부분의 여생은 투명한 렌즈를 통해 모든 것을 바라보듯이 스스로 자신을 돌아보고 거기서 얻은 맑은 눈으로 다시 세상을 바라보는 사색의 시간들이었습니다. 어찌 보면 스피노자의 해맑은 사유는 그런 시간들이 자연스럽게 쌓여 그에게 선사한 흔적이었습니다. 결국 이를 통해 삶이 만들어 낸 그의 족적은 우리 모두에게 고귀한 선물이 되었습니다.

스피노자의 정신적 친구라 할 수 있는 니체 역시 그런 하숙생이었습니다. 늘 지병으로 고통받는 육체와 특히 발작적으로 찾아오는 두통을 해결해 보고자 니체는 공기 좋고 물 맑은 곳을 찾아다녔고, 거기서 잠시 머물며 불현듯 찾아오는 영감은 그로 하여금 글을 쓰게 만들었습니다.

니체는 회고 글에서 언덕 위 호텔에서 지중해의 파도 소리를 들으며 자신의 책을 완성해 나갔다고 말하고 있습니다. 거대한 서사시의 무대가 떠오르시겠지만, 실은 그가 말한 호텔이란 대부분 그 동네에서 가장 싸구려 여인숙 같은 초라한 방에 불과했습니다. 그런 누추한 곳에서 짧은 대학교수 생활 이후 받게 된 쥐꼬리만 한 연금을 아껴 가며 엄격한 절제 속에서 자신의 사유를 확장시켜 나갔던 겁니다. 어디에 있든 영혼이 자유로울 수만 있다면 그곳 모두는 그에게 사유의 요람이 될 수 있었기에 그의 표현은 결코 과장이 아니었습니다. 그래서 언젠간 당신도 고독한 성찰을 위한 자신만의 그런 곳을 찾게 되길 염원해 봅니다.

철학자 키르케고르Kierkegaard는 성찰을 위한 혼자만의 시간이 얼마나 소중한지 다음과 같이 표현했습니다.

> 고독은 어떤 때는 호흡처럼, 또 어떤 때는 잠처럼 우리에게 생명처럼 필요불가결한 것입니다. 고독에 대한 욕구는 인간 속에 정신이 있다는 증거이며, 또 거기에 있는 정신을 재는 척도이기도 합니다. 단순히 떠들어 대기만 하는 세상 사람들은 고독의 욕구를 느끼기는 커녕, 단 한순간이라도 고독해지면 마치 무리를 떠난 새처럼 이내 죽어 버립니다.[11]

스피노자 역시 이렇게 부연합니다.

> 정신이 더 많은 것을 인식할수록 그것은 자신의 능력과 자연의 질서를 더 잘 이해한다. 정신이 자신의 능력을 더 잘 이해할수록 더 쉽게 자신을 관리할 수 있고, 자신을 위한 규칙을 만들 수 있다.[12]

스피노자의 저 말은 우리 영혼 속 감정에도 똑같이 적용될 겁니다. 우리 내부에 숨겨진 감정이라는 어두운 샘의 밑바닥까지 들여다

볼 수 있다면, 우리는 혼란스럽게 얽힌 감정의 매듭을 풀어내고 그 흐름을 찬찬히 따라가 볼 수 있을 겁니다. 그렇게만 된다면 우리를 질식시키던 슬픈 정념의 늪에서 드디어 빠져나올 길도 자연히 보이게 될 겁니다.

이를 위해서라도 혼자만의 시간은 꼭 필요한지도 모릅니다. 마치 니체의 차라투스트라가 초인을 열망하며 스스로 산정의 동굴로 들어가 끝내 깨달음을 얻어 돌아오듯이, 때론 우리에게도 잠시나마 우리를 쉬게 할 자신만의 동굴이 필요합니다. 그렇다고 구석진 방 한편이 그런 동굴일 수는 없을 겁니다. 동굴은 항상 우리 마음속에 간직되어 있으니까요.

또 그 동굴은 들어가기 위한 동굴이 아니라 나중에 그 속에서 다시 나오기 위한 동굴입니다. 그리고 동굴에서 나올 때마다 우리 손에는 자신을 돌아보며 얻어 낸 작지만 큰 성찰의 조각들이 하나씩 쥐어져 있을 겁니다.

그래서 이제 잠시 우리 내부의 동굴 속으로 들어가 슬픔을 마주하는 우리의 태도를 살펴보려고 합니다. 슬픔을 해소하기 위해 자신도 알지 못하는 사이에 우리가 행해 온 노력들 말입니다. 그러나 이것은 궁극적으로는 희망이겠지만, 어쩌면 처음엔 큰 절망으로 느껴질지도 모르겠습니다. 마치 처음 동굴에 들어갈 땐 어둠에 가려 아무것도 볼 수 없어 실망하듯이……. 그러나 차차 그 어두움에 우리 눈이 적응한다면 주위의 모든 것은 그제야 제 모습을 환히 드러낼 겁니다.

바로 그때 우린 자신의 첫 동굴에 익숙해지기 시작한 겁니다. 그리고 거기서 한줄기 빛을 발견하게 될 겁니다. 어두운 동굴로 스며드는 그 빛은 바로 우리의 바른 인식일 겁니다. 자신에 대한 혹은 이 세계에 대한. 왜냐면 동굴 속에서 우리가 만나는 것은 다름이 아니라 우리 자신이기 때문입니다. 이제 본격적으로 동굴 속으로 들어가기에 앞서 옛날이야기 같은 작은 이야기로 시작할까 합니다.

책임자 사냥과 희생양

오래전 중세가 끝나 가던 무렵, 유럽의 작은 마을들은 잊을 만하면 한 번씩 찾아오는 요란한 소동을 겪어야 했습니다. 표현은 요란하다는 조금 완곡한 말을 사용했지만 실은 너무도 잔인한 소동이었습니다.

어느 날부터인가 누구도 예상치 못한 해괴한 일들이 벌어집니다. 마을은 술렁이기 시작합니다. 예를 들어 고결한 성당 앞에 잔인하게 살해된 짐승이 나뒹군다든지, 숲 속 성스러운 성소엔 주인을 알 수 없는 핏물이 가득할 때도 있습니다. 어떤 경우엔 마을 사람 중 누군가 의문을 남긴 채 실종되기도 합니다. 알 수 없는 공포가 온통 마을을 엄습합니다. 끔찍한 사건들을 생생히 목격한 눈앞의 공포는 이제 보이지 않는 원인에 의해 불안으로 바뀌어 마을 공기 속을 배회합니다.

무성한 소문이 불안의 뒤를 따릅니다. 잔악한 영주의 악행이 하늘을 노하게 했다는 둥, 신의 고귀한 하인이어야 할 사제들이 타락해서라는 둥, 소문은 꼬리에 꼬리를 물고 온 마을로 퍼져 갑니다. 어느덧 원인을 찾는 것은 뒷전으로 밀려납니다. 모두의 관심은 단지 하나.

누구의 책임인가!

사람들의 공포가 정점을 찍고 그들이 이 모든 사건의 책임을 묻기 시작할 무렵, 영주와 사제들은 기다렸다는 듯이 행동에 나섭니다. 그들은 드디어 희생양을 찾기 시작한 겁니다.

그리고 늘 그 대상은 가장 힘없고 가련한 이들 중에서 나옵니다. 잔악한 처벌을 내려도 주위에서 그를 거들 사람이 없는 사람. 특히 아름다운 자태로 많은 라이벌들에게 시기를 받는, 부모를 잃고 혼자 꿋꿋이 살아가기 위해 발버둥치는 아름다운 마을 처녀라든지, 혹은 비이상적으로 꾸부정한 허리를 지닌 아무런 연고도 없는 늙고 병든 노파가 그들의 희생 제물이 됩니다. 그들은 가련한 만큼 약하고, 약한 만큼 쉽게 노출되고, 쉽게 노출될수록 그들의 먹이로 너무 쉽게 지목됩니다.

마녀재판이 열리는 날은 마을의 또 다른 축제입니다. 체념한 그녀에게 동정의 눈길보다는 오히려 이제 마을의 걱정거리가 모두 해소되었다는 안도와 함께 그 사건들을 만든 책임자를 향한 저주의 눈길만이 가득합니다. 대개 재판은 일방적으로 진행됩니다. 처음엔 모두 아니라고 부인하더라도 대부분 그것은 가련한 희생자들에게 고문의 고통을 연장시키는 부질없는 몸부림에 지나지 않습니다. 고통이 더 이상 참지 못할 지경에 이른 그녀들은 이제 자진해서 울부짖습니다.

> 그랬어요. 제가 다 했어요! 저는 당신이 말씀하시듯 루시퍼의 애첩이에요. 당신이 했다고 하는 것이 뭐든 저는 이미 다 했어요. 당신이 앞으로 의심하게 될 게 무엇이든 상관없이 그것 역시 제가 이미 다 저질렀던 일이에요. 말씀만 하세요. 제가 이미 다 했던 일이니까요.

이제 원인의 제공자가 아닌 단지 책임자는 화형의 장작더미 위에서 고문의 고통을 단축시키는 마지막 숨을 거둡니다.

이런 마녀사냥은 실은 우리의 예상과는 달리 엄격한 신의 시대였던 중세 시대보다 오히려 르네상스 시기, 그것도 그 후반에 해당하는 16세기 이후에 극성을 부렸습니다. 아무도 신을 의심하지 않던 시기에는 이런 잔혹한 마녀사냥이 굳이 필요하지 않았기 때문입니다. 신에 대한 의심이 싹트던, 그리고 영주들과 귀족들의 존엄함에 의심을 품기 시작하던 르네상스 이후에야 마녀사냥의 희생자들이 부쩍 늘어났습니다.

마녀사냥은 희생양을 찾는 과정이고, 그것은 의심을 공포로 잠재우기 위해 아직도 중세의 추억에 잠겨 있던 귀족과 사제들의 잔악한

오딜롱 르동, 「멜랑콜리」(1876년)

———

타인에게 우리 슬픔의 책임을 전가시키는 것은 '복수심'이 담당하고, 자기 자신에게 스스로 책임을 모두 뒤집어씌우는 것은 '양심의 가책'이 담당합니다. 어찌 보면 복수심과 양심의 가책은 감정의 한 요소이기도 하지만, 어떤 면에서는 자신의 난처함을 쉽게 극복해 보려는 방어 기제이기도 합니다.

악행이었습니다. 이렇게 무언가 그 기반이 흔들릴 때 그 기반 위에 자신의 모래성을 지은 고귀한 이들은 사람들에게 불안과 공포를 불어넣어 그 기반을 흔들림 없이 유지하려 합니다. 그리고 가장 좋은 수단은 책임자를 인위적으로 만들어 내는 것입니다. 힘겹게 원인을 찾는 게 아니라 쉽게 책임을 덮어씌울 희생자를 만들어 내는 파렴치한 행위 말입니다.

그래서 성당 앞에 놓여 있던 죽은 동물의 사체나, 성소의 피는 어쩌면 영주와 사제들이 악의적으로 조작해 낸 공포의 현장이었는지도 모릅니다. 그들은 그들의 가장 성스러운 장소까지 자신의 안위를 위해서라면 얼마든지 더럽힙니다. 그 어떤 망설임도 없이.

타인을 향한 원한 서린 복수심

마을 안 구석구석을 채우던 불안과 공포는, 우리가 슬픔을 느낄 때 우리 마음속 구석구석을 채우는 감정적 동요와 흡사합니다. 앞서 이야기했듯 우리는 '미움의 삼중주'의 선율에 따라 경쟁심과 경외심 그리고 경멸의 렌즈를 통해 미움, 분노, 시기, 질투를 비롯한 모든 슬픈 감정을 부여받습니다.

슬픔은 극히 전염력이 강해서 일순간 우리 내부를 가득 물들입니다. 욕조를 가득 채운 물이 넘쳐흐르듯 슬픔은 그 안에 들어 있는 우리를 질식시키려 합니다. 그리고 감정적 동요에 휩싸인 우리는 설명

못할 불안에 엄습당합니다. 무서운 광경을 목격한 마을 주민들이 경악하듯이 말입니다. 스피노자는 이렇게 이야기합니다.

> 깊은 슬픔에 빠진 사람은 자신의 신체적 활동력뿐 아니라 사유 능력까지 그에 따라 감소하게 됩니다.

슬픔이 가져다준 동요는 우리의 생각을 마비시키고 올바른 해결책을 찾기보다는 한시라도 빨리 그 상황을 회피하고자 합니다. 마치 마을에서 일어난 해괴한 사건을 일으킨 진정한 원인을 찾으려 하지 않고 책임을 덮어씌울 희생자를 찾듯이, 우리는 우리에게 슬픔을 가져다준 원인과 인과 관계에 주목하려 하지 않고 쉽게 슬픔의 책임을 누군가에게 떠넘기려 합니다.

드디어 우리 마음속에도 그 마을을 휩쓸었던 것과 똑같은 마녀사냥이 시작되는 것입니다. 이때 책임을 뒤집어쓸 마녀사냥의 희생양은 대개 둘 중의 하나로 지목됩니다. 누군가 타인이거나 혹은 바로 자기 자신이거나.

이렇게 타인에게 우리 슬픔의 책임을 전가시키는 것은 우리 속에 있는 '복수심'이 담당합니다. 또 자기 자신에게 스스로 책임을 모두 뒤집어씌우는 것은 우리 속에 있는 '양심의 가책'이 그 몫을 담당합니다. 어찌 보면 복수심과 양심의 가책은 감정의 한 요소이기도 하지만 어떤 면에서는 자신의 난처함을 쉽게 극복해 보려는 방어 기제이기도 합니다.

슬픔의 책임을 처리하는 우리의 방법

　1. 복수심

　2. 양심의 가책

　이 중에서 타인을 향한 복수심은 흔히들 원한(르상티망Ressentiment) 이라고도 부릅니다. 훗날 니체도 이것에 주목했는데, 그에 앞서 스피노자 역시 인간이 자칫 빠지기 쉬운 치명적인 함정으로서 원한과 복수심을 지적했습니다. 스피노자는 여러 차례 걸쳐 『에티카』에서 이렇게 말합니다.

> 인간이란 친절에 보답하기보다는 오히려 복수에 길들여져 있음이 분명해진다.[13]

> 인간은 다양하긴 하지만 대체로 질투하며, 동정보다는 복수에 기울기 때문이다.[14]

　이렇게 우리가 슬픔의 책임을 누군가에게 쉽게 전가하는 이유는 우리가 대체로 약하기 때문일 겁니다. 어찌 보면 우리 모두는 거대한 감정의 폭군 앞에서 무력한 약자들입니다. 감정에 휘둘려 견디기 힘든 상황에 처하면 그 책임을 누군가에게 지우면서 모면하려고만 합니다.

　니체가 말했듯 강자란 경제적·사회적 지위가 높은 사람을 말하는 것이 아니라 자신 스스로의 고귀함을 믿고 남이 뭐라고 하든 상관 없이 자신의 신념이 말하는 대로 행동하고 책임지는 사람입니다. 이런 생각은 스피노자 역시 동일합니다. 스피노자는 이렇게 감정 앞에서 약자인 우리들을 일러 감정에 '무능력한 사람들'이라고 표현했습니다. 니체가 말한 약자나 스피노자의 무능력은 거의 동일한 의미를 가진다는 것을 잘 알 수 있을 겁니다.

그리고 우리 약자들의 심리적 기저에는 '원한'이 서려 있습니다. 어떤 사건을 접하면 원인과 결과를 애써 보려 하지 않고 거의 반사적으로 남의 탓을 합니다. 책임은 오직 우리 외부에 있을 뿐입니다. 또 약자는 마음속에서나마 세상의 중심입니다. 세상은 우리를 거들 떠보지도 않는데 우리는 마치 세상이 자신에게 의도적으로 불이익을 주고 있다고 느끼며 그런 세상을 저주합니다.

그뿐만 아니라 심리적으로 굳건하지 못한 약자들은, 자신의 고귀함을 믿는 강자들을 일러 재능이나 노력이 아니라 좋은 운과 확률 게임에서 이긴 행운아들이라고 말합니다. 그에 비해 자신은 재능과 노력은 부족하지 않지만 운이 지지리 없다고 한탄합니다. 그래서 보통 우리 약자들은 쉽게 피해망상에 사로잡히기도 합니다. 그 속에서 스스로 역량을 키우려 하지는 않고 다만 책임을 타인에게 전가시키고 자신의 신세를 저주합니다.

그래서 우리를 무시하고 인정하지 않는 저 강자들을 끌어내리려고 합니다. 약자들이 보기에 강자는 노력도 들이지 않고 저 백 개의 계단 위로 올라간 시대를 잘 타고난 사람들에 불과합니다. 실은 그런 계단이라는 편협한 기준을 만든 것은 약자 자기 자신인데도 말입니다.

자격지심은 아무에게도 보이지 않는 계단을 스스로 만들어 이 세상 모든 사람을 그 계단 각각의 높이에 나름대로 위치시킵니다. 이렇게 하고는 자신보다 높이 위치한 그들을 질투하고 시기하며 어찌 되었건 그들을 백 개의 계단 아래 자신과 같은 높이의 계단으로 끌어내리려고 합니다. 그래서 약자들은 자신이 오르려 하지 않고 대신 상대를 끌어내려 늘 하향평준화를 꿈꿉니다. 그는 현실에서는 불가능하기에 상상 속에서나마 마음껏 그들에게 복수하려는 것이겠지요. 이런 복수는 자신의 내부에 숨겨져 있던 파괴적 본성 중 하나입니다.

스피노자는 우리가 많은 경우 이렇게 약자에 머물 수밖에 없으며, 따라서 그럴 경우 아직은 무능력한 존재들이라고 말합니다. 이런 약자들은 원인에 대한 인식은 애써 외면한 채 늘 다음과 같이 말합니다.

지금 내 불행과 내 모든 슬픔의 책임은 전적으로 당신들에게 있다. 이 저주받을 세상에 말이다.

스스로 어깨에 얹은 무거운 짐, 양심의 가책

책임을 외부에 전가시키는 것이 약자들의 큰 방어 기제 중 하나라

면, 반대로 모든 책임을 자신이 떠안으며 괴로워하는 것은 양심의
가책이라고 불립니다. 그러나 이것 역시 우리 약자들이 자신을 지켜
내기 위한 방어 기제 중 하나입니다. 아이러니하게도 말입니다.

이 책의 첫 부분을 떠올리신다면 후회는 죄책감과 동일한 의미라
는 말씀을 아마 기억하실 겁니다. 그리고 이 죄책감은 양심의 가책
과 역시 동일합니다. 따라서 스피노자는 후회와 죄책감, 양심의 가
책을 특별한 구별 없이 같은 의미로 사용했고, 거기에 덧붙여 이들
은 우리에게 극히 부정적이며 치명적인 감정이라는 평가를 내렸습
니다. 여기서 스피노자의 말을 한번 들어 보시지요.

> 후회는 덕이 아니다. 즉 이성에서 생기지 않는다. 오히려 어떤 행위
> 를 후회하는 자는 이중으로 비참하거나 무능하다.[15]

후회한다는 것은 과거에 어떤 일을 그르쳤다는 말이기에 그것이
첫 번째 비참함입니다. 그리고 거기에 대해 부질없이 후회하며 슬퍼
하기에 그것이 두 번째 비참함입니다. 당시 우리의 역량으로는 어쩔
수 없는 선택이었는데도 우리는 이렇게 후회하며 양심의 가책을 느
끼곤 합니다. 주지하다시피 그것은 미덕이 아니라 피해야 할 몹쓸
감정이라고 스피노자는 다시 한 번 강조합니다.

그런데도 왜 우리는 이렇게 양심의 가책을 느끼고 스스로 괴로워
하는 것일까요? 그것은 그런 자책이 자신에게 약간이나마 위로가
되기 때문일 겁니다. 즉 우리는 양심의 가책을 애써 느끼며 우리 자

신이 그렇게 나쁜 사람은 아니라고 스스로 위안합니다. 나는 비록 그때 그런 일을 저질렀지만 지금 나는 그것에 대해 너무나 후회하고 있으며 내 양심이 그런 내 행동을 지금도 용납 못하고 있다. 이렇게 되뇌며 우리는 그때 자신이 정말 몹쓸 악인은 아니었음을 자신도 모르는 사이에 스스로에게 주입하듯 다시 고백하는 것입니다.

게다가 우리는 마음속에서 양심의 가책으로 괴로워하는 자기 자신을 마치 관객처럼 지켜봅니다. 한마디로 말해 자신이 자신을 지켜보는 겁니다. 언뜻 이해가 안 될 수도 있지만, 언제고 우리가 너무 멋진 일을 해냈을 때 누군가 지금 나를 봐 줬으면 좋겠다는 느낌을 가질 때가 있습니다. 또 누군가 보고 있다고 상상하며 더 멋지게 행동하려고 노력할 때도 있습니다.

실제로 우리는 아무도 우리를 보고 있지 않을 때조차 우리를 지켜보는 누군가를 가정하곤 합니다. 즉 보이지 않은 어떤 시선을 스스로 만들어 냅니다. 그 시선이란 보통 상상 속에서 만들어 낸 타인들의 시선이기도 하고, 혹은 자기 자신의 시선일 수도 있습니다. 마치 자신의 행동을 지켜볼 증인이나 목격자를 원하는 갈망이라고나 할까요. 이렇게 보자면 우리의 거의 모든 행동이라는 것은 어떤 불특정 관객을 염두에 둔 배우들의 동작인지도 모릅니다. 로마의 초대 황제 아우구스투스Augustus가 임종을 맞으며 자신을 지켜보는 지인들을 향해 이렇게 말했듯이 말입니다.

어땠나? 내 평생의 연기 말일세. 박수를 쳐 주게나. 이제 무대에서 내려가야 하니 말일세.

우리는 스스로 양심의 가책으로 힘들어하는 자신을 더 힘들고 가련하게 만듭니다. 왜냐면 그렇게 괴로워하고 가련한 자기 자신을 스스로 볼 수 있기 때문입니다. 즉 자신을 바라보는 자신을 위해 우리는 양심의 가책을 연기하는 배우가 되는지도 모릅니다. 그리고 스스로 더 아파하고 더 불쌍해질수록 그런 나를 지켜보는 또 다른 나는 형용할 수 없는 카타르시스Catharsis(원래는 배설을 뜻하는 말로, 비극을 본 후 느끼는 마음의 정화)를 느낍니다.

저 가련한 나!

자기 자신을 바라보는 자신의 시선은 이런 감탄사를 발하며 눈물을 흘리기도 합니다. 과거의 잘못에 대한 기억이 주는 공포와 그것을 후회하고 괴로워하는 자신에 대한 연민은 카타르시스의 절정으로 향하는 특급 열차의 승차권입니다.

가련한 나를 지켜보는 나의 시선은 눈물로 붉어진 눈으로 자신의 불쌍함을 다시 바라보며 완벽한 연민에 빠져듭니다. 그리고 그 값싼 눈물이 마를 때 우리는 한결 개운해진 마음으로 과거 잘못한 내 행동의 희생자에 대한 반성보다는 자기 자신을 위로했다는 사실조차 까맣게 잊어버립니다. 이런 의미에서 양심의 가책은 어쩌면 그 희생자에 대한 진정한 위로가 아니라 자신에 대한 거의 완벽한 위로일 뿐입니다.

마지막으로 한 가지만 덧붙이자면, 양심의 가책은 타인을 향하던 원한이 방향을 선회해 자신을 향하는 복수심의 일종입니다. 그러니까 늘 못마땅하던 자신에게 스스로 복수하려는 무의식적인 원한입니다. 이에 대해 니체는 다음과 같이 이야기합니다.

> 누군가가 사람들의 고통에 책임을 져야만 한다는 것이다. 고통받는 자가 자신의 고통에 맞서 스스로에게 복수의 꿈을 처방한다는 것이다.[16]

타인을 직접 공격하는 것을 스스로 용납할 수 없을 때 우리의 파괴 본능은 자신을 향하게 되는 겁니다. 그게 바로 자신에 대한 핏빛 복수, 그러니까 양심의 가책인지도 모릅니다. 이제 남을 향하던 파괴적 본성은 자신을 향합니다.

따라서 자신이 느끼는 슬픔의 책임을 남에게 전가하는 복수심이나, 그 책임을 혼자 뒤집어쓰는 양심의 가책이나 모두 다 파괴적 본성의 발로일 뿐입니다. 그리고 그 파괴에 대한 염원을 통해 한편으로는 타인을 공격하는 쾌감과 다른 한편으로는 자신을 파괴하면서 얻는 자기 연민을 우리는 즐기는지도 모릅니다. 자신도 알아채지 못하는 사이에 말입니다.

이제 우리가 해야 할 것은 슬픔을 처리하는 이런 부정적인 두 가지 방법을 걷어 내고, 새롭고 긍정적인 방식을 알아내는 것입니다. 그것은 슬픔과 그 상황의 책임을 자신이나 타인에게 덮어씌우는 것이 아니라, 그 감정과 상황의 진정한 원인을 찾아내려는 노력입니다. 또 이를 위해 실타래처럼 얽힌 인과 관계의 사슬을 하나하나 짚어 가며 살피는 인식의 과정이 될 것입니다.

처음 말씀드렸듯 그것은 우리가 마음속 동굴에서 발견하는 한 줄기 빛이기도 합니다. 바로 이성의 빛 말입니다. 그리고 그 빛을 따라 우리는 슬픔에서 벗어나 드디어 기쁨을 향해 갈 수 있을 겁니다. 이런 과정들은 슬픈 정념에 예속되어 있던 우리를 감정의 족쇄로부터 해방시키는 자유, 그러니까 우리의 진정한 '자유'를 향한 첫 번째 도정이 될 것입니다.

3부

★

자유, 전염된 타인의
욕망으로부터
자신의 욕망으로

11

기쁜 우리
자유

우리에게 자유란 가능할까

스피노자가 '우리에게 자유란 과연 가능할까'라고 질문을 던지면, 아마도 당신은 다음과 같이 반문할지도 모르겠습니다.

스피노자 선생님, 전에 선생님께서는 인간에게 자유 의지란 없다고 말씀하셨잖습니까. 우리는 의지에 따라 자유롭게 결정해서 선택하는 것이 아니라, 단지 욕망이 말하는 것을 행동에 옮길 뿐이라고 그러셨잖습니까.

이렇게 보자면 우리 인간에게는 자유란 없는 게 아닌가요? 그런데 지금에 와서 또 자유를 말씀하시니 이게 대체 어떻게 된 건가요. 이해가 잘 되지 않습니다.

당신의 호기심어린 질문에 스피노자는 아마 이렇게 이야기할 것 같습니다.

지금껏 당신은 제 이야기를 잘 따라오셨기에 그런 날카로운 질문을 이제 당당히 던질 수 있게 되셨습니다. 그래서 지금까지 당신과 제가 함께해 온 이 모든 과정이 이 순간 무한한 기쁨으로 느껴집니다. 감사드립니다.

맞습니다. 당신의 말씀대로 우리에겐 자유 의지란 없습니다. 그러나 우리에겐 고귀한 자유만은 허락됩니다. 분명 자유는 있습니다. 마치 모순된 이야기처럼 들리시겠지만, 그래서 조금 더 경청해 주셨으면 합니다.

예를 한번 들어 볼까요? 무더운 여름철에 물놀이를 갔다고 해 보면 어떨까요. 연인과 함께 물가에서 물장구를 치며 즐겁게 놀고 있을 때, 당신은 저 멀리 깊은 강물 속에 빠져 허우적거리는 어린아이를 우연히 발견하게 됩니다.

아마 당신은 두 가지 선택이 있다고 생각하실 겁니다. 아이의 위험을 애써 외면하거나, 혹은 아이를 돕는 것. 당신은 용감히 물속으로 뛰어들어 급류를 헤치고 다행히도 아이를 무사히 구해 냈습니다. 이때 당신은 물론이고 이 광경을 지켜보던 사람들 모두 박수를 치며 환호하며, 잘못하다간 아이와 함께 목숨을 잃을 수도 있었던 상황에서 아이를 살려 낸 고귀한 당신의 선택에 경의를 표할 겁니다.

이렇게 우리는 아이를 구하는 것과 아이를 외면하는 것 둘 중에서 어떤 것이든 자유로이 선택이 가능했고 자유 의지에 따라 위험을 무릅쓰면서까지 그런 고결한 결단을 내렸다고 여길 겁니다. 즉 위험을 피하기 위해 아이를 외면하고 싶은 욕망을 억누르고 당신의 자유로운 의지가 고귀한 행동을 선택했다는 이야기겠지요.

그러나 제 생각은 조금 다릅니다. 우리는 욕망이 말하는 대로 행동할 뿐이니까요. 단지 우리 속에 있는 많은 욕망들이 서로 경쟁하며 다투다가 다른 모든 욕망을 제압해 버린 가장 큰 욕망이 당신의 행동을 결정한 것입니다. 당신의 의식에서 자유 의지가 자유롭게 결단을 내린 것이 아니라, 의지와는 아무런 상관없이 자신도 모르는 사이에 다만 가장 큰 욕망이 당신의 행동을 결정지은 겁니다.

다시 말해 그때 당신에겐 아이를 외면하고 위험을 피하려는 욕망과 설령 목숨을 걸지라도 아이를 구하고 싶은 욕망, 이렇게 두 가지 욕망이 있었던 겁니다. 그리고 이 두 욕망이 서로 겨루다가 더 큰 욕망, 그러니까 아이를 구하고자 하는 고귀한 욕망이 자신도 모르는 사이에 당신의 행동을 결정한 것이겠지요. 당신의 의식적인 의지가 선택한 것이 아니라 당신의 무의식적인 욕망이 이미 결정한 것입니다.

그런데 여기서 한 가지만 더 말씀드리자면, 욕망이 결정했다고 해서 저 행동의 고귀함이 가치를 잃는 것은 절대 아니라는 사실입니다. 오히려 더 고귀할지도 모릅니다. 왜냐면 당신은 굳이 선택하기에 앞서 망설일 필요도 없이, 자신의 가슴속에 남을 돕고자 하는 그토록 아름다운 욕망을 늘 안고 사는 고결한 성자와 같은 사람일 테니까요.

이런 스피노자의 대답에 당신은 물론 예이기는 하지만 당신이 아이를 구했다는 상상에 우쭐해지며 다시 이렇게 물으실 겁니다.

스피노자 선생님! 아, 정말 감동적인 말씀입니다. 자유 의지란 없다는 부연 설명 역시 잘 들었습니다. 그런데 자유가 어떻게 가능한지는 아직 설명해 주지 않으셨네요. 좀 더 듣고 싶습니다.

스피노자는 해맑은 미소로 이렇게 마저 이야기할 겁니다.

그렇다면 자유란 과연 뭘까요. 아마도 자유란 자신이 원하는 것을 할 수 있는 상태를 의미하는 게 아닐까요. 자신이 하고 싶은 바를 능동적으로 해내는 것 말입니다.
　물에 빠진 그 아이를 다시 한 번 생각해 볼까요. 똑같은 상황에서 이번엔 반대로 당신은 위험이 두려워 아이를 외면해 버리고 싶어졌다고 해 보죠. 바로 그때 곁에 있던 당신의 연인은 한심스러운 당신의 모습에 실망을 금치 못할 겁니다. 그 시선이 너무 따가워 당신은 어쩔 수 없이 물에 뛰어들어야 했고 어쨌든 다행히 아이를 구해 냅니다. 아이를 구했다는 똑같은 결과인데도, 이렇게 남들의 말이나 시선에 의해 떠밀리듯 어쩔 수 없이 하게 되는 수동적인 행동이라면 그것은 결코 '자유'라고 볼 수 없을 겁니다.

대신 아까 당신의 행동처럼 자기 안에서 한없이 샘솟은 아이를 구하고자 하는 욕망에 의해 능동적으로 그 아이를 구해 냈다면, 당신의 행동은 완전한 '자유' 그 자체일 겁니다. 왜냐면 당신은 당신이 원하는 바를 해냈으니까요.

남들이 자신의 비겁한 행동을 비웃고 조롱할까 봐 그것을 피하고 싶은 욕망에 의해, 혹은 남들에게 칭찬을 받고 싶은 욕망에 의해 남에게 떠밀리듯 하게 되는 수동적인 행동은 진정한 '자유'라고 말할 수 없겠지요. 타인이나 외부의 압력에 의해서가 아니라 자신의 내부적 본성으로부터 스스로 넘쳐 나는 욕망에 따라 행동할 때에만 그것을 진정한 '자유'라고 말할 수 있겠지요. 수동적인 반응이 아니라 능동적 행동 말입니다.

다시 말해 자유란 자유로운 의지에 의한 선택이 아니라, 자신으로부터 생겨난 욕망이 바라는 바를 성취하는 것입니다. 그러니 우리에겐 자유 의지는 없지만 아름다운 자유만은 가능한 것입니다.

이에 당신은 역시 물론 예시이기는 하지만 아이를 구하지 못한 당신의 비겁한 행동에 약간 토라져서는 농담조로 이런 말을 던져 볼 수도 있을 겁니다.

그런데 선생님, 분위기를 깨는 말씀일 수도 있지만, 그때 제가 수영

앙리 루소, 「자유의 여신이 제22회 앵데팡당 전에 출품한 미술가들을 초대하다」(1906년)

타인이나 외부의 압력에 의해서가 아니라 자신의 내부적 본성으로부터 스스로 넘쳐 나는 욕망에 따라 행동할 때에만 그것을 진정한 '자유'라고 말할 수 있겠지요. 수동적인 반응이 아니라 능동적 행동 말입니다.

을 전혀 못하는 사람이었다면 어떻게 하죠?

스피노자 역시 웃으며 대답합니다.

잘 말씀해 주셨습니다. 당신의 상상이 제 설명에 조금 도움이 될 것 같습니다.

우리는 이제 자유는 단지 수동적 반응이 아니라 자신의 내부에서 나오는 욕망에 의한 능동적 행동이라는 걸 잘 알게 되었습니다. 그런데 여기에 한 가지 덧붙이자면, 더 높은 자유를 위해서는 자신의 역량이 뒷받침되어야 한다는 사실입니다.

당신의 말씀대로 수영을 못하는 상황이라면 우리는 아무리 그 아이를 구하고 싶은 욕망이 넘칠지라도 그런 시도는 상상조차 할 수 없게 됩니다. 즉 수영할 수 있는 역량을 가지지 못한 우리는 아이를 구하고자 하는 우리의 진정한 욕망을 실현시키지 못하고 맙니다. 그것은 결코 자유로운 상태가 아니겠지요.

따라서 더 자유로워지기 위해서는 아름다운 욕망뿐만 아니라 그 욕망을 실현할 역량까지 키워 나가야만 합니다. 전에도 이야기한 적이 있지만 욕망과 역량은 서로를 마주 보는 두 얼굴입니다. 서로를 닮아 가려는 얼굴 말입니다. 욕망은 역량을 키우게 만들고, 역량은 다시 욕망을 자라나게 자극할 것입니다. 그 아이를 구하고 싶었으나 수영을 못해 엄두도 낼 수 없었고 결국 아이가 안타깝게도 목숨을 잃었다면, 그 쓰라린 경험이 나중에 당신에게 늦었지만 이제부터라도 수영을 배워야겠다는 강렬한 욕망을 만들어 내듯이 말입니다.

다시 말해 단지 무언가를 '하고 싶음'에서 그치는 것이 아니라 그것을 '할 수 있음'으로 우리 자신을 변화시켜 나갈 때 우리는 진정한 자유에 도달할 것입니다.

진정한 자유란?

    1. 수동적 반응이 아니라 능동적 행동

    2. 욕망을 역량으로 실현시키는 것

    3. 하고 싶은 것을 할 수 있게 해 나가는 노력

여기서 당신과 저는 다시 한 번 우리들만의 작은 공식을 다음과 같이 써 볼 수 있을 것 같습니다.

자유 = 능동

자유 = 역량

기쁜 우리의 자유를 향해서

자유라고 하면 늘 거창한 것만을 생각하게 됩니다. 그러나 자유란 도달할 수 없는 저 먼 곳에 있는 것이 아니라 어쩌면 늘 우리 곁에 있는지도 모릅니다. 가장 자유로웠던 순간이 어떠했는지 한번 떠올려 보시기 바랍니다. 아마 그것은 가장 큰 기쁨으로 가득했던 순간이 아니었을까 생각해 봅니다. 자연스러우면서도, 넘쳐 나던 기쁨이 깃들어 있던 우리의 자유로운 순간들 말입니다.

조금 전 스피노자의 이야기를 빌리자면, 우리가 무언가에 수동적으로 끌려다니지 않고, 스스로 자신감에 넘쳐 능동적으로 행동할 때 우리는 한없이 자유로운 자기 자신을 기쁨의 눈으로 바라보게 됩니다. 또 평소에는 엄두도 못 내던 일을 여러 번 실패를 거쳐 드디어 처음으로 해내게 되었을 때 지금껏 나를 구속하던 그 일은 이제 자유롭게 해낼 수 있는 기쁨으로 변합니다.

즉 자유란 다른 게 아니라 기쁨을 느끼는 바로 그 순간입니다. 감옥에 갇힌 죄수가 우연히 접한 책을 통해 자신의 과거를 성찰하고 그래서 그의 삶이 서서히 바뀌어 간다면, 거기서 얻은 작은 기쁨은 감옥 속에 갇힌 그의 영혼까지 자유롭게 만듭니다. 마찬가지로 감옥에 입소하는 대부분의 죄수들이 그토록 한탄에 마지않는 이유는 그곳에서 지내게 될 몇 년간 그에겐 어떠한 자유도 어떠한 기쁨도 전혀 주어지지 않을 것이라는 낙담 때문이 아닐까 싶습니다.

반대로 열린사회에서 평온한 일상을 살지만 항상 슬픔으로 가득차 있어 기쁨이라곤 눈곱만큼도 찾아볼 수 없는 사람에게는 아무리 무한히 열린 공간이 주어지더라도 결코 그에게 자유는 주어지지 않을 겁니다. 그 사람만큼 부자유스러운 사람도 없을 것이며, 그 사람만큼 자유를 갈망하는 이도 아마 없을 겁니다.

즉 자신을 둘러싼 공간의 크기가 자유의 크기를 말해 주는 것이 아니라, 자신이 가진 기쁨의 크기만이 그 사람이 얼마나 자유로운지 말해 줍니다. 따라서 스피노자가 말한 자유를 향한 도정이란 한마디로 기쁨을 향해 가는 여정이라고 말할 수 있습니다. 지금껏 여러 감정을 이야기하며 우리가 그렇게 애타게 갈망했던 그 기쁨 말입니다.

그렇다면 이제 우리가 해야 할 일은 기쁨을 통해 자유를 얻고, 또 자유를 통해 기쁨을 얻어 나가는 방법을 모색하는 것입니다. 왜냐면 주지하다시피 가장 기뻐하는 사람이 가장 자유로운 사람일 테니까요. 이 순간 다시 당신과 제가 공유하는 하나의 공식이 완성됩니다.

자유 = 기쁨

이렇게 기쁨과 자유로 향해 가기 위해서는 현실적으로 크게 두 가지 단계를 밟아야 할 것으로 보입니다. 흔히 자유라고 말할 때 무언가로부터의 자유freedom from와 무엇을 향한 자유freedom to로 나누게 되는, 이 두 가지 자유의 단계 말입니다. 따라서 기쁨을 통해 찾아야 할 자유란, 우선 우리를 슬픈 감정의 늪에 빠뜨리는 정념으로부터 해방되는 자유이겠고, 두 번째는 우리의 욕망을 실현시킬 수 있는 역량을 키워 나가는 자유가 될 것입니다. 이를 정리해 보자면 다음과 같습니다.

우리에게 필요한 자유란?
　　1. 정념으로부터의 자유freedom from passion

2. 역량을 향한 자유 freedom to potentia

그리고 이 모든 과정에 환히 빛을 비추는 것은 바로 우리의 이성입니다. 이성은 저 두 단계를 비추는 광휘이며, 그를 통한 인식은 우리를 진정한 자유로 이끌어 줄 것입니다. 그래서 이성은 우리를 자유로 이끄는 인력의 근원입니다.

12

이성의
오라

고대하던 이성과의 조우

드디어 우리는 이성과 조우하게 되었습니다. 지금껏 이 순간을 위해 우리는 많은 감정의 계곡을 거쳐 슬픔의 땅을 지나 이제 여기에 이른 것입니다. 물론 조금 더 둘러보아야 하겠지만 이곳은 분명 자유와 기쁨으로 넘쳐나는 이성의 새로운 땅일 것입니다. 우리 영혼 어딘가에 있을 고귀한 인식의 영역 말입니다. 스피노자 역시 『에티카』의 마지막 단원인 5부를 시작하며 다음과 같이 그 감회를 밝힙니다.

이제 저는 우리의 이성이 감정에 대해 어떤 작용을 할 수 있는지 설명하려 합니다. 여러분께 정신의 자유와 지복(지극한 행복)이 무엇인지 보여 드리겠습니다. 당연히 이것은 이성의 역량에 대한 이야기가 될 것입니다. 이를 통해 여러분은 이성에 인도되는 사람이 감정에 이끌리는 사람에 비해 궁극적으로 어떤 역량을 가질 수 있는지 차차 알게 될 것입니다.[1]

『에티카』 전반을 거쳐 조곤조곤 속삭이던 스피노자는 이제 이성을 이야기하며 조금은 목소리에 힘을 주어 자신의 기쁨을 선언한 것입니다. 이성은 우리 삶의 빛이라고 말입니다.

그렇다면 왜 하필 이성일까요. 왜 이성의 힘에 우리는 마지막 기대를 걸어야만 할까요.

앞서 인간의 영혼을 욕망과 감정과 이성으로 구분했던 것을 기억하실 겁니다. 여기서 무엇보다 중요한 것은 아무래도 우리의 욕망일 겁니다. 욕망은 삶에 대한 의욕, 즉 코나투스이며, 그래서 욕망이야말로 인간의 본질이라고 했던 스피노자의 말도 어렴풋이 기억하실 겁니다. 또 감정은 이런 욕망의 충족 정도를 나타내는 눈금입니다. 욕망이 성취되면 우리에게는 기쁨이, 또 욕망이 좌절을 겪으면 슬픔이 찾아옵니다. 이렇게 감정은 욕망(코나투스)의 밝기를 나타내는 지표가 됩니다.

그렇다면 이제 하나 남은 이성은 뭘 해야 할까요. 이것이 이제부터 우리가 이야기해야 할 주제이기도 합니다. 동화 같은 이야기 하나를 들려 드리며 이야기를 이어갈까 합니다.

양과 늑대와 양치기 개

어느 한적한 들판에 양들이 모여 살았습니다. 숫자도 상당해서 양들은 자신의 무리에 대단한 자부심을 가지고 있었습니다. 그런데 문제는 허구한 날 어디서 왔는지 모를 늑대가 나타나 양들을 괴롭힌다는 사실이었습니다. 그런 습격이 있는 날은 양들 중 두세 마리씩 늑대에게 희생되었습니다. 무리의 수도 조금씩 줄어들어 한 일 년 정도만 이런 식으로 지나다간 단 한 마리도 남지 않고 모두 늑대 밥이 될 공산이 컸습니다.

양들은 늘 불안에 떨어야 했습니다. 외부에서 갑자기 나타나는 침입자를 예측할 수 없을뿐더러 한번 공격을 당했다 하면 삶의 의욕마저 곤두박질쳤으니까요. 양들은 알지 못할 침입자에게 늘 심리적으로 예속되어 있었고, 진정한 자유로움이 뭔지도 알 수 없었습니다. 늘 공포와 불안에 휩싸여 있었으니까요.

그런데 어느 날 그들에게 수호자가 나타났습니다. 착하고 믿음직할 뿐만 아니라 강한 체구와 영명한 두뇌를 소유한 개 한 마리가 양들의 무리에 나타난 것입니다. 개는 원래 양치기 개였는데, 주인을 잃고 들녘을 방황하다가 여기까지 오게 된 것입니다.

양들과 함께 지내게 된 개는 이제 늑대의 공격을 너끈히 막아 낼 수 있었습니다. 늑대가 나타나면 양들을 몰아 언덕 위 바위틈으로 피신시키고 홀로 그 바위 위에 올라 늑대들의 움직임을 세심히 살피고 그들의 동향에 맞춰 능수능란하게 자신과 양 무리를 움직여 나갔습니다.

이런 개는 양들의 자부심이 되었고, 늘 불안과 슬픔에 젖어 늑대가 나타나도 어찌할 바 몰라 허둥대기만 하던 양들에게 적절한 대처를 일깨워 주는 무리의 리더가 되었습니다. 보람도 없이 이리저리 우르르 몰려다니기만 하던 양들의 공포는 서서히 사라져 갔습니다.

그뿐만 아니라 늑대가 무섭다고만 알았지 허둥지둥하며 늑대를 관찰할 여유도 없었던 양들은 개의 도움으로 저 늑대라는 공격자가 어떤 녀석인지 조금 떨어진 바위 사이에서 하나하나 지켜보며 늑대에 대해 알아 갈 수 있었습니다. 게다가 이를 통해 자기 자신에 대해서도 돌아볼 수 있는 여유를 가지게 되었고 자신이 어떤 존재인지 조금씩 알아 갈 수 있었습니다.

개는 양들을 모아 놓고 그들을 향해 설교하듯이 장황하게 가르치려 들지도 않았고, 다만 늘 무리의 선두에 서서 양들을 이끌 뿐이었습니다. 덕분에 점점 줄던 양들의 개체 수도 꾸준히 새끼를 치며 늘어났습니다.

물론 그 개에게도 강아지였던 시절이 있었고, 그땐 양들은 개의 존재조차 알지 못한 채 오직 공포에 휩싸인 나날을 보내야 했습니다. 그래서 그들에게 온 개는 양들에게 무언의 말로서 자유가 무엇인지 일깨워 준 것입니다.

이를 통해 양들은 자신에 대한 자부심을 다시 회복할 수 있게 되었고, 양치기 개가 가르쳐 준 대로 스스로 할 수 있는 능동적인 행동을 하나하나 알아 가게 되었습니다. 늑대가 나타나면 어떻게 해야 하고 새끼 양들을 어떻게 이끌고 보호해야 하는지, 또 그 어린 양들에게 남아 있는 긴 삶을 위해 자신이 해야 할 일이 무엇인지 서서히 깨닫게 되었습니다. 그런 양들의 자부심은 어린 양들에게도 고스란히 전해질 수 있었습니다.

물론 아무래도 들판은 양들의 것입니다. 그러나 그런 양들을 단지 들판에 널린 늑대의 먹이가 아니라 양다운 양으로서 살 수 있게 만든 것은 바로 양들의 친구가 된 고마운 개입니다. 양들에게 그 개는 기쁨 자체였습니다.

금방 눈치채셨겠지만, 여기서 양들이란 우리의 다양한 욕망을 말합니다. 그리고 양들의 슬픔과 기쁨은 우리의 감정을 빗댄 표현입니다. 당연히 양치기 개는 우리의 이성에 해당합니다. 또 늑대는 아무래도 슬픔을 유발하는 우리 외부의 원인들이겠지요.

양치기 개는 원래 양들 무리에는 없었던 존재입니다. 스피노자 역시 인간이 태어날 때 우리 영혼 속에 이성은 거의 찾아보기 힘들다고 말합니다. 인간은 오직 욕망과 무지만을 가지고 태어난다고 그는 이야기합니다. 그래서 스피노자가 보기에 어린 아기는 자유롭지 못한 존재입니다. 단지 생리적 욕구에 따라 배고프면 울고 기저귀가 젖으면 보채고, 만약 누군가 먹을 것을 주거나 기저귀를 갈아 주면 다행히 그냥 좋고, 그렇게 해 주지 않으면 절망적인 슬픔에 빠질 뿐 스스로 할 수 있는 것이라곤 아예 없습니다. 단지 누군가에 의존해야 하는 아기에게는 자유란 없다는 이야기입니다.

스피노자의 자유란 욕망을 실현시키는 것입니다. 이를 위해서는 욕망을 성취할 수 있는 역량이 필요하고, 또 그 역량을 외부에 의존하지 않고 자신의 힘으로 능동적으로 발휘해 나갈 때 그제야 진정한 자유의 기쁨을 누릴 수 있다는 말입니다.

그리고 이런 자유를 위해서는 이성이 필수적인 요소라고 스피노자는 강조합니다. 우리가 자라면서 욕망도 커지고, 또 그것을 해결할 역량도 커지는데, 이런 역량 중 가장 중요한 요소가 바로 이성이라는 이야기일 겁니다. 즉 욕망과 무지만을 두 손에 꼭 쥐고 태어난 인간은 삶을 살아가면서 여러 경험을 통해 서서히 이성을 일깨우게 되고 그 이성이 크게 자라나 자신의 행동을 능동적으로 관리할 수 있을 때 진정한 기쁨과 자유가 가능하다는 말이겠지요.

여기에 한 가지만 덧붙이면, 양들을 모아 놓고 설교하거나 가르치려 들지 않는 양치기 개처럼, 이성 역시 욕망을 무조건 가르치려 들지 않는다는 사실입니다. 우리는 흔히 이성과 욕망이라고 하면 이성이 욕망을 억누르는 역할만을 담당하고, 그래서 이성은 늘 따분한 설교를 늘어놓는 강론의 사제 같다는 인상을 받기 쉽습니다. 그리고 실제로 이런 식으로 이성을 설명하는 철학자들도 있었습니다. 그들에게 욕망은 더러운 것이고 이성만이 고결한 것이었습니다.

그러나 스피노자는 욕망을 결코 불결하거나 혐오스러운 것으로 보지 않았습니다. 오히려 인간의 본질로 생각했습니다. 그리고 이성도 욕망을 억제하고 가르치려고만 드는 설교자가 아니라 새로운 욕망을 잉태시키는 욕망의 창조자로 여겼습니다. 마치 늑대에 의해 계속 개체 수가 줄던 양들의 무리가 양치기 개의 보호 속에 점점 새끼를 치면서 커져 가듯이 말입니다. 새로 태어난 어린 양들은 우리 영혼에서 이성에 의해 탄생하는 새로운 욕망들입니다.

다시 말해 스피노자에게 이성은 욕망의 방해자가 아니라 오히려 더 크고 더 많은 욕망을 생산해 내는 욕망의 생산자이자 수호자입니다. 이렇게 이성을 전혀 새롭게 평가한 것은 스피노자 사유의 큰 공헌이 아닐 수 없습니다. 이를 한마디로 요약하자면 다음과 같은 멋진 말이 됩니다.

> 사고(이성)는 욕망의 열을 잃어서는 안 되고, 욕망은 사고(이성)의 빛을 잃어서는 안 된다.[2]

덧붙이자면 이성은 욕망의 빛을 넘어 욕망에게는 구원입니다. 절망에 빠진 양들에게 찾아온 양치기 개가 그랬듯, 이성은 욕망을 욕망답게 만드는 욕망들의 자부심이자 구원입니다. 마치 들판의 양들이 단지 들판에 널린 늑대의 먹잇감에 불과한 미미한 존재가 아니라 양다운 양으로 살아가게 해 준 고마운 양치기 개처럼, 수동적으로 끌려다니던 우리들은 이성의 도움으로 이제 능동적으로 살아가는 자기 삶의 주인이 될 수 있습니다.

피트 몬드리안, 「아네모네 꽃병」(1906년)

───

이성을 통해 우리가 상황의 원인을 정확히 알아내고 우리 스스로 상황을 이끌어 갈 새로운 원인이 될 수 있기 때문에, 우리를 슬프게 만드는 수동적 징념의 늪에서 벗어나 기쁨으로 가득 찬 능동적 행동을 할 수 있다.

능동적인 너무나 능동적인

그렇다면 수동적인 상태를 능동적인 상황으로 바꾸기 위해 이성은 구체적으로 어떤 일을 하는 걸까요. 다시 말해 우리를 슬프게 만드는 수동적 정념의 늪에서 벗어나 드디어 기쁨으로 가득 찬 능동적 행동을 하게 만드는 이성은 과연 어떤 방식을 통해 그렇게 멋진 일들을 해내는 걸까요?

이에 대해 스피노자는 주저 없이 다음과 같이 말합니다. 이성을 통해 우리가 상황의 원인을 정확히 알아내고, 또 이를 통해 우리 스스로 상황을 이끌어 갈 새로운 원인이 될 수 있기 때문이라고 말입니다. 즉 원인에 대한 앎과 스스로 새로운 원인이 되어 참여함으로써 수동에서 능동으로 변해 갈 수 있다는 이야기입니다.

우리는 대개 일방적으로 주어진 결과, 그러니까 다른 사람의 말이나 행동, 또는 외부의 상황이 우리에게 가해진 표면적 결과만을 감정적으로 받아들이고, 그것에 연연해 슬퍼하고 미워하고 분노하게 마련입니다. 외부의 원인이 만들어 놓은 감정이라는 결과에 휩쓸려 결국 우리 삶은 무력감에 빠져드는 것이지요. 마치 늑대의 잔인한 행동이 너무 두려운 나머지 감히 늑대를 똑바로 쳐다볼 용기도, 그렇다고 암울한 상황을 애써 돌아볼 여유도 가질 수 없었던 겁에 질린 양들처럼 말입니다.

이런 우리에게 스피노자는 용기를 내어 결과가 아니라 원인을 직시하라고 말해 줍니다. 어떤 상황이든 그것을 낳은 원인이 있을 테고, 그 원인에는 또 그 이전의 원인이 있을 겁니다. 이런 인과 관계 사슬을 피하려고 하지 말고 용기 있게 한번 찬찬히 들여다보라는 것입니다. 마치 이리저리 엉킨 실타래에서 실의 끝을 찾아내어 그 흐름을 따라가 보며 그 속에 숨겨진 질서를 발견해 내듯이 말입니다.

물론 인간의 인식 능력이란 것이 한계가 있기 때문에 모든 원인을 한 번에 다 파악해 낼 수는 없습니다. 그러나 이성이 밝혀 준 인식의 눈을 통해 우리는 긴 인과 사슬 중에서 우리에게 큰 영향을 미치는 어떤 부분을 분명 알아낼 수 있을 겁니다. 마치 점자책을 한 자 한 자 더듬어 가는 맹인처럼 우리는 원인과 이어진 다른 원인들을 하나하나 짚어 가면서 당장 보이는 것만으로는 감히 상상할 수 없는 생동하는 인식의 즐거움을 선사받습니다. 그것은 단지 눈에 보이는 단순하고 부분적인 이미지가 아니라 머릿속에서 펼쳐지는 광활하고 전체적인 거대한 장면이며, 이를 가능케 하는 것은 역시 이성의 힘입니다.

이렇게 원인을 알게 되면 그때부터 우리는 능동적으로 대처해 나가게 되고, 한발 더 나아가 인과의 사슬에 직접 참여할 수 있게 됩니다. 즉 우리 자신이 사건의 방향을 돌려놓는 새로운 원인이 되는 겁니다.

지금껏 일방적으로 인과 사슬에 얻어맞아 무수한 상처로 아파했던 감정은, 인과의 사슬 중 가장 중요한 새로운 연결고리로 변신한 우리 자신의 참여에 의해서 드디어 수동의 굴레에서 벗어나 능동적으로 변해 갈 수 있게 됩니다. 조금 요약해 보자면 다음과 같을 겁니다.

수동적 정념에서 능동적 감정으로 변화시키는 이성의 힘

    1. 그 상황의 원인에 대한 앎

       - 인과 관계에 대한 인식

    2. 그 상황의 새로운 원인으로 참여

       - 인과 관계 사슬을 구성하는 중요한 고리가 됨

그럼 여기서 간단한 예를 하나 들어 보면 어떨까 합니다. 아마도 이해하시는 데 조금은 도움이 되지 않을까 싶습니다.

자기감정과 삶의 주인과 노예

아침 일찍 출근한 당신에게 상사가 씩씩거리며 다가옵니다. 바삐 나온다고 끼니도 거르고 왔는데 칭찬해 주지는 못할망정 도착하자 마자 직장 상사가 당신을 못 잡아먹어서 안달입니다.

갑자기 엄청난 프로젝트가 떨어진 것입니다. 상사의 들들 볶는 솜씨는 오늘따라 거의 신들린 수준입니다. 일이 느리다고 성화라서 아침부터 기분을 잡쳤습니다. 악마가 있다면 분명 저런 모습일 겁니다.

시계와 당신을 수시로 번갈아 지켜보는 상사의 날선 시선 때문에 커피 한 잔의 여유는 고사하고 화장실 가기도 눈치가 보입니다. 정말 저 인간이 오늘 왜 저러냐는 생각과 함께 당신의 뱃속에서는 분노가 부글부글 솟아오릅니다.

그런데 점심시간에 상사가 어디론가 전화를 겁니다. 병원으로. 상사의 아이가 며칠 전 폐렴에 걸려 입원했는데, 퇴근 시간이 늦어지면 아빠를 찾는 아이의 기다림은 더 길어질 것이라는 이야기가 오고 갑니다.

우연히 통화를 엿듣게 된 당신은 오늘 아침 기분 나빴던 사건을 되돌아보게 됩니다. 원인도 모르고 일방적으로 당하던 분노는 차차 사그라듭니다. 갑자기 우리 사무실은 마치 작은 인형의 집을 들여다보듯이 높은 곳에서 넓게 조망할 수 있는 작은 공간으로 변해 버립니다. 왜냐면 사건의 원인과 전모를 전체적 시각을 통해 한눈에 바라볼 수 있게 되었으니 말입니다.

당신은 상사에게 말하진 않았지만 당신이 할 수 있는 최선을 다해 일의 속도를 올립니다. 상사의 눈치 때문이 아니라 자신이 결정한 목표를 위해 화장실 갈 시간도 아껴 가며 말입니다. 평소 같으면 야근까지 각오해야 했던 일은 차차 끝이 보이기 시작합니다.

걱정스러운 표정이지만 다행히 정시에 퇴근하는 상사의 뒷모습에서 당신은 아기의 안녕을 기원하며 동시에 스스로에게 대견함을 느끼는 자신을 발견합니다. 왜냐면 당신은 이 사건에 누구보다도 능동적으로 참여했으니까요.

비록 사건 자체를 일으킨 원인은 아니었을지라도 사건을 당신이 바라는 방향대로 진행시켰고, 또 마무리까지 이루어냈으니 말입니다. 이런 긍정적 인과 관계의 중심에 당신이 있었다는 자부심이 가슴 속 깊이 밀려오고 있습니다. 당신은 이 사건의 주인공이었습니다.[3]

여기서 전화 통화 이전의 상태가 바로 수동적 슬픈 정념에 빠진 상태라고 볼 수 있습니다. 영문도 모른 채 당하기만 하던 상태 말입니다. 또 통화 이후 사건의 흐름은 능동적 감정, 즉 외부에서 생겨난 수동적 감정이 아니라 오직 당신 자신에게서 샘솟아 당신의 내부를 가득 채우고도 넘쳐흐르는 능동적 기쁨의 상태입니다. 여기에 대해 스피노자는 다음과 같이 말합니다.

> 수동적 정념이 이성의 인식에 의해 능동으로 변한다면 그것은 더 이상 정념이 아닙니다.

왜냐면 정념이란 정의 자체에서 이미 '수동적' 감정을 말하니까요. 따라서 이성의 인도로 감정이 '능동성'을 입게 된다면, 그것은 더 이상 수동적 정념이 아니라 능동적 감정, 즉 당신만의 기쁨으로 새로 태어나는 것이니까요. 스피노자는 아직도 몽롱한 우리의 앎에 충격이라도 주어 깨어나게 하려는 듯 계속해서 이렇게 이야기합니다.

> 오직 정서(감정, 정념)나 속견(혼란된 생각)에만 인도되는 인간과 이성에 인도되는 인간의 사이에 어떤 차이가 있는지 쉽게 알 수 있을 것이다. 왜냐하면 전자는 자신이 원하든 원하지 않든 간에 자신이 전혀 모르는 것을 행하지만, 후자는 자기 이외의 어떤 사람에게도 따르지 않고 그가 인생에서 가장 중대하다고 아는 것, 그러므로 자기가 가장 욕구하는 것만을 행하기 때문이다. 그러므로 전자를 **노예**

라고 하고, 후자를 **자유인**이라고 부른다.[4]

스피노자의 이 말에서 눈여겨보아야 할 대목은 아무래도 자신이 하는 행동과 자신이 처한 상황에 대해 '아느냐 모르느냐'의 차이일 겁니다. 이런 이성적 인식의 여부가 노예냐 주인이냐를 판가름해 줍니다.

이렇게 이성을 통해 어느덧 상황의 원인을 **인식**했다면, 이제 남은 것은 우리가 새로운 원인이 되어 그 상황에 참여하는 **행동**입니다. 지금껏 정념을 겪을 수밖에 없었던 우리는 이성의 빛에 의해 수동적인 '겪음'을 벗어나 능동적으로 '할 수 있음'으로 향해 가는 겁니다. 외부로부터 일방적으로 '작용 받던' 우리는 스스로 원인으로 참여하면서 이제 외부를 향해 '작용하게' 되는 것입니다.

비유하자면, 자신이 원하는 바를 써 내려가 한 편의 희곡을 완성하는 작가가 있는가 하면, 남이 써 준 대본에 따라 연기하는 서툰 배우들도 있습니다. 희곡 작가는 작용하고, 배우는 그 작용을 받습니다. 작가는 원한다면 언제든 자신의 삶 같은 대본을 고쳐 쓸 수 있습니다. 그러나 배우는 맘에 들든 안 들든 그 대본을 외워 연기할 수밖에 없습니다. 그래야 자신이 원하지 않는 삶을 사는 대가로 생계를 유지할 수 있으니까요. 그러고 보면 우리는 모두 삶이라는 무대에 처음으로 오른 서툰 배우들인지도 모릅니다. 아직까지는 말입니다. 낙담하는 우리를 향해 스피노자는 이렇게 말합니다.

당신이 아직도 정념에 휩싸여 있다면 당신은 작용을 받을 수밖에 없으며, 그것을 겪어 나갈 수밖에 없습니다. 그러나 이성은 당신으로 하여금 작용하게 만들어 줄 겁니다. 그런 날이 온다는 사실을 믿으십시오.

마치 비를 피할 수 없어 단지 좋은 날씨만을 바랄 수밖에 없는 누에고치에서, 자유로이 창공을 나르며 원하는 곳이라면 어디든 날아갈 수 있는 자유로운 나비로 변신하는 그런 날 말입니다. 슬픈 누에고치였던 우리를 기쁨으로 가득 찬 나비로 변신시키는 힘은 바로 우리의 이성입니다. 그리고 지금까지의 이 모든 이야기는 영화 〈쇼생크 탈출〉에 나오는 다음의 문구를 빌려 한마디로 정의할 수 있을 것 같습니다.

Fear makes you a prisoner. (공포는 당신을 구속할 것이며)
Courage makes you free. (용기는 당신을 자유롭게 할 것입니다.)

이 말은 다음과 같이 바꿔 볼 수 있을 겁니다.

Passion makes you a prisoner. (정념은 당신을 예속시킬 것이며)
Reason makes you free. (이성은 당신을 자유롭게 할 것입니다.)[5]

이제 다시 당신과 저 사이에 공식 하나가 더 추가될 수 있을 겁니다. 바로 다음의 공식 말입니다.

이성 = 능동

이성 = 자유

13

동굴 속을 비추는
빛

나, 너, 그리고 세계

그런데 앞 장의 예시에서 한 가지 애석한 점이 있습니다. 당신이
멋지게 정념에서 탈출할 수 있었던 이유가 요행히도 상사의 통화를
엿들을 수 있었기 때문이라는 점입니다. 만약 그런 행운이 없었다면
당신은 상사의 성화에 못 이겨 하루 종일 끌려다니며 힘겨운 감정
노동을 강요받아야 했겠지요. 삶에서 그런 행운이란 좀처럼 찾아보
기 힘듭니다.

그렇다면 이제 우리는 저런 확률적으로 미미한 행운을 바라지 않
고도 스스로 감정의 주인이 될 수 있는 보다 근원적인 방법을 생각

해 봐야 할 것 같습니다. 스피노자 역시 이런 말을 한 적이 있습니다.

이성에 인도되지 못하고 혼란된 사람은 **자기 자신**과 **사물**과 **신**에 대해 거의 의식하지 못한 채 방황하는 삶을 살아갈 수밖에 없습니다.[6]

다시 말해 자기 자신, 사물(우리 외부의 것들, 타인을 포함해서), 그리고 신(우리를 둘러싼 환경, 세계)에 대한 이성적 성찰이 있어야만 비로소 우리는 이성의 인도를 받고 있다고 당당히 말할 수 있다는 이야기일 겁니다.

그래서 우리는 이제 자기 자신을 포함해 우리를 둘러싼 저 세 가지에 대해 돌아볼 수 있는 기회를 가져야 할 것 같습니다. 즉 우리의 이성으로 저 세 가지 항목을 차례차례 비추어 보며 그 속에서 다시 이성의 역할을 생각해 보고자 합니다.

먼저 첫 번째 이야기는 아무래도 무엇보다 소중한 자신에 대한 성찰이겠지요. 모든 관계 중에 가장 중요한 것은 자기 자신과의 관계니까요. 원래 가장 좁은 틈새에 다리를 놓기가 가장 힘듭니다. 마찬가지로 가장 가까운 당신과 당신 자신 사이에 관계를 맺기란 쉬운 듯 보이나 가장 쉽지 않은 과제입니다. 따라서 이 순간, 우리는 전에 말씀드렸던 자신만의 동굴 속으로 다시 한 번 들어가 봐야 할 것 같습니다. 자신의 내면 깊숙이 말입니다.

자기의 내면으로 더없이 뛰어들고, 그 속에서 방황하며 배회할 만큼

더없이 포괄적인 영혼.[7]

니체의 저 말처럼, 저토록 넓고 깊고 넉넉한 내면의 공간을 만들기 위해 우리도 니체의 뒤를 따라 우리 내면으로 들어가 보는 겁니다.

자존감과 자존심, 두 개의 변수를 가진 함수

우리가 감정에 쉽게 휘말린다는 것은 어찌 보면 자존심의 상처 때문인지도 모릅니다. 주지하다시피 그것은 상처받은 열등감과 스스로 인정하고 싶지 않은 모멸감의 분출이기도 합니다. 만약 우리가 자신을 스스로 멸시하지 않는다면 상처받은 자존심 앞에서도 우리는 태연히 웃을 수 있습니다. 내 영혼의 저 깊은 밑바닥으로부터 자존감이 굳건히 나를 붙잡아 주고 있기 때문입니다. 그들의 평가에 이리저리 흔들리지 않는 곧은 자존감 말입니다.

그래서 자존감과 자존심은 대개 반비례합니다. 자존심에 민감하다면 자존감이 낮을 것이며, 자존심에 덜 민감하다면 그는 높은 자존감을 안고 사는 사람일 겁니다. 대체로 매사에 늘 신경질적인 반응을 보이는 사람은 자존감에 스스로 의구심을 품은 경우가 많습니다.

어떤 지적이나 비난을 받았을 때 그것이 타당하든 그렇지 않든 상관없이, 굳은 자존감을 지닌 사람은 자존심이 구겨지든 말든 그리

신경 쓰지도 않습니다. 그의 마음속에서는 오히려 자신을 비난하는 상대를 다소 측은하게 바라보는 연민의 정까지 생겨날 정도입니다. 그는 남을 잘 경멸하지도 그렇다고 잘 경외하지도 않으며 경쟁심에 잘 빠져들지도 않습니다. 다만…….

저들은 나를 단지 자신들만의 눈으로 저렇게 평가하는구나.

태연히 이런 생각에 이르게 되고, 비방하는 사람들이 내뱉는 조소를 통해 여실히 드러나는 그들의 인식과 안목의 수준을 도리어 안타까워할 뿐입니다. 남을 섣불리 평가할 수 없는데도 억지로 그렇게 하는 그들 교만의 표현이기도 하니까요.

따라서 자신 내부의 자존감이 얼마나 강한지의 여부가 곧 그가 강자인지 약자인지를 말해 줍니다. 니체가 말한 그 강자와 약자 말입니다.

약자들에게 시기와 질투와 미움의 대상이 될 수밖에 없는 강자는 늘 익숙한 그런 상대의 반응에 어느 순간 초탈해진다고 니체는 말합니다. 그리고 그들은 미움과 원한으로 비방하는 소리를 통해 자신과 그들 사이에 건너기 힘든 심리적 간격이 있음을 발견하게 됩니다. 그것은 정서적인 거리감, 다시 말해 누군가를 대할 때 자신의 내적 자존감으로부터 샘솟는 정서적 태도의 극명한 차이를 느끼는 겁니다.

대체로 약자들은 원한과 복수심으로 상대를 대하며, 강자들은 끊임없는 자존감을 가지고서 상대를 대합니다. 그리고 그런 약자들의 원한의 기저에는 상대에 대한 부러움이 깔려 있습니다. 그런 부러움이 실현되지 못할 때 상대를 끌어내리려는 심리가 원한으로 나타납니다.

이에 반해 강자들은 상대 역시 자신과 비슷한 사람이길 바라지만, 대체로 세상에는 약자들이 더 많기에 강자들은 늘 실망하게 되고 그래서 거기에서 그들과 어떤 심리적 차이가 있음을 발견하는 것이겠지요. 그러나 강자들은 그런 거리감을 느낄 뿐 그것으로 상대를 구분 짓지는 않습니다. 다만 사람들에게 가능한 한 많은 다양성을 인정하며 상대를 끝까지 이해해 보려고 애씁니다.

니체는 이런 정서적 거리감을 '거리의 파토스pathos of distance'라고 불렀습니다. 약자와 강자 사이에 존재하는 심리적 온도 차는 빙하 속에 만들어진 크레바스(극지의 얼음 사이 틈) 같은 깊은 심연을 가진 정서적 얼음 계곡을 만듭니다. 그것이 바로 거리의 파토스이며, 이것은 어떤 면에서는 강자의 상징이기도 합니다. 또한 비난과 조롱과 멸시 속에서 지켜 나가는 흔들림 없는 자존감의 표석이기도 합니다.

스피노자 역시 니체가 말한 거리의 파토스에 해당하는 심리적 상태를 '자기만족'(자족감, 영혼 속 자기만족)이라는 말로 표현했습니다. 흔히 자기만족이라고 하면 자뻑 느낌을 주는 허영으로 생각하기 쉽지만, 여기서의 의미는 사뭇 다릅니다. 즉 자신을 스스로 넉넉하고 만족스럽게 여기는 자기 자신을 대하는 태도입니다. 이에 대해 스피노자는 다음과 같이 말합니다.

〔이성에서 생겨나는〕 자기만족은 우리가 바랄 수 있는 최고의 것이다.[8]

　파문과 모진 정신적 박해와 광신도에 의한 테러까지 받아야 했던 스피노자 역시 자신을 비방하는 그들과의 사이에서 거리의 파토스를 느꼈음에 분명합니다. 그리고 그런 비방과 조롱과 멸시와 위협 속에서도 오히려 자기만족에 기뻐할 수 있었던 것은 스피노자 역시 영혼 깊숙한 심연에 고요히 침잠되어 있는 무한한 자존감을 지니고 있었기 때문입니다.

　따라서 당신을 비방하는 약자들의 원한과 복수심은 그들의 자격지심에서 나오는 것이며, 강자들의 거리의 파토스와 자기만족은 자기 내부의 굳건한 자존감에서 나온다는 사실을 잘 알 수 있습니다.

　여기에 덧붙여, 스피노자는 자기만족을 명예심과 엄격히 구분했습니다. 명예심이란 남들에게 칭찬과 찬양을 받기 위해 자신의 생각과 같든 다르든 아무런 상관없이 남들의 기준에 억지로 부합하기 위한 노력이며, 어찌 보면 대중에 아첨하는 야합이기도 합니다. 이에 비해 자기만족은 남들의 기준이 아니라 자기 자신만의 기준을 믿고 그 신념에 따라 행동하는 태도입니다. 따라서 명예심은 자존감의 결여를 대중에 영합하는 자존심으로 채우려는 행위이며, 자기만족은 자존심의 상처를 오히려 자존감이라는 늘 새롭게 돋아나는 새살로 채워 내는 고귀함입니다.

당신 자신을 따르십시오

그러고 보면 열등감은 자신이 만든 어떤 기준에 못 미친다고 스스로를 규정짓는 행위이기도 하지만, 반대로 남들의 기준에 자신을 맞춰 나가려는 소극적인 태도에 기인한 것인지도 모릅니다.

마치 퍼즐 조각이 되고 싶은 불가항력적인 심정일 수도 있습니다. 저기 모양이 미리 다 정해진 퍼즐이 있으니 그 빈틈에 애써 맞추기 위해 나 자신이 가진 고유한 특성이 없어지든 말든 상관없이 무조건 그 틀에 딱 맞게끔 자신의 소중함을 하나씩 잘라 내고 깎아 내는 스스로 택한 고행인지도 모릅니다. 거기 끼워질 퍼즐의 한 조각이 되기 위해서 말입니다.

그러나 우리가 저런 남들의 기준에 무작정 따라가려고만 하지 않고 스스로에 대한 고유함을 더 발견해 나가려고 할 때, 비로소 우리는 열등감에서 자유로워질 것입니다. 또 그래야 부질없는 자존심마저 내려놓을 수 있을 겁니다. 왜냐면 그런 자신에 대한 신념을 얻는다면 아무리 자존심이 날아갈지라도 자신의 영혼 밑바닥에는 아직도 가장 근원적인 자존감만은 샘솟고 있을 테니까요.

반대로 열등감이 우리 영혼의 가장 밑바닥 대부분을 차지한다면 자존심이 깎여 닳아 버릴 때 열등감이 적나라하게 노출될 것이고, 이를 막기 위해 우리는 쓸데없이 자존심을 끝까지 지켜 내려고 무던히 애쓰게 될 겁니다. 숨기고 싶은 자신의 열등감이 노출될까 봐 두려워서 말입니다. 다시 말해 자존심은 열등감을 덮는 얇디얇은 초라

귀스타브 쿠르베, 「루 강의 발원지」(1863년)

▬▬▬

　명예욕은 오직 '남'들에게 인정받으려는 노력이고, 자기만족은 남들에 앞서 '자신'
을 스스로 인정하려는 노력입니다. 이렇게 자기만족이란 타인의 껍질이 아니라 자
기 자신으로서 당당히 존재하며 자기가 자신을 인정하는 것입니다.

한 덮개에 불과합니다. 그리고 자존심을 지켜 내려는 노력이 강할수록 우리는 외부의 감정에 더 동요될 수밖에 없습니다.

어찌 보면 지나친 농담이냐 웃고 넘길 농담이냐의 차이 역시 열등감을 건드리느냐 마느냐에 달려 있습니다. 자존심의 얇은 막 표면에 약간 상처를 주는 것이 웃고 넘길 농담이라면, 가장 기저에 깔린 열등감을 건드리는 것은 지나친 농담이 될 겁니다. 농담이 자존심의 얇은 막을 뚫고 들어가는 순간, 도를 넘게 되는 것이겠지요. 농담이 살갗을 뚫을 때 대부분 당황하거나 혹은 분노하게 되는 이유는 열등감이 드러나기 때문일 겁니다.

이렇게 보자면 가장 중요한 것은 자신의 동굴 속, 그러니까 영혼의 가장 밑바닥을 먼저 스스로를 고귀하게 여기는 자존감으로 차곡차곡 쌓아 가는 일입니다. 그렇지 못하다면 우리는 열등감을 감추기 위해 끝까지 자존심을 지켜 내려는 안타까운 노력만 계속하게 될 테니까요. 이것은 거짓을 꾸미게 되고 거짓은 더 많은 기억을 요구하고 그 기억력은 당신을 더 힘들게 만들 겁니다.

자존감을 쌓아 간다는 것은 이 세상에서 가장 고유한 특성을 가진 단 하나의 존재로서 자기 자신을 스스로 인정하는 노력입니다. 그 어떤 사람으로도 대체될 수 없는 자신의 고귀함은 이렇게 스스로 쌓아 가는 것입니다.

만약 어떤 사람에게 단 한 명의 자식밖에 없다면, 아마도 자식은 그에게 세상 그 누구와도 바꿀 수 없는 가장 소중한 존재일 겁니다. 당신은 당신을 자랑스러워하던 누군가의 딸과 아들이었습니다. 마찬가지로 우리는 잊고 지내고 있지만 어쩌면 당신은 당신 자신의 유일한 자식인지도 모릅니다. 이 세상에서 가장 소중한 존재 말입니다. 당신의 유일한 계승자는 오직 당신뿐이니까요.

그러므로 모든 자유에 앞서 가장 중요한 기초이자 덕목은 다음의 말로 표현될지도 모릅니다.

당신 자신을 따르십시오(Follow yourself).

자기 자신을 이성으로 비추어 자신을 알아 가고 자신의 신념에 따르는 참된 삶의 과정. 이렇게 나 자신의 진정한 모습을 나 스스로 찾아 고귀함을 스스로 만들어 갈 때 우리는 진정한 '나'가 될 수 있습니다. 이를 통해 당신의 결을 느껴보십시오. 당신 속에 숨겨진 당신의 영혼을 쓰다듬으면서 거기서 느껴지는 영혼의 촉감을 알아 가는 겁니다. 이렇게 가슴속 손으로 자신의 영혼을 어루만지며 그것이 지닌 하나하나의 슬픔과 기쁨과 간절함을 느껴 가는 겁니다.

이렇게 발견한 '진정한 나'는 내 속에 숨겨진 잠재력을 발견하여 캐내는 동력이 됩니다. 보이지 않던 우리 내부의 무한한 수량의 저수조로부터 지금 가진 작은 우물을 통해 물을 길어 올리듯 우리 잠재력을 현실화시킬 수 있습니다. 따라서 우리의 자존감은 잠재력의 저수조에서 물을 길어 올리는 정신의 두레박이기도 합니다. 그리고 그렇게 퍼 올린 잠재력은 다시 우리 자존감에 물을 주어 더 굳건히 자라나게 할 것입니다. 자존감과 잠재력은 이렇게 선순환하게 됩니다.

어찌 보면 이런 이야기들은 이미 식상한 이야기인지도 모릅니다. 여자 친구에게 선물한 카드 속에는 '이 세상에서 제일 아름다운 여자'라는 글과 함께 그 아래 작은 거울이 붙어 있었습니다. 새들의 우두머리가 살고 있다는 전설의 계곡을 찾아 나선 새들은 천신만고 끝에 겨우 계곡에 도착하자 역시 거기에도 거울의 방이 있었다고 하지요. 거울 속에 비친 자신들의 모습을 보고 새들은 큰 깨달음을 얻었다는 이야기입니다. 마찬가지로 〈쿵푸팬더〉의 주인공 포는 잔인한 악당에게서 마을을 구하기 위해 고수들만의 비기가 써 있다는 전설의 두루마리를 열자 거기에도 얇은 쿠킹호일 같은 거울이 들어 있었습니다.

이렇게 이제 주인공은 자기 자신이라는 이야기는 차고 넘쳐서 더 이상 새로울 것도 없는 이야기가 되어 버렸습니다. 누구나 머릿속에서는 그렇다고 이미 잘 알고 있습니다. 그래서 진부하고 식상해합니다. 그러나 흔하다고 해서 다 가치가 없는 것은 아닙니다. 잘 알려졌다고 해서 다 잡담거리만은 아닙니다. 저 이야기들은 실은 만고의 진리입니다. 그리고 진리를 진리임을 증명하는 것은 언제나 그렇듯 바로 실천일 겁니다.

소유냐 존재냐

그렇다면 이런 자존감은 어떻게 길러지는 걸까요. 아마도 그것은 자신이 가장 잘할 수 있는 일을 계속 해냄으로써 차차 스스로에 대한 자신감을 얻는 데서 시작되는 게 아닌가 싶습니다. 설령 세상 모든 사람들이 모두 다 좋다고 이구동성으로 말하는 직업을 갖기 위해 부단히 노력하여 끝내 그런 직업을 가졌다손 치더라도, 자신이 정작 좋아하지도 않는 일이라면, 먼 훗날 거기서 발견할 수 있는 것은 다만 스스로 못났다고 자책하는 자기 자신밖에는 없습니다.

그 일에서 진정한 기쁨을 느껴야 더 잘할 수 있게 되는데 적성에 맞지도 않는 일을 붙잡고 있자니 능률이 오르질 않습니다. 나름대로 열심히 한다고는 하지만 성과는 미미하고 억지로 하는 일이다 보니 일이 끝나면 보람보다는 피로가 누적되어 집에 가면 쓰러져 잠만 자게 됩니다.

갑갑한 실내를 벗어나고 싶어 남들이 출구라는 말에 혹해 들어가 보니 이렇게 감방인 경우가 허다합니다. 이제 삶은 감옥처럼 변합니다. 좁은 몇 평 남짓한 곳에서 어울리지도 않는 일로 평생을 보내야 한다면 그것처럼 고역스러운 일도 아마 없을 겁니다. 고역은 혐오로, 혐오는 무력감으로 변해서 성과는 늘 평균 이하를 밑돕니다. 결과가 예상에 못 미치니 자책감은 더해집니다. 모두가 좋다고 해서 시작했건만 그건 당신께 일이 아니라 일생의 고문이 될 수도 있습니다.

이런 사람의 속사정도 모르고 밖에서 보는 사람들은 그의 직책에 다만 부러움을 느낍니다. 부러움을 받은 사람 역시 순간적으로 우쭐해질 수는 있지만 그것 역시 가식에 불과합니다. 그는 자신이 지금 얼마나 행복한지를 연기하고 있는 겁니다. 이렇게 마음의 갈등을 남들의 시선으로 회피해 보려 하지만 자신의 가슴속에선 늘 답답함을 느끼고 항상 다른 일을 하고 있는 자신을 꿈꿉니다. 자신이 젊은 날 그렇게 하고 싶었던 것 말입니다.

그래서 일에서 보람과 즐거움을 느끼지 못하고 늘 은퇴할 날을 고대합니다. 그러나 은퇴 뒤에도 경제적 사정이라든지 여하튼 무언가에 쫓겨 자신이 하고 싶은 것을 제대로 해 나갈 여유가 없습니다. 왜냐면 늘 자신이 바라는 성취의 정도는 그것이 성취되는 즉시 더 멀리 달아나기 때문입니다. 그래서 한번 그런 성취의 길에 들어선 이들은 관성을 멈출 수 없습니다. 그들은 좋아서가 아니라 관성에 이끌려 끝이 어딘지도 모르고 계속 좋아하지도 않는 일을 해 나가야만 합니다.

만약 먼 훗날 임종의 침상에서 그가 자신의 과거를 회상할 땐 가련하게도 후회만이 가득할지도 모릅니다. 관성은 그때야 멈춥니다. 깊은 회한과 함께.

따라서 우리가 해야 할 것은, 그 일을 하는 도중에 기쁨을 찾을 수 있는 자신만의 일을 더 많이 해 보는 겁니다. 남들의 평가야 어떤들 어떻습니까. 일이 끝나야 그제야 안도감이 찾아오는 일보다 자신이 하고 있는 도중에 즐거움을 주는 일이야말로 자신에게 가장 좋은 일입니다. 어쩌면 이 일이 끝나지 않고 계속 되어도 좋다는 생각이 들 정도의 일. 영원히 회귀해도 될 정도로 그 일에 대한 애착이 느껴지는 일.

물론 현실적으로는 이런 일을 찾는 것은 쉽지만은 않습니다. 게다가 요즘은 일을 선택하는 게 문제가 아니라 일자리를 구하는 것 자체가 더 문제인 청년실업의 시대이니 이런 말들이 무색해지기도 합니다.

그러나 최선의 선택은 아닐지라도, 적성에 맞지는 않지만 세속적인 혜택을 많이 주는 일과 만족을 발견할 수 있지만 혜택이 미미한 일 중에서 선택하라면 우리는 후자로 가야 훗날 후회하지 않게 됩니다. 당장 눈앞에 보이는 혜택은 시간이 지날수록 자기 자신의 고유성을 차차 지워 나가는 일이 되는 경우가 허다합니다. 이에 대한 노예 출신 스토아 철학자 에픽테토스Epictetus의 이야기는 의미 있게 다가옵니다.

> 자신의 뜻대로 할 수 있는 일, 진실로 가치를 발휘할 수 있는 부문에서 뛰어난 사람은 하찮은 사람이라고 할 수 없습니다. (…) 〔그리고 그것에〕 영혼을 송두리째 바치지 않는다면 아무것도 이룰 수 없습니다.⁹

그런데 우리가 이렇게 스스로 만족을 찾을 수 있는 것과 세상에서 호평을 받는 것 사이에서 갈등할 수밖에 없는 이유는, 그것이 불러올 예측할 수 없는 결과에 대한 두려움과 남들의 시선과 평가 때문입니다. 사람들은 대개 죽음보다도 버림받는 것을 더 두려워합니다. 그래서 소외되지 않기 위해 항상 망설이고 자신의 결정이 옳고 그른지 남들에게 확인받고 싶어 합니다. 많은 사람들이 인정하기만 한다면 그것은 진위 여부를 떠나 진리로 둔갑합니다.

그래서 남들이 다 좋다고 말하는 기준에 따라 우리 속에서는 '사회적 자아'라는 껍질이 만들어지고 주로 경제적 지위, 명예, 권력에 집착하게 됩니다. 그런데 내 속의 사회적 자아가 강해질수록 정작 필요한 '진정한 나'는 메말라 갑니다. 이런 반복된 과정을 통해 우리는 스스로 느끼는 자기만족과 남들에게 받는 인정 사이에서 늘 갈등합니다.

자신이 진정으로 바라는 것도 모른 채 타인의 욕망을 일방적으로 따라가며, 가시적인 타인의 인정 속에서 초라한 만족 한 조각을 손에 쥘 뿐입니다. 대개 우리 대부분은 타인의 욕망에 전염되어 있습니다. 무언가 성취되어도 늘 공허함이 찾아오는 이유는 바로 이 때문입니다. 자신의 욕망인 줄 알고 좇았으나 결국 그것은 타인의 욕망이었기에 말입니다.

이것은 『소유냐 존재냐』를 썼던 에리히 프롬의 이야기와 어떤 점에서는 동일합니다. 에리히 프롬은 우리 삶의 형태를 크게 존재와 소유로 구분합니다. 여기서 '존재'(진정한 자아)란 자신의 능동성을 바탕으로 살아가는 삶의 형태를 말하며, '소유'(사회적 자아)란 그런 능동성이 결여되었을 때 느껴지는 공허함을 소유를 통해 해소하려는 삶의 양상을 함축적으로 나타내는 말입니다.

권위의 존재가 아닌 사람은 권위를 소유하려고만 합니다.

남이 아닌 자기 자신으로 '존재'한다는 것은 충만한 능동성을 가지고 살아간다는 의미입니다. 반면 그런 능동성이 결핍되면 우리는 결핍된 양만큼 더 무언가를 '소유'함으로써 그 결핍을 채우려 합니다. 우리는 당당히 존재하지 못할 때 소유하려고만 하는 것이겠지요.

다시 말해 스스로에게서 만족을 이끌어 내는 자족적인 '존재'가 되지 못했을 때, 우리는 남들이 선망하는 것을 무조건 좇아 그것을 단지 '소유'하고자 할 따름입니다. 사랑할 수 있는 능력을 상실한 사람, 즉 사랑으로 존재할 수 없는 사람은 단지 사랑을 소유하려고 합니다.

스피노자식으로 말하자면 존재는 곧 자기만족이고, 소유는 곧 남에게 인정받으려는 명예욕에 불과합니다. 당당히 존재하는 자는 자기만족에 충만한 사람일 겁니다. 반면 소유에 집착하는 사람은 부와 명예와 권력을 소유함으로써 남들에게 인정받고 부러움을 사려는 명예욕에 사로잡힌 사람입니다. 고급 자동차에 빠져 그것만 생각하는 사람은 대개 그 차가 가진 실용적 기능을 원하는 것이 아니라, 그 차로부터 얻게 될 상징적 지위와 남들의 부러운 시선을 구매하려는 것인지도 모릅니다. 자신도 모르는 사이에 말입니다.

따라서 명예욕은 오직 '남'들에게 인정받으려는 노력이고, 자기만족은 남들에 앞서 '자신'을 스스로 인정하려는 노력입니다. 이렇게 자기만족이란 타인의 껍질이 아니라 자기 자신으로서 당당히 존재하며 자기가 자신을 인정하는 것입니다. 모든 관계에서 가장 중요한 관계인 자기 자신과의 관계는 이렇게 시작됩니다. 어찌 보면 진정한 자유와 기쁨이란 궁극적으로는 이런 자신과의 관계가 어떠하냐에 달린 건지도 모릅니다.

물론 이런 모든 과정이 쉬운 일은 결코 아닐 겁니다. 그러나 만약 그렇게만 된다면 우리는 소유가 아닌 존재로서, 또 명예심이 아닌 자기만족으로서, 타인의 욕망이 아닌 자신의 욕망을 향해 감으로써 남들의 인정이 아닌 자신에 대한 인정으로서 흔들림 없는 자신의 삶을 새로이 시작할 수 있을 겁니다. 그리고 지금 이런 희망을 가져 보는 것은 우리에겐 우리를 비추는 이성이 아직 남아 있기 때문입니다. 자신을 발견해 내는 더없는 기쁨을 선사하는 이성 말입니다.

여기서 철학자 하이데거Martin Heidegger의 다음 말은 되새겨 볼 만한 가치가 충분합니다.

나로부터 나와 나를 넘어 나에게로 온다.

이것은 잃어버린 자기 자신을 찾으라는 우리 마음의 간절한 울림인지도 모릅니다. 다시 말해 **진정한 자아**로부터 나온 울림이 **사회적 껍질을 뒤집어쓴 자아**를 넘어 **지금의 나**에게 전해져 오는 마음의 목소리 말입니다.

그런데 여기서 한 가지 주목할 점이 있습니다. 작은 예외일 수도 있습니다. 그러니까 자존감이 형성되고 있는 시기, 다시 말해 어린아이나 청소년기 아이들에게 처음부터 무작정 자신을 인정하고 자신의 기준에 따르라고 강요할 수는 없다는 겁니다. 현실적으로 말입니다.

따라서 이런 경우는 강요가 아니라 격려가 더 절실합니다. 즉 이 것저것 하지 말라는 금지가 아니라, 될 수 있는 한 그들의 행동에 칭 찬을 해 주는 것입니다. 흔한 말로 칭찬은 고래도 춤추게 한다지 않 습니까. 칭찬은 자신의 행위에 대한 자부심과 더 잘하겠다는 동기 부여가 되니까요. 즉 이런 아이들에겐 남들의 인정이 오히려 좋은 약이 되기도 합니다.

또 만약 아무리 성인일지라도 자존감에 있어서는 아직 어린아이 라면 그에게도 우선적인 것은 자신의 기준에 따르라는 강요보다는 칭찬과 격려입니다. 이런 과정이 쌓여야 그 역시 앞서 우리가 말했 던 긍정적 상황에 동참할 수 있게 됩니다.

지금껏 우리는 자기 자신, 타인, 세계라는 세 개의 항목 중에서 먼 저 자기 자신을 비추는 이성의 역할에 대해 살펴보았습니다. 그럼 이제부터는 두 번째에 해당하는 타인과의 관계에 초점을 맞춰 이성 의 빛에 집중해 보려고 합니다. 이를 위해 조금은 무서운 이야기 하 나를 들려 드리며 시작해 볼까 합니다.

14

이해의 다른 이름,
공감

옆집에 이사 온 이상한 가족

드디어 옆집에 새로운 가족이 이사 왔습니다.

그런데 아무래도 뭔가 좀 꺼림칙합니다. 아빠, 엄마, 어린 딸 이렇게 세 가족인데, 아빠는 볼품없이 삐쩍 마른 데다가 남루한 차림새에 얼굴은 늘 어둡고, 엄마는 동남아 사람에, 아이는 작고 창백해서 핏기는 전혀 없고 그 또래 아이답지 않게 얼굴엔 웃음기라곤 찾아볼 수 없습니다. 어떤 이웃이 생길까 내심 기대했는데 실망이 이만저만 아닙니다.

단독 주택이 밀집한 이 동네는 가끔 저런 뜨내기 가족들이 잠시 살다 이사 가곤 합니다. 그런데 저런 특이한 구성을 가진 가족은 처음입니다.

며칠 지나지 않아 걱정했던 일들이 하나둘씩 벌어졌습니다. 그 집 남자는 허구한 날 술타령에 가끔 늦은 밤 골목에서 고성을 지르기도 하고, 그때마다 "이젠 지긋지긋하다. 그 피…… . 산다는 게 뭔지 죽는 건 또 뭐냐!" 같은 불길한 말을 서슴없이 내뱉습니다. 게다가 며칠 전 늦은 밤 가게에 다녀오다가 우연히 이상한 장면도 목격했습니다. 남자가 정체 모를 커다란 검은 비닐 봉투를 들고 황급히 어디론가 버리러 가는 게 아니겠습니까. 어찌나 무섭던지 집까지 쏜살같이 달려와야 했습니다.

또 여자는 어쩌다 얼굴이 마주치면 고개를 푹 숙이고 뭔가 크게 잘못한 일이라도 있는 사람처럼 주눅이 들어 대문 안으로 숨기 일쑤입니다. 검은 얼굴엔 폭력적인 남편 때문인지 늘 어두운 그림자가 드리워져 불쌍하게도 얼굴은 더 검어 보입니다. 말도 어눌해서 웅얼거리는 소리는 마치 동굴 속 메아리 같고 그래서 그런지 어딘지 모르게 지능이 조금 떨어지는 게 아닌가 싶을 정돕니다.

그뿐만 아니라 여자아이는 밤마다 몹쓸 아빠에게 두들겨 맞는지 몸은 온통 피멍이 들었고, 흘러내리다 그냥 굳어 버린 코피 자국이 얼굴에 선명히 남아 있을 때도 있습니다. 아무리 때릴 곳이 없어도 그렇지 저렇게 작고 연약한 여자아이, 그것도 어떻게 얼굴을 저리도 매몰차게 때릴 수 있는지 그 남자 정말 치가 떨립니다. 친딸인데도 말입니다. 게다가 고통스러운 매질 때문에 울다 잠든 밤이 많아서인지 아이의 눈가는 늘 퉁퉁 부어 있습니다. 가련하기 짝이 없습니다.

우리 집에도 그 나이 또래 딸아이가 있는데, 저는 아이에게 그 집 근처에는 얼씬도 말라고 신신당부해 두었습니다. 우리 아이는 조금 내성적인 성격이라 주위 아이들에게 자주 왕따를 당하곤 합니다. 엄마로서 늘 내심 걱정입니다. 그런데 이제 이상한 이웃 때문에 걱정이 하나 더 늘게 생겼습니다. 왠지 마음이 놓이질 않습니다. 만약 물증만 잡히면 폭력 가장으로 신고해 버릴 작정입니다. 이상한 그 집 구석을 속속들이 파헤쳐서 범죄의 온상을 어떻게든 막아야 하지 않을까 싶습니다.

그런데 사고가 터지고 말았습니다. 우리 아이가 사라진 겁니다. 동네를 헤집고 다녀도 나오질 않았습니다. 그때 가게 아저씨가 몇 시간 전 아이가 그 집 대문으로 들어가는 모습을 보았다는 겁니다.

머리의 피가 거꾸로 섭니다. 손이 떨리고 현기증이 일어서 순간 벽을 잡아야 했습니다. 다행히 몇몇 고마운 동네 분들과 함께 그 집 대문을 발로 걷어차고 집 안까지 쳐들어갈 수 있었습니다.

들이닥친 방 안에는 우리 아이가 앉아 있었습니다. 아이 앞에 놓인 작은 밥상에는 아직 식지 않은 국과 달걀 프라이 하나, 김치 접시가 가지런히 놓여 있었고, 맞은편엔 그 집 아이가 편안하게 웃으며 앉아 있었습니다. 그 아이가 웃는 모습은 처음 봅니다. 그리고 방 한편엔 아이가 토해 놓은 토사물을 담은 검은 비닐 봉투가 놓여 있었습니다.

백혈병으로 고생하는 아이는 놀란 엄마를 오히려 진정시키려는 듯 뭐라 뭐라 알아듣지 못할 말을 하고 있습니다. 이런 일이 한두 번이 아니었는지 그녀의 눈엔 어느새 눈물이 가득 고였습니다. 그런 엄마를 위로라도 하듯 아이는 어린 나이답지 않게 애써 웃음을 보이며 엄마를 따뜻이 안아 줍니다. 언제부터인가 아이의 얼굴에서 그 나이 또래의 웃음이 사라진 것은 환경이 어느새 그 아이를 이렇게 어른으로 만들어 버렸기 때문인지도 모릅니다.

아이는 아주 오랜만에 생긴 새 친구와 함께 오늘만은 아프지도 않고, 또 아무런 걱정도 없이, 그리고 늘 아픈 몸 때문에 아이의 머릿속을 떠나지 않던 그런 천국의 아름다운 상상처럼 너무도 평안한 오후를 보내고 있었던 겁니다. 그날도 어김없이 여러 구의 시신을 정성껏 닦고 저녁 늦게야 돌아오실 사랑하는 아빠를 기다리면서 말입니다.

우리가 만든 눈가리개, 편견과 선입견

대개 아이들은 편견과 선입견에서 자유롭습니다. 아이들의 영혼에는 아직 어떤 편견의 언어도 쓰여 있지 않습니다. 그래서 그들은 처음 본 또래와 거리낌 없이 친구가 됩니다. 아이들에겐 피부색도, 사회적 지위도, 돈도, 명성도, 지역적 차별도, 그들의 차림새도, 친구가 되는 데 아무런 장벽이 되지 못합니다.

그런데 성장하면서 우리의 의식 속에는 여러 혼란스러운 생각들이 생겨나고 결국 그 생각들이 얽혀 단단히 굳어져 하나의 틀이 됩니다. 그것은 세상을 살아오면서 막연히 알게 된 여러 편견의 파편들입니다. 그리고 그런 편협한 생각들은 우리의 밝은 눈을 가려 버립니다.

피부색도 그런 편견 중 하나입니다. 어떤 사람은 유럽 특정 국가나 혹은 미국을 욕하기도 합니다. 그런데 그들은 거리에서 만난 흑인이나 동남아 사람보다 백인 앞에서 훨씬 더 친절합니다. 어떤 땐 매우 공손하기까지 합니다.

현재 우리나라에도 다문화 가정이 차차 늘고 있습니다. 여러 대륙, 여러 나라에서 온 다양한 사람들이 가정을 이루지만, 대체적으로 동남아 출신 분들이 참 많습니다. 또 여성이 더 많습니다. 그녀들에게 우리나라는 말도 잘 통하지 않을뿐더러 아이를 기르기도 만만치 않은 환경입니다. 무엇보다 피부색에서 오는 편견은 참아 내기 쉽지 않을지도 모릅니다.

그녀들 모두 자신의 고향에선 한껏 꿈에 부푼 사춘기 소녀 시절을 보냈을 겁니다. 그리고 그들 중 일부는 가정 형편이나 경제적 사정 때문에 외국인과의 결혼을 선택했을 겁니다. 그녀 일생에 가장 중요한 어느 날 밤 그녀는 고심 끝에 한 번도 생각해 본 적도 없고 아는 사람이라고는 단 한 명도 없는 먼 이국땅으로 떠나오기로 어렵사리 결정했을 겁니다. 물론 많은 수 진심으로 사랑했기에 그런 선택을 했겠지만, 일부는 고향에 남는 가족들에게 돌아갈 단 몇 푼의 경제적 이득에 자신의 인생 전부를 던진 겁니다.

생각해 보십시오. 가족을 위해 감히 그런 희생을 감내할 수 있는 사람이 세상에 몇이나 될지. 개인적으로 그녀들을 볼 때면 항상 '21세기에 다시 태어난 착한 심청'이라는 생각이 듭니다. 공양미 삼백 석이면 늙은 아버지의 눈을 뜨게 만든다는 한줄기 희망에 자신의 한 몸을 차디찬 바다 속에 던진 그 효녀처럼 아마도 그녀들도 그랬지 싶습니다. 어찌 보면 그런 소설보다 더 현실적이기에 하나하나 고귀한 그녀들이 아닐 수 없습니다.

물론 이런 생각은 역차별일 수도 있습니다. 오히려 더 큰 편견일 수도 있겠고요. 하지만 단지 피부색 하나로 곱지 않은 시선을 받아야 하는 그들을 향한 속 좁은 편견만은 어떻게든 지워야 하지 않을까 싶습니다.

이런 편견이 어디 피부색뿐이겠습니까. 지역감정, 경제적 능력, 사회적 지위, 외모, 가장 기본적인 옷차림에 이르기까지 우리의 올바른 눈을 가려 버리는 색안경들은 너무도 다양하고 많습니다.

아까 들려 드린 이야기에서 그 집 아빠의 차림새가 번듯하고, 만약 외제차라도 타고 다니는 사람이었다면 저런 괴상한 오해는 아마도 없었을 가능성이 더 클 겁니다. 남루한 차림새에 경제적으로 궁핍한 모습은 그들의 삶 전체를 쉽게 오해하게 만드는 편견으로 우리를 내몹니다.

스피노자는 이런 편견과 선입견들, 그리고 어디선가 들은 사람들의 이야기와 소문과 풍문, 세상 사람들이 다 그렇다고 하니 우리 역시 무비판적으로 받아들인 생각들, 이 모든 것을 일러 '혼란된 생각들'(스피노자는 이것을 부적합한 관념, 혹은 '제1종 인식'이라고도 명명했습니다)이라고 불렀습니다.

　이런 혼란된 생각들은 대체로 전체적인 시각을 잃고, 부분적이며 편협하고 파편적인 앎에 불과합니다. 또 그것을 만들어 낸 근본적인 원인은 아예 생각지도 않고 당장 눈에 보이는 결과에만 주목한 생각들인 경우가 허다합니다. 이런 좁고 편협한 우리의 눈 속에 세상 모든 것을 억지로 구겨 넣었던 시각이 바로 저런 편견과 선입견들입니다.

　이렇게 부분적이며, 혼란되고, 결과만 놓고 바라보는 시각에서 탈피해야만 그제야 우리는 바른 인식의 길로 들어설 수 있다고 스피노자는 강조합니다. 그리고 이미 굳어진 그런 편견과 선입견, 또 우리의 모든 혼란된 생각을 끝내 깨뜨릴 수 있는 우리 영혼이 가진 유일한 무기는 바로 이성이라고 그는 힘주어 말합니다.

경험을 통해 이해로

　그렇다면 우리는 구체적으로 어떻게 그런 편견과 선입견에서 벗어날 수 있을까요? 그 중요하다는 이성을 사용하기 위한 구체적인 방법은 대체 뭘까요?

　스피노자는 우리에게 먼저 직접 몸으로 부딪히는 '경험'을 통해 이성의 잠을 깨우라고 언명합니다. 경험에 의해 깨어난 이성은 힘을 발휘할 것이고, 결국 우리로 하여금 상대를 '이해'하게 만들 거라는 이야기입니다. 스피노자는 이에 대해 다음과 같이 단언합니다.

> 나는 경험이나 실천과 일치하지 않는 사안을 관조를 통해서 발견할
> 수 있다는 주장을 믿지 않는다.[10]

이를 알아보기 쉽게 도식화하자면 다음과 같을 겁니다.

경험을 통해 → 이성의 잠을 깨우고 → 결국 이해하게 된다

예를 들어 스마트폰을 생전 처음 보는 사람에게 폰은 주지도 않고 먼저 100쪽짜리 두껍고 부담스러운 설명서를 던져 주며 스마트폰을 이해하라고 한다면 그가 과연 폰을 얼마나 이해하게 될까요. 폰을 이해하려면 일단 손에 들고 이것저것 눌러 보고 다양한 앱도 실행해 보고 메뉴마다 다 다른 기능도 하나하나 직접 사용해 봐야 할 겁니다. 설명서만을 통해 머릿속에서 상상하는 폰은 멋진 스케이팅을 배우기 위해 스케이트장을 찾는 대신 김연아 선수의 자서전을 읽는 놀라움이나 마찬가지입니다.

이렇게 이해는 직접 부딪혀 경험을 통해 알아 가는 과정입니다. 머릿속 공상이 아니라 몸으로 느껴지는 살아 있는 경험 말입니다. 예를 들어 망치를 이해했다는 것은 그것을 직접 쓸 수 있는 것이지, 망치의 구성 성분과 길이와 무게를 달달 외우는 것은 아닐 겁니다. 마찬가지로 사랑의 책을 몇백 권 읽는 것보다 단 한 번이라도 직접

애절한 사랑을 해 보는 것이 사랑을 이해하는 첩경일 겁니다.

그리고 어쨌든 경험을 하려면 어떤 상대든 만나 봐야만 합니다. 즉 그와 관계를 가져야 합니다. 들려오는 소문이나 그에게 덧씌운 편견과 선입견은 만남(마주침)이라는 경험을 통해서만 비로소 깨어질 수 있습니다.

만나는 순간 당신의 몸이 먼저 반응할 겁니다. 스피노자 역시 서로의 몸이 하는 말에 먼저 귀를 기울이라고 말합니다. 심장 박동은 그 상황의 느낌을 솔직하게 당신께 전해 줄 것입니다. 눈은 크게 떠지고 상대의 작은 몸짓과 그만의 특유한 버릇에도 주목하게 됩니다.

또 그의 음성은 머릿속 생각을 표현하는 방법이기도 하지만 그의 목이 자신만의 말하는 방식과 음색을 통해 빚어 낸 신체의 언어이기도 합니다. 흔히 우리는 좋아하는 사람의 어투나 억양을 따라 하게 됩니다. 또 특유한 그 사람만의 버릇을 따라 하기도 합니다. 이것은 그 사람이 신체를 사용하는 방식 그대로 우리 역시 똑같이 사용해 봄으로써 그와 더 큰 교감을 느끼려는 열망의 표현입니다. 그리고 자신도 모르는 사이에 그와 나 사이에 어떤 공통점을 발견해 내려는 간절한 소망의 표현이기도 합니다.

우리가 누군가의 시를 암송하고 또 낭독해 보는 것도 이와 매우 유사합니다. 시가 전달해 주는 의미가 시의 영혼이라면, 시가 가진 운율과 리듬과 시어를 발음할 때 생겨나는 독특한 뉘앙스는 그 시의 몸입니다.

우리는 시가 가진 의미를 머리로 깨닫기에 앞서 그 시를 낭송해 봄으로써 시를 지으며 무수히 혼자 낭송했을 시인의 입을 직접 따라가 보는 겁니다. 그리고 거기서 시의 몸을 먼저 느끼려는 겁니다. 시의 운율과 리듬과 시어들이 발음될 때 피어오르는 그런 청각적 뉘앙스, 다시 말해 '시의 몸' 말입니다. 따라서 진정한 작가란 생각의 몸이라 할 수 있는 말과 글에 자신의 영혼을 쏟아붓는 사람일 겁니다.[11]

또 많은 어머니들은 아이가 현관을 들어서는 순간 그 아이의 작은 표정이나 몸짓만으로도 아이의 하루가 어떠했는지 몸으로 직접 느낍니다. 언어를 통한 소통 이전에 이미 서로의 몸이 상대의 몸 안에 감춰진 감정을 알아내는 겁니다. 어머니는 아이와 언어적 표현 이전에 몸으로 먼저 교감하는 겁니다.

이렇게 몸으로 직접 부딪히는 경험을 통해 우리는 상대와 교감하게 됩니다. 또 교감은 겉으로 보이는 상대의 모습 속에 웅크리고 있는 보이지 않던 감정의 모습까지 보여 줍니다. 이로써 몸으로 시작한 교감은 서로의 마음속에 숨은 작은 공통점을 찾게 됩니다. 이제 몸의 '교감'은 마음의 '공감'으로 넘어가는 것입니다.

다시 말해 경험을 통해 몸으로 시작된 교감이 우리 영혼에 잠들어 있는 이성을 깨우고 이성은 서로의 영혼에서 공통적으로 공명 resonance(마음이 함께 울림)하고 있는 공감을 발견하는 겁니다. 이를 다시 도식화해 보자면 다음과 같을 겁니다.

경험 → 신체의 교감 → 이성을 깨움 → 영혼의 공감 → 이해 스피노자는 이렇게 서로의 신체에서 시작한 교감과 그로 인해 우리 영혼에 피어나는 공감의 울림을 '공통 개념'(적합한 인식, 제2종 인식)이라는 말로 표현했습니다. 소박하게 말하자면 공통 개념이란 몸의 교감과 영혼의 공감과 다름 아닙니다.

비유하자면 마치 물에 비친 하늘의 모습이라고나 할까요. 물은 더 큰 하늘을 담아낼수록 그 물빛은 더 푸르러집니다. 짙은 먹구름에 덮인 하늘 아래 바다는 그래서 늘 우울한 회색빛을 띱니다. 구름에 가려진 바다는 단 한 점의 하늘도 그 속에 담아낼 수 없기 때문입니다. 그런데 여기서 아이러니한 것은, 하늘을 가려 버린 짙은 먹구름은 그 누구도 아닌 바다 자신이 수증기를 증발시켜 만들어 놓은 장막이라는 사실입니다. 마치 우리에게서 나온 온갖 편견과 선입견이 끝내 우리 맑은 눈을 가려 버리듯.

언제일지는 모르지만 두꺼운 먹구름이 모두 걷히는 날, 바다는 자신의 몸 가득히 하늘을 한껏 담아 더없이 푸르게 빛날 겁니다. 마주하는 상대의 빛 모두를 받아들인 하늘은 이제 자신의 생애 가장 푸른 모습으로 변할 수 있습니다.

마찬가지로 우리 역시 맑은 눈을 가리던 혼란된 생각을 벗고 드디어 상대를 바르게 인식하고 그와 공감할 수 있을 겁니다. 바다가 온몸으로 하늘을 품어 하나가 되듯이 오래전부터 우리 속에도 타인과 함께 공유할 수 있는 똑같은 빛이 간직되어 있으니까요.

물론 그렇다고 하늘과 바다가 서로 구별할 수 없을 정도로 뒤섞여 버리는 건 아닙니다. 하늘은 하늘로서, 바다는 바다로서 유지되지만 서로를 자신에 담아내면서 자신을 유지하며 하나가 될 뿐입니다. 하나이자 둘, 둘이자 하나.

스피노자가 말한 공통 개념이란 저런 게 아닐까 싶습니다. 그것은 인식의 순간을 넘어 더 고귀한 공감에 대한 예감이기도 합니다. 온몸을 전율시키던 마주침의 순간이 우리를 향해 말을 건네는 사랑의 느낌으로서의 울림 말입니다.

그 방에 들이닥쳤을 때, 아이가 무사한 것을 확인한 엄마는 서로 얼싸안고 눈물로써 서로를 위로하는 그 모녀의 모습 속에서 방금 전 자신이 걱정했던 딸아이와 자신의 모습을 발견합니다. 우리 모녀의 애틋한 사랑이 그들 모녀에게서도 똑같이 느껴지는 겁니다. 단지 피부색이 다르고 또 사는 형편이 다르다는 겉모습만 보고 지레짐작했던 온갖 편견과 선입견들은 이렇게 서로를 앞에 둔 마주침의 순간 서서히 사라지고 있습니다.

검은 피부색 안에 고이 감춰진 그들의 사랑이 내 피부로 느껴지면서 항상 아이들에게 따돌림 받던 내 딸아이와 단지 검은 피부색과 병든 몸 때문에 단 한 명의 친구도 사귈 수 없었던 그 혼혈 아이의 가련한 모습은 말로 표현 못할 교감과 공감을 불러일으킵니다. 그리고 섣부른 판단과 오해로 이렇게 남의 방을 무례하게 들이닥치게 했던 오직 딸에 대한 걱정이, 지금 저 모녀의 눈물 속에도 똑같은 서로에 대한 걱정으로 녹아 있음을 봅니다.

영국의 철학자 흄David Hume은 우리 속에 있는 공감을 다음과 같이 표현했습니다.

우리 영혼 속에는 하나씩 현악기가 있습니다. 어떤 이의 마음속 현이 울게 되면, 그 현과 같은 진동 주파수를 가진 우리 영혼의 현은 그 울음에 응답하여 울리게 됩니다. 나와 상대의 현이 멀리 떨어진 두 사람 사이에 공명을 일으키는 것입니다. 이것이 바로 우리 영혼의 공감입니다.

이렇게 마주침을 통한 신체적 교감은 이성을 긴 잠에서 깨우고, 그 이성은 서로의 영혼에 공통적으로 담겨 있는 공감의 울림을 만들어 내는 것입니다.

여기서 우리는 스피노자가 왜 그렇게 영혼의 공감에 앞서 신체적 교감의 중요성을 강조했는지 어느 정도 짐작해 볼 수 있습니다. 편견과 선입견의 뿌리는 너무도 깊기 때문에 웬만한 피상적인 앎, 피상적인 만남으로는 도저히 떨쳐 낼 수 없기 때문입니다. 온몸을 전율케 하는 마주침, 전신이 부들부들 떨려오는 느낌과 교감만이 우리 영혼에 진드기처럼 딱 달라붙어 있는 편견과 선입견을 떨쳐 낼 수 있습니다.

다시 말해 공감은 은근슬쩍 뜨뜻미지근하게 스며드는 것이 아닙니다. TV에서 배고픔과 질병에 죽어 가는 아프리카 아이들의 모습에 눈물짓다가 채널을 돌려 개그 프로를 보자마자 언제 그랬냐는 듯 깔깔대며 웃어 대는 것은 값싼 동정심일 뿐 공감은 아닐 겁니다. 당신의 육체를 강타하는 낙뢰 같은 전율이 아니라면 절대 참된 공감을 불러올 수 없음을 스피노자는 잘 알고 있었습니다.

진정한 공감은 응축된 힘이 분출되는 순간과 같습니다. 마치 끝까지 당겨진 새총 속 돌멩이처럼 그것을 놓아 버리는 순간 발사되어 어딘가에 부딪혀 산산이 부서지는 그 순간에 섬광처럼 우리를 찾습니다. 충돌한 돌멩이가 그랬듯 우리 신체가 무언가에 부딪혀, 그 대상이 가진 알 수 없는 의미를 괴롭게 탐색하다가 끝내 그 저항을 교감으로 승화시킬 때 비로소 찾아오는 전율적 기쁨입니다. 이럴 때야만, 자신만의 꿈속에 갇혀 있던 우리 이성은 각성을 통해 깨어납니다. 우리에게 주어진 신체적 각성과 교감을 통해서 말입니다.

이렇게 신체적 교감에 의해 촉발된 영혼의 공감은 지금껏 가져온 온갖 '오해'를 드디어 위대한 '이해'로 바꿔 나가는 촉매가 됩니다.

오해에서 이해를 향하여

만나 보기도 전에 우리가 가졌던 선입견은 마주침을 통해 산산이 깨어지면서 이제 우리는 아무런 편견 없이 상대에 대한 이해의 단계로 넘어가는 겁니다. 모든 오해는 마주침이라는 경험을 통해 이해로 나아가는 것이겠지요.

지금껏 우리의 밝은 눈을 가리던 온갖 혼란된 생각들은 이성의 인식에 의해 혼란함에서 해방됩니다. 드디어 올바른 인식이 시작되는 겁니다. 원인도 모른 채 결과에만 주목하던, 그래서 늘 전체적인 안목을 갖지 못하고 부분적인 앎에 그치던 혼란된 생각들은 마치 대책

없이 헝클어진 실타래 같았습니다. 세심한 관찰로 거기에서 실들의 질서를 발견해 내듯이 우리의 이성은 혼란된 생각의 파편들에게 질서를 부여합니다. 다시 말해 원인을 알아내고 전체적인 시각을 가지면서 생각의 파편들은 이제 온전한 앎으로 바뀌어 갑니다.

마치 인형의 집을 위에서 들여다보듯이 우리가 살아가는 삶의 공간은 전체적인 시야의 한 장면에 포착됩니다. 연쇄 살인범의 상징처럼 보이던 검은 봉투는 백혈병 아이의 힘겨운 구토라는 해답을 찾았고, 피와 삶과 죽음을 넘두리하던 그 집 아빠의 무섭던 말들은 힘겨운 삶에 대한 탄식이었음이 드러납니다. 또 무언가 크게 숨기는 것이 있어 남들을 피하는 것처럼 보이던 그 집 엄마의 행동은 지금껏 무수히 받아 온 남들의 따가운 시선 때문이었다는 게 밝혀집니다.

막상 사건을 겪을 때는 도저히 그 뜻을 알 수 없어 혼란스럽기만 하던 무수한 파편들은 이제 그 의미를 찾게 된 것입니다. 의미가 부여되지 못했던 온갖 혼란한 기호들은 이제 질서정연하게 제자리를 찾은 겁니다.

여기서 흥미로운 것은 스피노자는 우리의 수동적인 감정, 그러니까 정념도 이런 혼란된 생각 중의 하나로 보았다는 겁니다. 그도 그럴 수밖에 없는 것이 주지하다시피 정념 역시 그 원인도 모르는 채 결과에만 주목해 우리가 거기에 휩쓸려 다니던 감정이니까요. 따라서 앞서 말했던 폐렴에 걸린 상사 아이의 예에서처럼 수동적 정념을 능동적 감정으로 전환시켜 거기서 새로운 기쁨을 만들어 내는 힘 역시 우리의 이성일 수밖에 없었던 겁니다. 이렇게 모든 오해를 벗고 이해로 넘어가게 만드는 촉매는 주지하다시피 이성의 힘입니다. 이를 알기 쉽게 도식화해 보면 다음과 같을 겁니다.

오해		이해
편견, 선입견	이성	공감
결과에만 주목한 앎	→	원인까지 알아낸 앎
부분적인 앎		전체적인 앎
수동적 정념		능동적 기쁨
슬픔		기쁨
혼란된 생각		공통 개념
예속		자유

게다가 이런 마주침은 우리에게 예상치 못했던 기쁨까지 선사해 줍니다. 나만이 간직한 줄 알았던 마음속 생각의 외톨이는 이제 새로운 친구를 찾은 겁니다. 같은 생각이 저기 마주 본 상대에게도 똑같이 간직되어 있다는 즐거운 깨달음 말입니다. 이제 내 생각은 외톨이가 아니라 거의 쌍둥이라고 해도 과언이 아닐 닮은 생각을 상대의 내부에서 발견한 것입니다.

어쩌면 이것이 바로 공감이며, 이렇게 서로에게 느껴지는 공통성의 발견은 우리를 한없이 감동시킵니다. 마치 그 집 모녀의 사랑 속에서 똑같은 우리 모녀의 사랑을 발견하면서 감동으로 변한 공감처럼 말입니다.

이제 딸아이와 혼혈 아이의 만남이 계기가 되어 딸아이의 엄마는 다문화 가정 모임에 처음으로 나가게 됩니다. 삶의 표면에 덕지덕지 붙은 보기 흉한 광고 전단 같던 편견과 선입견이 사라진 것입니다. 드디어 가려져 보이지 않던 진정한 그녀 자신, 그러니까 상대를 이해하고자 하는 고결한 욕망이 삶의 표면으로 떠오르는 위대한 순간이기도 합니다. 이를 통해 단순히 격한 감정적 동요나 일시적인 감동에 그치지 않고 진정한 이해의 길로 들어서게 된 것입니다. 값싼 동정의 눈물이 아니라 자신을 전율케 했던 가슴속 울림을 통해서 말입니다. 이것은 미성숙한 감정에 의한 자기 연민이 아닙니다. 유치한 감정의 저울질이 아니라 어둡지만 자신의 심연에서 차올라 끝내 자신을 변화시키는 영혼의 울림이자 공감의 참된 증표입니다.

이런 일들이 가능한 이유는 하나가 된 마음속에서도 서로의 개별성이 고스란히 유지될 수 있기 때문입니다. 그러니까 열정에 이끌려 겉모습만 하나가 되는 것이 아니라 상대방이 지닌 고유한 가치를 서로 인정하면서 끝내 진정한 하나가 될 때에만 그들은 진심으로 소통할 수 있게 됩니다. 하나이자 모두, 모두이자 하나.

할 수 없이 참가한 단체 응원에서 겉으로만 내비치는 물리적인 단결이 아니라, 마치 화학적 결합을 일으키듯 서로의 영혼이 같이 울어 주는 참된 하나 됨 말입니다.

이런 공감을 통해, 다문화 가정 모임에서 만난 많은 소외된 이들과 자원봉사에 나선 각계각층의 사람들과 소통하면서 그녀의 삶의 모습도 조금씩 바뀌어 갑니다. 멀고 낯설게만 느껴지던 이들과의 새로운 만남은 그녀가 가진 이해의 폭을 이렇게 지속적으로 넓혀 주고 있습니다. 그에 따라 그녀의 삶의 지평 역시 확대되어 갑니다.

모임을 즐겁게 만드는 참석자들의 명랑함은 철없는 유치함이 아니라 고통과 슬픔을 스스로 견뎌 낸 의연함과 그런 공통점을 공유하는 이들이 자신의 바로 옆을 지키고 있다는 든든함에서 자연히 샘솟는 명랑함이자 기쁨입니다. 그리고 그런 기쁨은 자신에 대한 연민을 넘어 타인의 고통을 결코 외면하지 않습니다. 따라서 공감은 자신과 타인 사이를 이어 주는 작은 가교가 된 것입니다. 그들과 나는 차이를 가지고 있으나 그런 무수한 차이 속에서도 공통점을 발견해 낼 수 있습니다. 그들과 나 사이의 차이는 하나의 벌어진 틈이지만 그 좁은 틈 사이에도 우리는 다리를 놓을 수 있습니다.

이렇게 마주침은 수동적인 웅크림에서 벗어나 능동적인 만남으로 가는 첫발입니다. 그리고 마주침을 통한 공감과 이해는 그 사람의 현재를 만든 모든 삶의 역사를 알아 가려는 노력을 이끌어 냅니다. 주지하시다시피 그것은 사랑입니다. 모든 기쁨 중의 기쁨, 바로 사랑 말입니다. 물론 남녀 간에 국한된 에로스만은 아닙니다. 에로스뿐 아니라 우정의 상징이자 동지애로서의 필로스까지 포함한 넓은 의미의 사랑입니다.

이처럼 마주쳤을 때 당신을 결국 기쁘게 하는 상대가 있다면 그는 당신에게 이미 사랑입니다. 이렇게 보자면 스피노자에게 이성을 통한 인식이란 모두 사랑을 다르게 표현한 말일 뿐입니다. 사랑을 해야 알고 싶어지고, 또 알아야 이해하게 되는 거니까요. 이 순간 당신과 저는 다시 하나의 공식을 더 만들어 낼 수 있으리라 생각됩니다.

이해 = 공감

공감 = 사랑

공감이 주는 기쁨

스피노자는 우리에게 이렇게 조언해 줍니다.

먼저 무엇보다 중요한 것은 당신에게 기쁨을 줄 수 있는 사람들을 많이 만나야 한다는 것입니다. 즉 당신이 사랑을 느끼는 이들을 항상 주위에 두십시오. 그래야만 당신은 몸에서 전해지는 기쁨과 마음에서 얻는 공감을 온몸으로 항상 느낄 수 있을 테니까요.

신체와 영혼은 하나이기에 하나가 자극받으면 다른 하나는 자연적으로 거기에 상응하는 자극을 받을 겁니다. 즉 우리의 몸이 기쁨을 느끼면 우리 영혼은 기쁜 공감을 얻습니다. 이를 통해 보다 활발해진 우리 정신은 더 맑은 인식의 눈을 갖게 됩니다. 따라서 기뻐하는 사람의 정신은 더 맑아집니다. 슬퍼하는 사람의 정신은 더 혼란해집니다.

우리 인간은 아직은 나약하기 때문에 슬픈 상황에 계속해서 부딪히다 보면 자신도 모르게 헤어날 수 없이 그 나락 속에 빠져듭니다. 슬플수록 우리 정신은 더 혼탁해지고, 거기서 빠져나올 방안을 생각해 낸다는 것은 더욱 요원해집니다.

따라서 우리에게 지금 이 순간 가장 필요한 것은 당신에게 기쁨을 주는 사람들이 '당신과 자주 만날 수 있도록 그렇게 당신을 둘러싼 관계들을 스스로 만들어 나가는 것입니다. 이렇게만 된다면 먼 훗날 당신은 설령 당신에게 슬픔을 주는 사람을 대할 때마저도 넘쳐 나는 자신감을 통해 증오하는 사람 속에 깃든 작은 한 줌의 기쁨까지 마저 찾아낼 수 있을 테니까요.

이 글을 통해서도 잘 알 수 있지만, 스피노자는 한 번에 모든 것을 다 이루는, 일명 대박이라는 것을 믿지 않았습니다. 그는 항상 전체적인 조화를 중시했기에 완전함은 늘 무수한 노력과 차근차근 밟아 가는 단계를 거쳐야만 이루어질 수 있다고 여겼습니다.

이렇게 완성을 단 한 번의 망치질로 제련하기란 쉽지 않습니다. 오직 타오르는 불길 속에서 저항을 견뎌 낸 고된 망치질의 반복만이 빛나는 완성품을 끌어안는 벅찬 감동을 당신께 선사해 줄 겁니다.

따라서 지금 이 순간 우리가 바라야 할 것은 마지막 최종 단계의 벅찬 감동이 아니라 지금 여기서부터 하나씩 해결해 갈 수 있는 현실적인 대안들입니다. 결승 테이프가 아니라 지금 트랙 위에서 내딛어야 할 한 발 한 발의 걸음 말입니다.

물론 기쁨을 주는 사람이건 슬픔을 주는 사람이건 어떤 사람을 만나든지 우리가 언제나 올바르게 대처하고 그들 모두에게서 기쁨을 만들어 낼 수만 있다면 더할 나위 없이 좋겠지만, 현실적으로 단 한 번의 도약으로 그런 경지에 도달하기란 쉽지 않습니다. 그러므로 지금 당장은 주로 자신에게 기쁨을 주는 사람들 위주로 당신 주위의 관계를 능동적으로 조금씩 형성해 가라고 스피노자는 조언하는 것입니다.

이런 의미에서 평소 습관에 얽매인 삶을 좋아하지 않던 스피노자였지만, 이상적인 단계에 이르기 전까지는 습관의 힘에 의지할 필요가 있다고 말합니다. 그러니까 기쁜 만남을 계속 유지할 수 있는 자신만의 습관을 만들어 거기서 신체의 기쁨을 얻고 이런 반복적인 과정을 통해 서서히 더 밝아지는 이성의 힘을 길러 가라는 말이기도 합니다. 스피노자는 이에 대해 다음과 같이 말합니다.

> 올바른 생활 방식이나 특정한 생활 규칙을 정립하고 이것을 기억에 남겨서 삶에서 흔히 발생하는 개별적인 경우에 계속해서 그것을 적용하는 일이다. (…) 그러한 생활 규칙에서 광범위한 영향을 받으며, 그 생활 규칙은 언제나 우리에게 명백할 것이다.[12]

예를 들어 떨어져 계신 부모님들께 매일 안부 전화를 걸어 하루에 5분씩이라도 당신들의 일상을 경청해 드리는 습관을 생각해 본다든지, 사랑하는 이에게 하루에 한 번씩 어떤 식으로든 사랑하고 있음을 표현한다든지, 언제나 미움은 보복이 아니라 사랑으로 정복될 수 있다는 진정 스피노자식의 사랑의 해법을 늘 하루에 한 번씩 되뇐다든지, 분노가 치밀어오를 땐 언제나 안경을 꺼내 1분간 닦으며 자신의 분노에 대해 생각해 보는 습관을 만들어 본다든지, 내가 이해하고 있다고 여긴 상대에 대한 이해는 늘 불충분할 수 있다는 생각을 식사 시간마다 식사 기도를 대신해 생각해 보기로 결심한다든지……. 적용할 수 있는 습관의 예는 무수히 많을 겁니다.

이런 스피노자의 생각은 사랑과 이해와 공감을 바탕으로 한 기쁜 공동체의 첫 모습이기도 합니다. 개인들이 스스로 정한 규칙에 따라 스스로 조화를 이루는 공동체의 모습 말입니다. 어쩌면 바로 당신이 속해 있는 모든 모임들이 언젠가 미래에 가지게 될 기쁜 모습일 수 있겠지요. 이렇게 보자면 사랑의 한 형태인 '우정의 필로스'란, 공동체를 유지해 가는 저런 규칙들의 총합을 빗대어 표현한 사랑, 즉 소속감의 다른 말일 겁니다.

그리고 이렇게 사소한 모든 방법들은 너무 가까이 있어 오히려 함부로 대하기 쉽고 소홀해지기도 쉬운, 당신이 사랑하는 이들에게 기쁨을 주는 작은 행동들이며, 그들의 기쁨을 통해 자기 스스로도 더 큰 기쁨을 얻는 사소하지만 큰 실천들이 될 겁니다. 그들이 있어 감사함을 우리는 늘 잊고 살지만 저런 작은 습관이 생겨난다면 우리는 자연히 그들의 고마움을 늘 감사할게 될 것입니다. 스피노자는 다음과 같이 말합니다.

당신이 사랑하는 이가 기뻐하는 모습은 당신에게는 더없는 기쁨이 될 것입니다.

우리는 가까이에 있는 사람들을 단지 누구의 엄마로, 누구의 아빠로, 혹은 어떤 역할을 담당하는 누군가로 쉽게 생각해 왔습니다. 앞서 사랑을 이야기하며 말했던 그 괄호 자체, 다시 말해 실제의 그가 아닌 그의 역할에만 주목해 왔던 겁니다.

감당하기 힘든 그 큰 괄호 아래서, 겉으로는 굳건한 모습을 보여 주고 있지만, 실은 그들 역시 당신과 마찬가지로 하나같이 상처받기 쉬운 사람들입니다. 상처받기 쉬움을 자신에게 주어진 큰 역할과 의무로 애써 감추고 있을 뿐입니다.

누구나 그러하듯이 그런 역할들이란 그들에게도 생애 처음 짊어진 의무입니다. 우리는 간혹 이런 사실을 잘 잊어버립니다. 마치 날 때부터 그 역할을 담담해 온 사람이라도 되는 것처럼 겉모습 아래 숨겨진 그 사람이 느낄 고통과 고뇌는 잘 잊어버립니다. 단지 사랑하는 사람을 위해 자신이 조금이라도 더 잘 해내려고, 또 더 좋은 모습을 보여주려고 그들이 얼마나 힘겨워하는지 우리는 잘 알지 못합니다.

따라서 우리는 그가 짊어진 의무라는 큰 이름 아래 숨겨진 그의 진짜 모습에 늘 감사해야 할 것 같습니다. 벅찬 그 역할을 마다하지 않고 오늘도 꿋꿋이 감내해 가는 그들의 의연하고 고귀한 사랑에 말입니다.

자유의 양 날개

그리고 먼 훗날 언젠간, 슬픔을 주는 사람에게서도 기쁨의 한 조각을 발견할 수 있을 거라 스피노자는 확신했습니다. 훨씬 원숙해진 우리의 역량은 공통점을 넘어 이제 서로의 차이까지 포용할 수 있다는 고귀한 믿음이기도 합니다. 그것은 관용입니다.

지금껏 우리가 이야기했던 이야기, 그러니까 공감을 통해 공통점을 발견하고 이로써 서로를 이해해 가는 기쁨이 **사랑**이라면, 상대에게서 발견한 차이를 서로 인정하면서 그것을 끌어안는 기쁨이 바로 **관용**일 겁니다. 물론 관용 역시 넓은 의미로 보자면 사랑의 한 형태입니다. 애써 구분하자면, 앞서 말한 공감을 통한 사랑을 에로스와 필로스라고 한다면, 차이를 인정하는 관용은 아마도 아가페에 해당할 겁니다.

즉 상대가 나에게 기쁨을 주기에 그를 사랑하는 것이 아니라 비록 상대가 나를 슬프게 할지라도 그를 보듬고 이해할 수 있는 보다 큰 사랑이자 관용입니다. 나에게 기쁜 것이 선이고, 나에게 슬픈 것이 악입니다. 이제 기쁨과 슬픔의 경계를 극복한 저 관용은 아마도 선악의 저 너머에 있는 궁극적인 사랑인지도 모릅니다. 마치 모든 것을 용서하는 신의 사랑처럼, 혹은 모든 자식의 잘못까지도 떠안는 부모의 사랑처럼 말입니다.

그러나 언뜻 생각해도 쉽지만은 않을 것 같습니다. 스피노자 역시 이런 사랑의 실천이 얼마나 힘겨운지 다음의 말을 통해 단적으로 표현했습니다.

그런 사랑은 희귀한 만큼 어렵고 어려운 만큼 고귀합니다.[13]

저 말의 뒷부분에 생략된 몇 마디는 아마도 '그것은 이토록 힘듭니다. 그렇지만 가능합니다'가 아닐까 싶습니다. 이렇게 스피노자는 슬픔 속에서도 기쁨을 발견할 수 있다는 자신의 믿음을 끝까지 지켜나갔습니다. 또 거기에 대한 희망의 끈을 놓지 않았습니다. 왜냐면 그는 그만큼 우리 이성의 힘을 신뢰했으니까요. 스피노자는 자신의 믿음을 다음과 같이 고백하듯 밝혔습니다.

> 이성의 지도에 따라서 생활하는 사람은 가능한 한 자신에 대한 타인의 미움, 분노, 경멸 등을 반대로 사랑이나 관용으로 보상하고자 노력한다.[14]

> 정신은 무기가 아니라 사랑과 관용에 의하여 정복된다.[15]

스피노자의 말마따나 물론 쉽지만은 않겠지만, 저런 경지에 이를 수 있다면 우리는 완전한 자유를 얻게 되는지도 모릅니다. 왜냐면 어찌 보면 자유란 다름이 아니라 관계 속에서 찾는 기쁨이니까요. 관계 속에서 빛을 발하는 우리의 능동적인 기쁨 말입니다.

예를 들어 아는 사람도 별로 없는 어떤 회식 자리에 갔을 때, 주위의 모든 사람은 당신께 하나의 물음표일 겁니다. 회식 분위기도 딱딱해서 처음부터 끝까지 시종일관 화기애애함은 찾아볼 수도 없고, 그렇다고 아는 사람이라도 있어 단둘이 대화할 수도 없다면 그 자리는 아마 당신께 고역 자체일 겁니다. 자유는 고사하고 예속도 그런 예속은 아마 없을 겁니다.

　따라서 자유란 우리가 맺는 각각의 관계에 얼마나 적절히 잘 대처할 수 있느냐에 달려 있는지도 모릅니다. 만약 그 관계 속에서 당신이 능동적으로 행동하며 기쁨을 찾을 수 있다면 그만큼 당신은 자유로울 겁니다. 그 관계는 당신에게 자유 그 자체입니다. 또 그런 관계가 당신을 중심으로 여러 방향으로 뻗어 나가서 더 새로운 관계가 계속 생겨나고 모든 관계 속에서 당신이 더 능동적으로 변해 갈 수 있다면 당신의 자유는 그만큼 커지는 것이겠지요. 이에 대해 스피노자는 다음과 같이 이야기해 줍니다.

　　더 많은 것에 우리 몸과 마음이 **적합해질수록** 우리는 **더 큰 능력**을 가진 것이며 우리는 더 자유로워질 수 있습니다.

　여기서 적합해진다는 것은 우리의 대처 능력이 향상되는 것을 뜻합니다. 즉 몸과 마음이 한데 어우러져 자연스럽게 대처할수록 우리는 더 자유로워질 겁니다. 이렇게 보자면 스피노자가 여기서 언급한 '능력'이란 바로 상대와 공감할 수 있는 능력을 암시합니다. 이성의 인식을 통해 상대를 이해해 나가는 공감 능력 말입니다. 따라서 스피노자의 저 말은 다음과 같이 풀어 쓸 수 있을 겁니다.

　　더 많은 관계에 우리 몸과 마음이 스스로 대처할 수 있게 된다면 우리는 더 큰 공감 능력을 가진 것이며, 우리는 더 자유로워질 수 있습니다.

이렇게 관계를 통해 타인을 경험해 가면서 그 속에서 서로에게 숨겨진 공통점을 발견하고, 끝내 교감과 공감을 이루어 낸다면 우리는 그를 이해하고 사랑하기 시작한 겁니다. 그리고 이런 관계가 꾸준히 확대될수록 우리의 공감 능력 역시 점점 더 배가될 것이 분명합니다.

　그리고 끝내 우리는 어떤 관계를 접하더라도 거기서 우리의 능동성을 이끌어 낼 수 있는 우리만의 공감 능력을 터득하게 될 것입니다. 낯선 것을 접했을 때 당신이 취하는 태도가 당신을 예속하기도 혹은 자유롭게 하기도 할 겁니다.

　따라서 당신이 가진 자유의 양과 질은 당신의 공감 능력의 양과 질이 결정할 것입니다. 능동적인 너무도 능동적인 그 공감 능력 말입니다.

　만약 당신이 맺은 모든 관계 중에, 당신께 기쁨을 주는 관계가 그 절반을 차지한다면, 나머지 절반은 아마도 당신께 슬픔을 주는 관계일 겁니다. 이럴 경우 당신은 당신에게 허락된 완전한 자유의 절반밖에는 누리지 못하는 셈이겠지요. 이것은 한쪽 날개를 잃어버린 자유일 겁니다. 당신의 완전한 자유는 나머지 절반인 슬픔의 관계 속에서도 기쁨을 발견해 낼 때에만 가능할 겁니다. 그럴 때에만 당신은 온전한 두 개의 날개를 가지게 됩니다. 완전한 자유의 날개 말입니다.

　그러고 보면 우리 삶이란 슬픔에서 기쁨을 찾아내기 위해 우리 자신을 단련시켜 나가는 먼 여정인지도 모릅니다. 잃어버린 자신의 한쪽 날개를 마저 찾아가는 긴 도정 말입니다.

페테르 파울 루벤스, 「십자가로부터의 하강」(1612~1614년)

────

스피노자는 서로의 신체에서 시작한 교감과 그로 인해 우리 영혼에 피어나는 공감의 울림을 '공통 개념'이라는 말로 표현했습니다. 소박하게 말하자면 공통 개념이란 몸의 교감과 영혼의 공감과 다름 아닙니다.

관용의 한 조각

스피노자에게 신은 아마도 세상의 신비로운 진실의 큰 덩어리를 빵 조각처럼 잘게 떼어 인간들 하나하나에 따로따로 보관시켰는지 모릅니다. 그래서 우리 자신이 가진 영혼의 빵 조각은 타인의 영혼에 간직된 다른 빵 조각의 절단면과 감쪽같이 일치합니다. 마치 거울을 두 조각으로 잘라 하나씩 보관하고 있다가 훗날 다시 만날 때 그 조각을 맞춰보듯이…….

우리는 스스로 다 파악할 수 없는 이 거대한 세계와 인간의 진실에 대한 퍼즐을, 상대가 지닌 나머지 조각들을 그들의 영혼 속에서 발견해 냄으로써 완성해 가고 있습니다. 그 많은 퍼즐 조각들은 타인에게도 나에게도 간직되어 있지만 그것이 한데 모일 때에만 그제야 완성된 그림을 보여 줄 겁니다. 그래서 나에게 기쁨을 주는 사람들에게서 애써 모은 공통점만으로는 전체 그림의 절반밖에는 이해할 수 없습니다.

나머지 조각들은 기쁨을 넘어 슬픔 속에서만 발견해 낼 수 있습니다. 설령 완성의 시점이 언제인지는 몰라도, 또 끝내 완성되지 못할지라도, 우리는 슬픔을 주는 이들의 영혼에 숨어 있는 나머지 조각을 인식하고 공감하려 노력할 때에야 비로소 거대한 그림의 전체 모습을 예상할 수 있게 됩니다.

그 그림은 아마도 플랜더스 평원을 뛰어다니며 화가를 꿈꾸던 어린 소년 네로에게 끝없는 염원이었던 안트베르펜 대성당의 그림 같이 신비로운 존재일지도 모릅니다. 네로와 그의 사랑스러운 친구 파트라슈가 세상의 차디찬 오해에 쫓겨 그들 생애 마지막 밤을 함께 보낸 대성당에서 볼 수 있었던 그 그림. 루벤스Peter Paul Rubens의 역작 「십자가로부터의 하강Descent from the Cross」. 십자가에 못 박혀 끝내 눈을 감은 예수의 몸이 생전에 그를 따르던 이들의 손에 의해 십자가에서 조심스럽게 내려지는 그 숭고한 그림.

여기서 하강이란 고귀함이 천상으로 올라가는 상승을 의미하는 것이 아니라, 반대로 숭고함이 지상으로 다시 내려오는, 큰 비극 후에 찾아든 거대한 기쁨의 예고입니다. 비록 그 위에서 예수는 인간으로서의 삶을 마감했지만 그의 영적인 힘이 영원히 지속될 거라는 가장 큰 기쁨을 신도들에게 일깨우듯이, 「십자가로부터의 하강」이라는 그림 자체는 종교적인 믿음을 떠나 가장 고귀한 것이 다시 이 지상으로 내려오리라는 소망의 표현입니다.

여기서 고귀한 것이란 종교인들이 흔히 말하듯 신앙에 바탕을 둔 영생에 대한 믿음이 아니라, 실은 지금 여기 현세의 행복과 감사에 대한 우리들의 고귀한 믿음입니다. 즉 주인의 두려운 시선이 만든 수동적인 믿음이 아니라 주인의 그림자나 모습이 보이지 않을지라도, 우리 각자가 주인이 된 우리 자신의 시선을 통해 스스로 수확할 능동적인 행복과 감사 말입니다.

그래서 이 순간 우리에게 필요한 것은 아마도 관용일 겁니다. 이것은 스피노자가 당신께 들려 드릴 마지막 남은 이야기의 주제가 될 것입니다. 이를 위해 나와 타인을 차례대로 비춘 우리의 이성은 관용을 향해 스피노자의 신, 그러니까 이 세계 전체를 비출 것입니다. 가장 상위 단계의 사랑, 그러나 고귀한 만큼 힘든 그 사랑, 관용을 향해서 말입니다.

15

순간에 새겨 넣은
영원

바다의 성자

마치 헤밍웨이Ernest Hemingway의 소설『노인과 바다』의 해변처럼 쿠
바 인근의 한적한 섬에 나이든 어부가 한 명 살고 있었습니다. 가난
한 집안 형편으로 어릴 때부터 아버지를 따라 낚시를 해야 했습니
다. 그래서 학교도 제대로 다니지 못했고 당연히 글도 배울 수 없어
신문조차 읽지 못하는 노인이었습니다. 그의 친구는 수십 년간 그
속에서 삶을 일군 바다였습니다.

젊은 날 한때는 바다가 너무 지겨워 섬을 떠나 도시로 나가고 싶
기도 했습니다. 그러나 그때마다 사정이 생겨 좋으나 싫으나 이 섬

에 머물게 되었고 어느 순간 자신의 삶은 이 바다에 있음을 깨닫게 되었습니다.

그에겐 아주 어릴 적부터 절친한 친구가 있었습니다. 마을에서 같은 나이를 가진 유일한 친구였고, 그 역시 노인처럼 어부의 아들로 태어나 어부로 살아가는 친구였습니다. 그들이 20대를 갓 넘긴 나이였을 때 혈기 넘치던 그들에게 바다는 다만 정복의 대상이었습니다. 서로 선의의 경쟁이라도 하듯 그들은 늘 함께 바다로 나갔고 서로의 작은 배를 마주 보며 노를 저어 마을로 돌아오곤 했습니다. 그런 날 밤은 젊은 두 친구의 만선을 축하하는 마을의 소박한 향연이 벌어지기도 했습니다.

그러던 어느 해, 맑은 날씨에 출항한 두 청년은 먼 바다에서 그만 큰 풍랑을 만나게 됩니다. 몰아치는 굵은 빗줄기와 집채만 한 파도와 악전고투를 벌였지만 친구의 배는 그만 큰 파도에 전복되고 말았습니다. 20대였던 노인은 그를 구하려고 안간힘을 썼지만 모든 시도는 수포로 돌아갔습니다. 그 역시 큰 파도를 얻어맞고 뱃머리에 넘어져 정신을 잃고 말았습니다.

얼마나 시간이 지났을까. 정신을 깨었을 때 언제 그랬냐는 듯 하늘은 청명했고, 젊었던 노인의 배만 덩그러니 고요한 바다를 떠돌고 있었습니다. 아무리 친구의 배를 찾으려 해도 보이는 건 망망대해뿐 친구의 모습은 어디에도 보이질 않았습니다. 게다가 풍랑에 나침반도 다 떠내려가 여기가 어딘지 도저히 가늠조차 할 수 없었습니다. 바로 그때 노인은 소스라치게 놀랐습니다.

저 맑고 깊은 바다 속에 거대한 물줄기가 유유히 흐르고 있는 장관을 목격한 겁니다. 그리고 투명한 바다를 통해 그 심해의 물줄기를 타고 모든 세월을 걸쳐 침몰했던 세상의 모든 배들이 어딘가에 홀린 듯 무리를 지어 서서히 움직이고 있었습니다. 그 수많은 난파선 무리의 끝에 친구의 작은 배도 보였습니다. 놀랍게도 먼 심해에서 친구는 노인을 올려다보며 환하게 웃고 있었습니다. 너무도 태연히 너무도 평화로운 모습으로 말입니다.

손을 뻗어 보았지만 다만 잔잔한 바다 표면에 물결만 그려질 뿐 친구의 목소리는 들리지 않았습니다. 저 깊은 바다 속 물줄기를 타고 친구는 다른 배들과 함께 어디론가 흘러가고 있었습니다.

순간 노인은 잠에서 깨었습니다. 역시 친구의 배도 아까 그 난파선들도 보이지 않았습니다. 다만 심해의 그 거대한 물줄기만이 미리 정해진 방향이라도 있기나 한 듯 계속 한 방향으로 자신의 배를 움직이고 있었습니다. 얼마나 시간이 흘렀을까. 노인의 배는 마을 섬이 보이는 근해까지 흘러갈 수 있었습니다.

사랑하는 친구를 잃어버린 노인은 이후 바다를 저주하고 섬을 떠나려 했지만 그럴 때마다 다시 이곳 마을로 돌아와야 했습니다.

어느덧 많은 해가 지나면서 노인은 바다의 모든 얼굴을 하나하나 알아 가기 시작했습니다. 그날 구름의 양과 흐름은 물론, 전날 밤 바람의 세기와 방향, 그리고 달무리와 무수한 별자리, 바다 냄새의 미세한 차이까지, 섬을 둘러싼 이런 모든 변화를 읽고 바다가 자신의 얼굴에 내비칠 다음 표정을 예측할 수 있게 되었습니다.

그리고 이제 저주하던 바다를 용서하기로 했습니다. 아니 용서가 아니라 그냥 있는 그대로의 바다를 관조하기로 했습니다. 거대한 풍랑이 만든 몸서리치는 엄청난 힘도, 또 그것을 저주하는 인간의 의지도, 바다에게는 어떤 선도 어떤 악도 아닌 단지 자연의 흐름일 뿐이었습니다. 바다는 누구를 미워하지도 사랑하지도 않으며 다만 자신에게 허락된 자연의 법칙에 따라 늘 저렇게 스스로를 변화시켜 나갈 따름입니다.

바다의 모든 얼굴을 알고 나자 저주스럽던 바다의 변화는 우리가 정복해야 할 대상이 아니라 다만 마주 보며 거기에 순응해야 할 대상임을 깨닫게 되었습니다. 그 거대한 바다를 넘어서기 위해 저항한다는 것은 만용이었습니다. 반복되지만 거기서 나오는 미세한 차이와 흐름을 읽어 내고 그런 바다를 겸허히 대하는 것만이 우리에게 유일하게 허락됩니다.

이제 노인은 자신을 구속하던 바다를 서서히 이해하기 시작했습니다. 선악도 없이 다만 많은 파도들을 만들어 내며 변화하는 바다. 그리고 그것이 가진 모든 얼굴에 어떻게 대처해야 할지 깨닫기 시작한 한 인간. 노인은 드디어 바다에서 자유를 얻었습니다. 바다의 유순하던 얼굴과 자애롭던 얼굴, 또 언제 그랬냐는 듯 순식간에 변하는 험악한 얼굴들, 이 하나하나의 얼굴을 깨닫게 되면서 거기서 익힌 그 각각의 흐름을 대하는 태도는 이렇게 하나의 인간에게 자유를 선사했습니다.

그리고 오늘도 어김없이 노인은 친구를 잃은 그 먼 바다로 나가

봅니다. 그를 구해 준 물줄기는 아직도 거대한 심해의 조류로 거기 그대로 흐르고 있었습니다. 친구는 아직도 그 바다 속 어딘가에서 노인에게 기억되고 있습니다.

노인은 이제 그 속에서 영원하며 죄 없으며 천진난만한 바다를 바라봅니다. 무한한 시간이 주어진 것이 영원은 아닐 겁니다. 어쩌면 영원은 시간을 이미 떠나 있는 건지도 모릅니다. 시간을 가진 것에게서 모든 시간을 제거해 낸 것이 바로 영원일 겁니다. 그래서 영원에겐 시간이란 주어져 있지 않습니다. 시간 속의 변화는 영원에게 미동도 끼칠 수 없습니다. 이렇게 시간의 밖에 있는 것만이 영원일 것입니다.

그래서 이 바다에 법칙이 있다면 그것은 이미 시간을 떠나 있는 영원한 것입니다. 왜냐면 늘 바다는 변화하고 있지만 언제나 그 바다를 움직이는 힘은 하나이며 시간에 구애받지 않는 영원한 법칙이기 때문입니다.

그런 영원한 바다는 죄가 없으며 단지 자신의 영원한 법칙을 우리 눈에 보이는 다양한 파도의 모습으로 변화시켜 나갈 뿐입니다. 그런 영원을 바라보는 눈을 얻게 된 노인은 친구가 자신 속에서도 영원하다는 것을 새삼 느끼게 됩니다. 왜냐면 모든 것은 기억되는 만큼 그에게 영원하기 때문입니다.

우리 삶은 무한한 작은 순간들의 연속입니다. 마치 길이가 유한한 선분에 무한한 점들이 숨어 있듯이, 우리의 삶 역시 어쩌면 무한한 순간들로 이루어져 있습니다. 그리고 우리가 해야 할 것은 우리가 영원할 수 없음에 한탄할 것이 아니라, 이제 우리가 맞는 모든 순간들에 영원을 새겨 넣는 일입니다.

우리에게 미리 정해진 목적이 있을까

바다 앞에 선 노인처럼, 우리 역시 이 순간 스피노자와 함께 다시 밤하늘을 마주하고 있습니다. 거대한 별무리들은 자연이 자신에게 부여한 법칙에 따라 지금 이 순간도 쉬지 않고 처연히 무언가를 중심으로 부지런히 돌아가고 있습니다.

문득 저 무수한 별들은 어떤 목적을 지닌 채 저렇게 똑같은 주기를 반복하고 있는지 궁금해집니다. 그들에게 미리 정해진 목적이 과연 있을까. 이에 대해 스피노자는 당신을 바라보며 다음과 같이 이야기해 줍니다.

> 모든 목적은 우리가 그 원인을 제대로 알 수 없을 때 생겨나는 오해일 뿐입니다.

오래전 인류에게 주위의 모든 것이 단지 거대한 물음표였던 시기가 있었습니다. 천둥과 번개가 치는 하늘을 두려워했던 인류는 알수 없는 번개의 원인 대신 그 목적을 상상하곤 했습니다. 그러니까 신께서 불경한 사람들을 벌주기 위해 저런 무서운 하늘의 현상을 만들어 낸다는 오해 말입니다. 또 바다가 생겨난 원인을 알 수 없었던 인류에게 바다는 단지 물고기를 길러 내기 위한 목적으로 존재했습니다. 또 물고기는 사람들에게 일용할 양식으로 쓰이기 위해 그런 고귀한 목적을 지닌 채 바다에서 길러질 뿐이었습니다. 게다가 인간 역시 절대자를 경배하기 위해 당신을 닮은 모습으로 신에 의해 창조되었다고 여겨졌습니다.

이렇게 모든 것이 미리 정해진 목적을 위해 존재한다는 생각을 흔히 '목적론'이라고 부릅니다. 그러나 주지하다시피 목적은 알 수 없는 원인을 설명하려는 도피처에 불과합니다. 무지의 도피처 말입니다. 이런 생각은 니체에 의해서도 그대도 이어집니다.

> 인간은 특정 의도나, 특정 목적의 결과가 아니다. 자신의 존재를 어떤 특정한 목적에 넘겨주는 것은 허무맹랑한 일이다.[16]

만약 우리가 어떤 물건을 만든다면 그 물건에는 분명 우리가 미리 생각해 둔 목적이 있을 겁니다. 즉 미리 염두에 둔 쓰임새가 있을 겁니다. 예를 들어 의자를 만들 때 우리는 걸터앉기 위한 목적을 위해 의자를 만듭니다.

그런데 대자연은 이와 사뭇 다릅니다. 누군가 미리 정해 둔 계획에 따라 대자연을 창조했다면 그에 부합하는 목적이 있겠지만, 자연은 말 그대로 스스로 존재할 뿐입니다. 즉 스피노자에게 대자연은 자기 자신의 법칙에 따라 그냥 스스로 존재하고, 스스로 변화하고,

스스로 만들어 가는 하나의 큰 전체입니다. 그리고 전체의 바깥에는 아무것도 없습니다. 왜냐면 자연, 그러니까 우주 자체가 바로 그야 말로 모든 것, 즉 전체이기 때문입니다. 전체의 바깥에는 어떤 것도 존재하지 않습니다.

그렇다면 제작자가 없는 대자연에게는 어떠한 미리 정해진 목적이란 없어질 겁니다. 그냥 자신의 힘에 의해 스스로 존재하고 변해갈 뿐.

이렇게 대자연, 그러니까 대우주는 하나의 큰 전체이며, 우주가 가진 무한한 힘을 빌려 우리는 잠시나마 여기 이렇게 하나하나 존재합니다. 어쩌면 자연은 우리 하나하나를 통해 자신을 표현하고 있는지도 모릅니다. 우리는 대우주의 질서를 우리 속에 품은 소우주들입니다. 우리는 신, 즉 자연의 작은 조각들입니다.

따라서 우리를 비롯한 모든 생명에게는 미리 정해진 목적이란 없습니다. 왜냐면 어떤 의도 아래 창조된 것이 아니기 때문입니다. 단지 자연이 가진 힘의 표현일 뿐, 자연의 힘 역시 아무런 목적을 가지고 있지 않습니다. 자연을 움직이는 힘은 목적이 아니라, 장대한 자연법칙에 따른 인과 관계의 필연성입니다.

어찌 보면 유일하게 영원한 것은 바로 자연의 원리인 인과의 필연성입니다. 자연은 늘 변해 가는 모습으로 우리에게 다시 돌아옵니다. 그 무한한 변화의 시간 속에 단 하나 변하지 않는 것이 있다면, 그런 시간을 돌리고 있는 오직 하나, 그것은 인과의 필연성입니다.

마치 운명의 여신이 쉼 없이 돌리는 필연의 물레처럼, 또 물레로부터 시간의 끊임없는 줄이 생성되어 나오듯이 말입니다. 그래서 필연성은 이미 시간 밖에 있는 영원한 것입니다. 그것은 필연의 물레 자체입니다. 다시 말해 필연의 수레바퀴.

멀리 돌아온 길

우리의 목적은 우리 스스로 만들어 갈 수밖에 없습니다. 미리 정해진 목적이란 아예 없으니까요. 목적이 먼저 있고 그다음 우리가 있는 것이 아니라, 늘 우리가 먼저 있고 그런 다음 우리의 목적이 정해집니다. '당신은 반드시 이러이러해야만 한다!'가 당신에 앞서 미리 정해져 있고 거기에 당신이 따르는 것이 아니라, 당신이 스스로 정한 목적과 당신이 하는 행동만이 당신이 이러이러한 사람임을 말해 줍니다.

그리고 우리가 정해 가는 목적은 달리 표현하자면 우리가 정한 '목표'라고 볼 수 있을 겁니다. 그런데 여기서 문제는 우리가 대체로 저기 어딘가에 있을 목표 지점만을 바라본다는 사실입니다. 미래의 목표를 위해 오늘은 늘 희생됩니다. 저기 보이는 완전한 목표를 위해 거기에 이르는 과정은 이렇게 목표의 그늘에 가려 하찮은 것으로 치부됩니다.

마치 먼 길을 돌아 다시 떠난 자리로 돌아온 사람이 자신이 허비한 세월과 자신이 지내 온 모든 과정을 저주하는 것처럼 말입니다.

윌러드 메트캐프, 「서쪽 해안에서 02」(1885년)

우리 삶은 무한한 작은 순간들의 연속입니다. 마치 길이가 유한한 선분에 무한한
점들이 숨어 있듯이, 우리의 삶 역시 어쩌면 무한한 순간들로 이루어져 있습니다.
그리고 우리가 해야 할 것은 우리가 영원할 수 없음에 한탄할 것이 아니라, 이제
우리가 맞는 모든 순간들에 영원을 새겨 넣는 일입니다.

왜냐면 물리적 거리로만 보자면 그는 단 한 발자국도 움직인 것이 아니니까요. 출발 지점과 도착 지점은 한 치의 오차도 없이 동일하니까요.

그러나 언제나 그렇듯 중요한 것은 출발 지점에서 얼마나 멀리 왔느냐가 아니라, 목표 지점을 향해 가며 그가 걸었던 무수한 길들입니다. 목표 자체가 아니라 그 과정 말입니다. 한탄에 마지않는 저 사람의 생각대로라면 늘 흙에서 와서 흙으로 돌아가는 모든 인생은 의미를 잃고 맙니다. 우리에게 가장 소중한 것은 역시 멀리 돌아온 길, 그 자체입니다.

그래서 우리는 목표가 완벽히 달성되는 벅찬 순간을 기대할 것이 아니라, 그것을 향해 가는 오늘의 한 발 한 발에 감사해야 할 따름입니다. 이성도, 이해도 마찬가지입니다. 이성을 꾸준히 도야해서 어느 시점에 도달해 드디어 완성된 이성을 사용하는 것이 아니라, 이성을 단련시켜 가는 과정 자체가 이미 이성을 쓰면서 완성해 가는 과정입니다. 또 누군가를 이해하는 완벽한 이해의 시점이 미래 어딘가에 정해져 있는 것이 아니라, 그를 꾸준히 알아 가려는 이해의 과정 자체가 이미 의미를 가지는 것입니다.

아마 우리 삶도 그럴 겁니다. 어쩌면 삶이란 신이 우리 각자에게 던진 수수께끼입니다. 그리고 살아간다는 것은 그 수수께끼를 풀어 가는 과정입니다. 그러나 그것은 하나의 정답을 가진 질문이 아니라, 무수한 해답의 가능성을 품은 수수께끼입니다. 따라서 우리의 목표는 미리 정해진 하나의 정답을 따라가는 것이 아니라, 우리만의 해답을 찾는 과정에 있습니다.

　우리는 삶이 우리가 바라는 바에 아직 못 미치고 있음에, 혹은 아무리 발버둥 쳐도 그 목표에 도달할 수 없음에, 또는 그런 삶이 영원히 주어져 있지 못함에 한탄할 게 아니라, 단지 미래의 기대를 가지고 과거를 돌아보되, 늘 중요한 지금 이 순간에 가장 큰 의미를 새겨 넣은 겁니다.

　이를 통해 목표와 지금 현재 사이의 간극은 오히려 고귀한 의미로 채워질 수 있습니다. 그리고 의미는 경험을 통해 단지 주어지는 것이 아니라 경험에 우리가 스스로 부여하는 것입니다. 즉 경험에 의미를 새겨 넣을 수 있을 때 경험은 참된 체험이 됩니다.

　먼 길을 돌아 다시 제자리로 돌아왔다는 푸념은 그가 걸어 온 모든 길을 마치 육상 경기장의 트랙 같이 완전한 원환으로 착각했기 때문입니다. 그러나 실은 그의 모든 길은 나사못에 새겨진 '나선형의 길'이었습니다.

　물론 다시 제자리로 돌아올지라도 도착 지점은 늘 출발 지점으로부터 일정 부분 상승한 곳에 놓여 있기 마련입니다. 마치 나사가 회전하며 높이가 변하듯이 그는 한 바퀴를 돌면서 자신도 모르는 사이에 두 지점 사이에 틈(차이)을 만들어 낸 겁니다. 그가 만든 틈이야말로 그가 살아온 의미일 겁니다. 다시 말해 나선을 따라 걸었던 모든 길이 경험이라면, 나선이 회전하며 만든 틈은 바로 삶이 지닌 의미입니다.

　우리는 삶의 모든 길을 통해 무언가를 희망하게 됩니다. 그러나 희망은 미래에 대한 기대이지만, 그리고 결코 저버릴 수는 없지만, 기대가 확률로만 흐를 때 오늘의 가치는 부정되기 쉽습니다. 늘 미래로 미뤄지는 행복은 절대 달성될 수 없으니까요.

이렇게 희망과 공포는 늘 함께 갑니다. 무언가를 희망하는 간절함은, 그것이 이루어지지 못할 수도 있다는 공포의 불안을 함께 느끼는 심정이 아닐까 싶습니다. 대개 우리는 불만족스러운 현재의 불안을 미래에 대한 거대한 희망으로 잠재우려고 합니다.

그러나 달리 보자면 이것은 미래에 달성될 부러운 나 자신에 대한 찬양에 정신이 팔린 나머지 지금의 나를 무시하는 처사인지도 모릅니다. 늘 미래를 생각해야만 합니다. 하지만 그것은 한낱 확률적인 기대가 아닙니다. 아직 발견되지는 않았지만 오늘의 내가 틀림없이 지니고 있는 잠재력을 펴낼 때에야 가능할지도 모릅니다. 그리고 그런 잠재력을 향한 노력은 미래를 단순히 기대하는 희망에서 출발하는 것이 아니라 가장 깊은 절망의 밑바닥에 닿았을 때야 비로소 시작되는지도 모릅니다. 바로 지금 이 순간 말입니다.

이렇게 가장 깊은 슬픔의 바닥에 발이 닿는 절망의 지점을 거치지 않고서는 참된 기쁨도 허락되지 않습니다. 그래서 우리가 지금 해야 할 일은 영원함에 대한 질시도, 또 유한함에 대한 한탄도 아닐 겁니다. 다만 우리가 맞이하는 지금 이 순간, 이 모든 순간에 영원을 새겨 넣는 일입니다.

영원한 순간

스피노자는 이렇게 순간에 새겨 넣는 영원을 일러 '직관지'(제3종 인식)라고 불렀습니다. 이성에 의한 온전한 앎이 공통 개념을 통한 인식(제2종 인식)이라면, 그보다 더 상위의 인식을 직관지라 명명한 것입니다.

이성적 앎이 하나하나의 인과 관계를 따라가면서 순차적인 단계를 밟는 논리적으로 잘 짜인 계단 같은 구조라면, 직관은 몇 개의 계단을 한 번에 뛰어넘는 도약입니다. 예를 들어 A에서 시작해 B를 거쳐 C로 가고, 이런 식으로 순차적으로 단계를 밟아 드디어 Z에 이르는 인식이 이성에 의한 제2종 인식이라면, 직관지는 A를 보는 순간 바로 Z에 도달하는 인식의 도약입니다.

마치 시인이 갑작스러운 영감에 아무런 망설임도 없이 펜을 들자마자 마지막 시어까지 쉼 없이 한 편의 시를 써 내려가듯이, 혹은 화가가 불현듯 찾아든 영감에 의해 한 편의 그림을 주저 없는 손놀림으로 단숨에 완성해 내듯이, 우리 역시 어느 순간 그런 직관지의 경지에 도달할 수 있다고 스피노자는 이야기합니다.

그러나 직관이 전혀 예상치 못했던 순간에 갑자기 찾아오는 것은 사실이지만, 이런 순간을 위해서는 부단한 노력이 필요하다고 스피노자는 당부합니다. 마치 말할 수 없이 고귀한 영감을 얻은 시인도 그 영감을 얻는 순간은 찰나지만, 그 순간을 위해 무수한 시를 썼다가 지우고, 새로운 영감을 위해 늘 감성의 문을 활짝 열어 두고 준비하듯이, 우리에겐 시인의 그런 부단한 노력이 요구됩니다.

그 노력이란 어찌 보면 우리 스스로 삶의 해답을 찾는 과정에 숨어 있습니다. 미리 정해진 하나의 정답이 아니라 무수한 가능성으로 열린 답을 이러 저리 풀어 보려는 과정으로서의 해답 말입니다. 끝까지 정답에 얽매이는 삶은 오직 슬픔으로 가득할지도 모릅니다. 정해진 하나의 정답에 이르지 못하는 자신에 대한 슬픈 자책만이 기다리고 있을지도 모르니까요.

그래서 정답이 아닌 해답을 찾는 과정은 늘 자신만의 기쁨을 찾아내는 길이기도 합니다. 따라서 '저것의 정답은 오직 하나다'라고 외치는 누군가의 말은 믿지 마십시오. 우리가 풀어야 하는 수수께끼는 그들의 답을 무비판적으로 따라가는 것이 아니라 자신만의 풀이 방법을 알아내는 과정이니까요. '저렇게 좋은 정답이 미리 다 준비되어 있는데도 그것을 따르지 않다니!' 이런 조롱과 비웃음도 무시하셔도 됩니다. 그리고 드디어 언젠간 당신만의 기쁜 해답을 찾아내시길 바랍니다.

여기서 제가 마지막으로 말씀드릴 수 있는 것은 스피노자가 제시해 준 하나의 힌트를 당신께 들려 드리는 겁니다. 이 역시 정답이 아니라 스피노자가 생각한 하나의 해답일 뿐입니다.

스피노자에게 있어 모든 순간에 새겨 넣는 영원이란 바로 '필연성'입니다. 즉 우리는 늘 변해 가는 순간을 맞이하지만 그 모든 순간은 자연이 허락한 영원한 법칙에 따라 진행되는 무수한 인과 관계의 필연적 흐름입니다. 따라서 원인을 알 수 없어 우연이라 말해 온 파편들 속에서 드디어 우리가 필연의 질서를 발견해 낼 때, 여기저기 흩어져 있던 우연의 파편들은 이제 하나로 이어지며 필연이 될 수 있습니다. 알 수 없어 두렵던 우연은 이제 익살스럽고 친근하기까지 한 필연이 됩니다.

니체는 이것을 운명애amor fati라고 부르기도 했습니다. 그것은 우연을 견뎌 내며, 우연을 필연으로 이해하고, 끝내 필연을 받아들이는 '필연에 대한 사랑'이기도 합니다. 니체는 이렇게 이야기합니다.

> 인간에게 있는 위대함에 대한 내 정식은 운명애다. 앞으로도, 뒤로도, 영원토록 다른 것은 갖기를 원하지 않는 것. 필연적인 것을 단순히 감당하기만 하는 것이 아니라, 은폐는 더더욱 하지 않으며, 오히려 그것(필연)을 사랑하는 것…….17

주지하다시피 이렇게 우연을 필연으로 이해하는 노력이 바로 서로를 알아 가려는 노력, 즉 사랑의 과정이기도 합니다. 그러니까 출발 지점이 서로에게서 너무 멀리 떨어져 있어 만나기 전까지 서로의 존재마저 알 수 없었던 상황은, 드디어 만남이라는 마주침을 통해 서로를 알아 가려는 노력으로 바뀔 수 있습니다.

이제 각자가 살아온 삶의 역사를 구성해 온 모든 연결고리는 서로의 노력에 의해 이해해 갈 수 있게 됩니다. 이렇게 상대가 밟아 온 모든 인과 관계의 흐름을 필연으로 이해하려 할 때 우리는 그를 진정 사랑하는 건지도 모릅니다. 그런 사랑이 나에게 오고, 또 내 손이 닿을 수 있는 지척에 머문다는 것은 삶을 통해 우리가 늘 감사해야 할 운명의 선물입니다.

가장 높고 영원한 사랑

이렇게 스피노자가 생각했듯 대우주의 영원한 법칙인 필연성을 모든 순간에 새겨 넣을 때, 다시 말해 영원을 바라보는 눈으로 순간을 볼 수 있을 때, 어쩌면 우리는 자신 속에 고립된 편협한 자신으로부터 해방되어 우주의 거대한 운행과 합일하는 최종적인 기쁨에 이르게 되는지도 모릅니다.

스피노자는 이런 경지를 일러 '신에 대한 지적 사랑'이라는 고결한 단어로서 표현했습니다. 마치 자신과 외부를 경계 짓던 장막이 걷히는 순간이라고나 할까요. 어찌 보면 이것은 앞서 말했던 사랑의 가장 높은 단계, 즉 '관용'의 다른 표현인지도 모릅니다. 모든 '어쩔 수 없었음'에 대한 이해 말입니다. 자신이 몸담고 있는 곳, 그 외부에 대한 사랑 말입니다.

외부에 대한 사랑이란 자신의 정신이 몸담은 자신의 몸과 자신의 몸이 몸담은 공동체 밖을 향한 사랑입니다. 내가 속한 곳의 외부에 대한 사랑 말입니다. 다시 말해 내 몸 안에서 누려 오던 익숙한 습관에서 벗어나 낯설음을 향한 사랑이며, 내가 속한 공동체 밖의 낯선 이방인에 대한 사랑이기도 합니다.

이것은 나와 나 아닌 것 사이의 경계를 무너뜨리는 가장 높은 단계의 사랑이 아닐 수 없습니다. 습관의 관성에서 드디어 벗어나, 우리가 속한 내부의 관계에 머무는 것이 아니라 외부로 한없이 열린 무한한 관계의 지평 위에 우리 자신을 당당히 세우는 일입니다.

이렇게 우리의 사랑이 외부와의 장막까지 무너뜨릴 수 있다면 그 사랑은 이미 선악의 저편에 머물고 있을 겁니다. 선과 악을 생각지도 않는, 천진난만하고, 죄 없으며, 가장 고귀한 사랑 말입니다.

아마도 가장 위대한 신적 사랑은 저 천상 어딘가에 숨겨져 있는 것이 아니라, 일상의 한구석에 우리가 버려두었던 사람들의 가슴속에 이미 존재했는지도 모릅니다. 단지 우리는 더 높고, 더 깊은, 그래서 가장 숭고할 것이라 여겨 온 이상을 좇아가느라, 그들의 피부 속에 이미 깃들어 있던 표면이 주는 일상의 기쁨을 등한시했을 뿐입니다.

그러나 모든 구원은 저 높은 천상이나 저 깊은 심연이 아니라 이렇게 우리가 살아 숨 쉬는 삶의 표면에 이미 있었습니다. 주인의 부릅뜬 시선을 의식하지 않고도 우리는 울타리 속 다른 양들을 서로 사랑할 수 있습니다. 그들은 신들이 떠나간 같은 언덕에서 삶의 풀을 뜯는 우리와 다를 바 없는 고귀한 양들이니까요. 신의 시선을 의식하지 않고 동료의 따뜻한 시선으로 서로를 바라보면서 말입니다.

그들과 함께 무언가를 해내며 그 속에서 진정한 하나임을 느낄 때, 인식의 한계를 넘어 일체가 주는 즐거움의 성찬이 이미 오래전 우리 마음속에 마련되어 있었다는 놀라운 사실을 깨닫게 될 겁니다. 이렇게 모두가 함께하는 즐거운 만찬의 발견이야말로 가장 큰 사랑의 시작이기도 할 겁니다.

모든 종교는 작은 공동체에서 시작되었지만, 종교가 위세를 떨치게 될 때 빵 조각을 나눠 먹던 공동체 만찬의 느낌과 감사는 쉽게 말라 버립니다. 지상을 떠나 저 먼 미래나 구름 위 별들 사이에 숨어 있으리라 믿는 숭고한 무언가를 위해 지상의 행복과 감사는 너무 쉽게 무시되곤 했습니다.

차례차례 단계를 밟으며 성숙할수록 대부분의 종교가 편협하고 폐쇄적이며 독단적 고립을 향해 갈 수밖에 없는 이유는, 먼 과거에 그들의 선지자들이 추구하던 공동체 의식으로부터 너무 멀리 떠나왔기 때문입니다. 유목민들의 덕목이었던 자신에게 찾아온 이방인을 향한 대가를 바라지 않는 환대 말입니다. 아이러니하게도 제도화될수록 종교는 이런 참된 신앙과 멀어지기 쉽습니다. 오래전 순결하던 신앙의 고백은 어느덧 그 속에서 숨 쉴 틈조차 찾아보기 힘든 단단히 굳어진 종교적 교리로 변합니다.

그러나 어쩌면 가장 근원적인 신은 누군가에게만 출입이 허용되는 어딘가 외딴 동굴 속에 석상이나 그림자로 남겨져 숭배받는 황혼녘 우상은 아닐 겁니다. 대신 우리가 잊어버린 계보의 첫 시작, 그러니까 우리 무의식의 기억 속에 고스란히 간직되어 있는지도 모릅니다. 그리고 예상할 수 없어 단지 우연이라 치부하던 어떤 비자발적인 마주침은 우리로 하여금 깊은 무의식의 기억을 다시 끄집어내게 하리라 믿습니다. 편견과 선입견으로 물든 의식의 장벽에 소통할 수 있는 작은 틈을 만들면서 말입니다.

같은 종교를 가진 사람들만을 이웃으로 여기던 편협한 생각은, 초기 종교가 그토록 애타게 찾아 헤매던 숭고한 가치를 스스로 다시 재발견해 낼 때에만 비로소 공동체 속에서 녹아내릴 수 있습니다. 그것은 가까운 이웃에 대한 사랑이 아니라 어쩌면 가장 먼 이웃에 대한 진정한 사랑인지도 모릅니다. 설령 그 이웃이 자신과 다른 견해를 가진 이방인일지라도 말입니다. 이것은 아마도 관용일 겁니다. 즉 나와 함께 나눈 공통점을 넘어서 드디어 차이까지 끌어안을 수 있는 가장 높은 의미의 사랑, 다시 말해 아가페 말입니다.

이제 우리는 여기서 종교라는 단어 대신 우리가 추구하는 모든 고귀한 공동체의 이름을 그 빈자리에 대신 넣어 볼 수 있을 겁니다. 관용이 필요한 곳은 다만 종교적 공동체뿐만이 아니라, 우리의 가족 공동체, 사회 공동체, 문화 공동체, 정치 공동체, 국가 공동체, 인류 공동체도 될 수 있을 테니까요.

이런 염원은 오래된 기원origin 속에 고이 간직되어 있을 순수함에 대한 헛된 동경만은 아닙니다. 오히려 각각의 공동체가 실제로 역사를 겪어 오면서 자신도 모르는 사이에 형성한 고립과 폐쇄성을 허무는 긍정적인 첫 작업이 될 겁니다.

이런 것이야말로 니체의 어법으로 말하자면 약자가 아닌 진정한 강자가 되는 비결이 아닐까 싶습니다. 즉 적수를 인정하고 오히려 적이 강할수록 그들에게 존경의 찬사를 마다하지 않는 내면의 강자들 말입니다. 또 스피노자의 어법을 인용하자면 원한과 복수가 아닌 사랑과 관용으로써 상대를 대하는 진정한 현자의 태도일 것입니다.

그런 사랑은 희귀한 만큼 어렵고 어려운 만큼 고귀합니다.

그럼에도 불구하고 만약 이런 사랑이 가능하다면, 그것은 신의 일부인 우리가 다시 우리를 표현해 낸 신을 사랑하는 행위가 됩니다. 그러니까 신의 한 조각에 불과한 존재가 그 거대한 신을 사랑하며 완전한 하나가 되는 겁니다.

우리 각자는 작은 소우주일 수밖에 없지만 소우주를 만들어 낸 대우주도 못하던 것을 작은 소우주인 우리가 대우주를 거꾸로 사랑함으로써 놀라운 사랑을 만들어 낼 수 있습니다. 마치 영원한 것에 비하자면 아무것도 아닌 작은 '순간'이 영원을 끝내 인식하듯이 말입니다. 다시 말해 인간이라는 유한한 소우주는 무한한 대우주를 자신의 가슴속에 사랑으로 품을 수 있습니다. 순간에 영원을 새겨 넣으면서……. 스피노자의 표현을 빌리자면 '모든 것을 영원의 눈으로 바라보면서' 말입니다.

마지막으로 스피노자는 이렇게 영원을 바라볼 수 있는 고귀한 눈을 가진 사람이야말로 가장 행복한 사람이 아니겠느냐고 우리에게 되묻습니다. 욕망이 다양하듯이 우리에게 허락된 행복은 무수히 많을 거라고 스피노자는 말합니다. 그런데 그는 여기에 한 가지 단서를 답니다. 그러니까 술주정뱅이의 행복과 철학자의 행복이 같을 수 있겠냐는 되물음입니다.

스피노자는 각자가 욕망을 충족시키기 위해 노력하고 거기서 행복을 찾는 것은 아름다울 수밖에 없지만, 그 욕망의 대상이 무엇인

지에 따라 그 아름다움은 더 아름다워질 수도, 혹은 덜 아름다울 수
도 있다고 말합니다.

그리고 스피노자 자신이 찾은 가장 큰 행복의 대상은 바로 영원함
이라고 말합니다. 즉 이 대우주의 질서, 이 세상의 필연적인 원리에
대한 앎, 그런 지적 행복 말입니다. 따라서 그런 영원함 중에서도 가
장 큰 실체인 신에 대한 지적 사랑이야말로 가장 지극한 행복, 그러
니까 인간에게 허락된 지복이 아니겠느냐고 덧붙입니다. 그리고 이
런 궁극적인 행복은 우리가 신을 사랑하면서 얻게 된 사랑의 보상이
아니라, 사랑 자체가 바로 행복이라고 스피노자는 말합니다.

당신의 생각은 어떠신가요. 스피노자는 저것을 발견하고는 마치
사랑했던 경험을 남들에게 털어놓고 싶어 못 견디는 사람처럼 뛸 듯
이 기뻐하며 우리에게 하나하나 이야기해 주었습니다. 그리고 지금
까지 이 책은 그것에 대해 제 나름대로 풀어서 이야기해 본 것입니
다. 당신은 어떻게 느끼셨는지 이 순간 참 궁금해집니다.

이제 마지막 단 하나의 절節만을 남겨 둔 시점에서 우리는 지금껏
말해 온 스피노자의 생각을 토대로 사람들이 세상을 바라보는 시선
을 다음과 같이 세 가지로 정리해 볼 수 있게 되었습니다.

혼란된 생각(1종 인식)	공통 개념(2종 인식)	직관지(3종 인식)
편협한 부분적 인식	전체적 인식	전체적 관점
편견, 선입견	신체적 교감 영혼의 공감	신에 대한 지적 사랑 영원을 바라보는 눈
수동적 정념	능동적 기쁨	능동적 기쁨

증오, 원한, 복수	사랑	관용
양심의 가책, 후회	성찰	큰 깨달음
선 긋기	공통점 끌어안기	차이까지 끌어안기
예속	자유	내적 평화, 지복
니체적 약자	니체적 강자	진정한 강자, 초인

이를 통해 드디어 당신과 제가 지금껏 만들어 온 여러 공식들은
이제 하나의 완성된 공식이 될 수 있을 것 같습니다. 우리 이야기에
등장했던 짤막한 공식들을 다시 한 번 상기해 보도록 하겠습니다.

사랑 = 이해

사랑 = 기쁨

자유 = 능동

자유 = 역량

자유 = 기쁨

이해 = 공감

공감 = 사랑

이성 = 이해

이성 = 자유

여기서 모든 단어들은 비로소 서로 연결됩니다. 다음과 같이 말입니다.

사랑 = 기쁨 = 능동 = 이성 = 역량 = 공감 = 이해 = 자유[18]

모두 다 다른 말로 쓰이고, 제각기 나름의 의미를 가지던 단어들은 이제 하나임을 알 수 있습니다. 마치 다른 방식으로 표현되었을지라도 정신과 신체는 하나라는 스피노자의 일관된 생각처럼, 저 단어들은 다른 방식으로 표현된 큰 하나였습니다.

주지하듯 감정이 우리의 피부라면 욕망은 우리 내부의 자기 자신입니다. 또 기쁨은 우리 욕망의 충족을 말해 줍니다. 따라서 우리가 누릴 궁극적인 자유란 우리의 능동적 역량에 의해 욕망이 성취될 때 향유할 수 있는 기쁨일 겁니다. 그리고 그중에서 가장 큰 기쁨은 이해와 공감을 바탕으로 한 사랑과 관용에 의해서만 완전해질 수 있습니다. 모든 순간에 영원을 새겨 넣는 우리 이성의 빛 아래서 말입니다.

이 순간, 우리는 모든 욕망의 기저에 사랑이 있음을 깨닫게 됩니다. 그것이 자신에 대한 사랑(코나투스)이든, 우리와 공통점을 나눈 타인에 대한 사랑(공통 개념, 신체적 교감과 영혼의 공감)이든, 또 우리와 차이를 가진 먼 이웃에 대한 사랑(직관지, 관용)이든 상관없이 말입니다.

스피노자와 헤어지는 밤

이 밤, 이제 스피노자와 헤어질 시간이 되었습니다. 그와 함께 올려다보는 마지막 밤하늘은 우리를 내려다보며 이렇게 말하고 있는지도 모릅니다.

> 너희는 이제 나를 알아보고 있구나. 너에게는 고귀한 이성이 있어, 네가 서 있는 저 낮은 곳에서도 이 높은 곳의 나를 발견하게 되었구나. 너의 눈은 드디어 나에게 닿아 한눈에 알아보는구나. 너는 바로 나이며, 그리고 나는 바로 너라는 사실을.[19]

바다 앞에 선 노인이 잃어버린 친구를 영원히 기억하듯, 우리도 누군가의 기억을 가지고 있습니다. 그리고 우리 역시 누군가에게 기억될 것입니다.

영원은 시간의 밖에 있는 그 무엇입니다. 누군가의 기억 속에서 우리는 영원할 수 있을지 모릅니다. 모든 것은 누군가에게 기억되는 만큼 그에게 영원하니까요. 당신이 가진 것에 의해, 당신이 소유한 것에 의해서가 아니라, 당신의 존재로서 말입니다. 우리가 남길 것은 그런 존재의 기억이 전부가 아닐까 싶습니다. 우리의 삶이 만든 그 나선형 틈, 거기서 형성된 의미의 기억들 말입니다.

따라서 사랑하는 이가 곁에 있다면 그에게 남길 것은 당신의 말과 행동과 당신의 사랑했음에 대한 기억뿐일 겁니다. 그가 기억할 당신의 좋은 언행과 사랑을 남기려 애쓰십시오. 그·사랑은 당신이 느끼는 순간에 새겨진 영원일지도 모르니까요.

우리는 짧은 시간 잠시 이곳에 머무는 미약한 존재들이지만, 한때 우리가 이 대지를 뛰어다녔고, 한때 우리가 사랑했으며, 한때 우리가 하나였다는 이 기억만큼은 누군가에게는 영원히 기억될 것입니다. 비록 그 누군가가 이 대우주 하나뿐일지라도 말입니다.[20]

이제 헤어지면서 스피노자는 우리에게 마지막으로 이렇게 당부합니다. 이 순간 그의 음성은 마치 차라투스트라를 닮았습니다.

나를 떠나십시오. 그리고 나에게 대항하십시오. 영원히 제자로만 머문다는 것은 스승에 대한 도리가 아닐 겁니다. 제가 당신을 처음 만나던 날, 당신은 아직도 자신을 찾으려 하지 않았습니다. 그때 당신은 자신 대신 나를 발견했던 겁니다.

이제 당신께 말씀드리니, 나를 버리고 부디 당신을 찾도록 하십시오. 그리고 당신 모두가 나를 부인할 때에야 비로소 저는 당신들께 다시 돌아올 것입니다……[21]

스피노자의 해답은 여기까지입니다. 이제 남은 것은 자신의 해답을 찾는 과정뿐입니다. 이 순간 그 먼 길을 떠나려는 당신께 영원한 코나투스가 늘 당신과 함께하길 기원해 드립니다.

주

1부 욕망, 껍질 속의 진정한 당신

1 스피노자, 『에티카』, 강영계 옮김, 서광사, 2007, 제3부, 159쪽.

2 샘 해리스, 『자유 의지는 없다』, 배현 옮김, 시공사, 2013, 17쪽 참조.

3 이수영, 『에티카, 자유와 긍정의 철학』, 오월의봄, 2013, 32쪽; 스티븐 내들러, 『스피노자: 철학을 도발한 철학자』, 김호경 옮김, 텍스트, 2011, 243쪽; 심강현, 『시작하는 철학여행자를 위한 안내서』, 궁리출판, 2015, 142쪽 참조.

4 『시작하는 철학여행자를 위한 안내서』, 140쪽 참조.

5 『에티카』, 제2부, 82쪽 참조.

6 니체, 「이 사람을 보라」, 『바그너의 경우, 우상의 황혼, 안티크리스트, 이 사람을 보라, 디오니소스 송가, 니체 대 바그너』, 백승영 옮김, 책세상, 2002, 392쪽.

7 『에티카』, 제3부, 165쪽 참조.

8 『시작하는 철학여행자를 위한 안내서』, 53쪽 참조.

9 『시작하는 철학여행자를 위한 안내서』, 144, 146쪽 참조.

10 『에티카』, 제3부, 224쪽.

11 『에티카』, 제3부, 217쪽 참조.

12 『에티카』, 제4부, 262쪽.

13 『에티카』, 제4부, 244쪽 참조.

2부 감정, 욕망의 충족을 지시하는 영혼의 눈금

1 『에티카』, 제3부, 194쪽 참조.

2 『에티카』, 제3부, 194쪽 참조.

3 『에티카』, 제3부, 169쪽 참조.

4 『에티카』, 제3부, 199쪽.

5 『에티카』, 제3부, 230쪽.

6 『에티카』, 제4부, 298쪽.

7 『에티카』, 제3부, 180쪽.

8 스피노자, 「신학정치론」, 『신학정치론 정치학논고』, 최형익 옮김, 비르투, 2011, 313쪽.

9 『에티카』, 제3부, 229쪽 참조.

10 『에티카』, 제4부, 296쪽 참조.

11 키르케고르, 「죽음에 이르는 병」, 『불안의 개념 : 죽음에 이르는 병』, 이명성 옮김, 홍신문화사, 1988 참조.

12 스피노자, 『에티카 : 지성교정론』, 황태연 옮김, 피앤비, 2011, 12쪽.

13 『에티카』, 제3부, 197쪽.

14 『에티카』, 제4부, 318쪽.

15 『에티카』, 제4부, 295쪽.

16 니체, 「우상의 황혼」, 『바그너의 경우, 우상의 황혼, 안티크리스트, 이 사람을 보라, 디오니소스 송가, 니체 대 바그너』, 169쪽.

1 『에티카』, 제5부, 329쪽 참조.

2 월 듀런트, 『철학 이야기』, 김의경 옮김, 홍신문화사, 1987, 168쪽.

3 이 부분은 필자의 전작인 『시작하는 철학여행자를 위한 안내서』의 예시를 일부 수정하여 수록한 것입니다(『시작하는 철학여행자를 위한 안내서』, 164쪽 참조).

4 『에티카』, 제4부, 308쪽.

5 『시작하는 철학여행자를 위한 안내서』, 167쪽 참조.

6 『에티카』, 제5부, 363쪽 참조.

7 「이 사람을 보라」, 『바그너의 경우, 우상의 황혼, 안티크리스트, 이 사람을 보라, 디오니소스 송가, 니체 대 바그너』, 430쪽.

8 『에티카』, 제4부, 294쪽.

9 에픽테토스, 『에픽테토스의 자유와 행복에 이르는 삶의 기술』, 강분석 옮김, 사람과책, 2001, 47, 60쪽.

10 스피노자, 「정치학논고」, 『신학정치론 정치학논고』, 389쪽.

11 노르베르트 볼츠, 『발터 벤야민』, 김득룡 옮김, 서광사, 2000, 39쪽 참조.

12 『에티카』, 제5부, 341쪽.

13 『에티카』, 제5부, 367쪽 참조.

14 『에티카』, 제4부, 289쪽.

15 『에티카』, 제4부, 318쪽.

16 「우상의 황혼」, 『바그너의 경우, 우상의 황혼, 안티크리스트, 이 사람을 보라, 디오니소스 송가, 니체 대 바그너』, 123쪽.

17 「이 사람을 보라」, 『바그너의 경우, 우상의 황혼, 안티크리스트, 이 사람을 보라, 디오니소스 송가, 니체 대 바그너』, 374쪽.

18 스티븐 내들러, 『에티카를 읽는다』, 이혁주 옮김, 그린비, 2013 참조.

19 『시작하는 철학여행자를 위한 안내서』, 167쪽 참조.

20 『시작하는 철학여행자를 위한 안내서』, 168쪽 참조.
21 『차라투스트라는 이렇게 말했다』를 인용한 「이 사람을 보라」, 『바그너의 경우, 우상의 황혼, 안티크리스트, 이 사람을 보라, 디오니소스 송가, 니체 대 바그너』, 327~328쪽 참조.